21世纪经济管理新形态教材·冷链物流系列

智慧冷链
场景设计与技术应用

王 玲 艾 心 ◎ 编 著

清华大学出版社

北 京

内 容 简 介

本书内容包括智慧冷链场景设计与技术应用概述、智慧冷链场景的技术支撑体系、智慧冷链场景的设计、智慧冷链物流系统、智慧冷链运输场景的技术应用、智慧冷链仓储场景的技术应用、智慧冷链配送场景的技术应用。本书以智慧冷链场景设计和技术应用为对象,突出冷链物流及相关技术的场景化、智慧化、应用化、前沿化,旨在介绍冷链场景设计的基础上,通过先进技术赋能冷链全场景,实现冷链物流的智慧化发展。

本书是物流管理专业(冷链物流方向)、物流工程专业的本科生及研究生教材,也适合冷链物流技术与设备研究、冷链场景设计、冷链运营管理等从业人员阅读和自学使用。

本书封面贴有清华大学出版社防伪标签,无标签者不得销售。
版权所有,侵权必究。举报: 010-62782989, beiqinquan@tup.tsinghua.edu.cn。

图书在版编目(CIP)数据

智慧冷链场景设计与技术应用/王玲,艾心编著.—北京:清华大学出版社,2023.2
21世纪经济管理新形态教材.冷链物流系列
ISBN 978-7-302-62096-9

Ⅰ.①智… Ⅱ.①王…②艾… Ⅲ.①冷冻食品-物流管理-高等学校-教材 Ⅳ.①F252.8

中国版本图书馆CIP数据核字(2022)第198310号

责任编辑:张 伟
封面设计:汉风唐韵
责任校对:王荣静
责任印制:丛怀宇

出版发行:清华大学出版社
    网　　址: http://www.tup.com.cn, http://www.wqbook.com
    地　　址: 北京清华大学学研大厦A座　　邮　编: 100084
    社 总 机: 010-83470000　　邮　购: 010-62786544
    投稿与读者服务: 010-62776969, c-service@tup.tsinghua.edu.cn
    质量反馈: 010-62772015, zhiliang@tup.tsinghua.edu.cn
    课件下载: http://www.tup.com.cn,010-83470332
印 装 者:小森印刷霸州有限公司
经　　销:全国新华书店
开　　本: 185mm×260mm　　印　张: 14.75　　字　数: 335千字
版　　次: 2023年3月第1版　　印　次: 2023年3月第1次印刷
定　　价: 49.00元

产品编号: 098732-01

前言

随着冷链物流行业和信息技术的快速发展，冷链物流业已逐步进入智慧物流时代，用户需求的多样化和定制化产生多种产品场景、服务场景和需求场景，如何满足冷链物流场景化发展的需要和实现冷链物流服务的智慧化转型成为亟待解决的问题。随着冷链信息化、数字化发展，智慧冷链物流成为必然发展趋势，智慧冷链立足于物联网云计算平台，集成智能化、电子化、信息化等尖端科技，以海量数据挖掘、无线物联与智能远程控制为核心手段，通过将智能控制技术与移动互联网结合并应用于冷链，最终实现产品从出库到消费者市场全冷链的智慧化管理。本书旨在开展智慧冷链物流场景的设计，突出冷链物流的场景化，并以先进技术赋能冷链场景，展开智慧冷链物流技术应用的分析和研究，针对各类冷链产品，通过智能硬件、物联网、大数据等智慧化技术与手段，提高物流系统分析决策和智能执行的能力，提升整个冷链物流系统的智能化、网络化与自动化水平，从功能环节、底层技术、应用场景等方面实现智慧化管理，为冷链物流业的场景化、智慧化发展提供理论和技术支持。

本书共7章，第1、2、3、7章由王玲编写，第4、5、6章由艾心编写，全书由王玲统稿。

本书是甘肃省高等学校创新基金项目（2021A-074）"甘肃省国际陆港智慧物流体系建设研究"的研究成果。

在编写本书过程中，编者参阅和引用了大量文献资料，并从期刊和网站选取了部分案例与资料，在此谨向有关作者和单位表示最诚挚的谢意。本书得到李学工教授的大力推荐，有幸被选入清华大学出版社推出的"21世纪经济管理新形态教材·冷链物流系列"，在此对于李教授的大力帮助和支持，表示衷心的感谢。

由于本书涉及领域广泛，编者水平有限，有欠妥和疏漏之处，恳请各位读者批评指正，以便逐步完善。

王 玲

2022年6月

目 录

第1章 智慧冷链场景设计与技术应用概述 ·· 1
 1.1 智慧冷链物流 ·· 2
 1.2 冷链场景 ·· 6
 1.3 智慧冷链场景 ·· 9
 1.4 智慧冷链场景的典型技术应用 ·· 14
 1.5 国内外智慧冷链场景的技术应用现状及发展趋势 ·· 21
 【扩展阅读】·· 24
 应用案例分析 ··· 24
 【即测即练】·· 26

第2章 智慧冷链场景的技术支撑体系 ·· 27
 2.1 制冷及温控技术 ·· 29
 2.2 感知与识别技术 ·· 33
 2.3 通信与网络技术 ·· 46
 2.4 数据处理与计算技术 ·· 57
 【扩展阅读】·· 63
 应用案例分析 ··· 63
 【即测即练】·· 65

第3章 智慧冷链场景的设计 ·· 66
 3.1 智慧冷链功能场景的设计 ·· 70
 3.2 智慧冷链场景的设计方案 ·· 73
 【扩展阅读】·· 94
 应用案例分析 ··· 95
 【即测即练】·· 97

第4章 智慧冷链物流系统 ·· 98
 4.1 智慧冷链物流系统概述 ·· 99
 4.2 智慧冷链作业系统 ·· 110
 4.3 智慧冷链信息系统 ·· 122

【扩展阅读】 ………………………………………………………………… 127
 应用案例分析 ………………………………………………………………… 127
 【即测即练】 ………………………………………………………………… 129

第 5 章　智慧冷链运输场景的技术应用 ……………………………………… 130

 5.1　智慧冷链运输设备与设施 …………………………………………… 131
 5.2　智慧冷链运输管理信息系统 …………………………………………… 144
 5.3　智慧冷链运输场景具体技术应用 …………………………………… 147
 【扩展阅读】 ………………………………………………………………… 159
 应用案例分析 ………………………………………………………………… 160
 【即测即练】 ………………………………………………………………… 161

第 6 章　智慧冷链仓储场景的技术应用 ……………………………………… 162

 6.1　智慧冷链仓储设备与设施 …………………………………………… 163
 6.2　智慧冷链仓储管理信息系统 …………………………………………… 169
 6.3　智慧冷链仓储场景具体技术应用 …………………………………… 172
 【扩展阅读】 ………………………………………………………………… 186
 应用案例分析 ………………………………………………………………… 186
 【即测即练】 ………………………………………………………………… 189

第 7 章　智慧冷链配送场景的技术应用 ……………………………………… 190

 7.1　智慧冷链分拣技术与设备 …………………………………………… 193
 7.2　智慧冷链配送管理信息系统 …………………………………………… 204
 7.3　智慧冷链配送场景具体技术应用 …………………………………… 209
 【扩展阅读】 ………………………………………………………………… 219
 应用案例分析 ………………………………………………………………… 219
 【即测即练】 ………………………………………………………………… 224

参考文献 ………………………………………………………………………… 225

第1章 智慧冷链场景设计与技术应用概述

【本章导航】

本章主要介绍智慧冷链物流、冷链场景的概念和特点,智慧冷链场景的内涵、特点及在中国的实践;归纳智慧冷链追溯技术、监控技术、监管技术等典型技术的应用;最后总结智慧冷链场景技术应用的发展现状及趋势。

【关键概念】

智慧冷链物流　冷链场景　智慧冷链场景　食品冷链追溯体系　药品冷链追溯体系　智慧冷链监控、监管体系

日日顺物流:场景方案创用户体验迭代

凭借在智慧物流(smart logistics)领域的探索创新,日日顺物流将物流智能化技术贯穿整个供应链管理上下游,让各环节资源实现价值最大化。

据悉,日日顺物流已经建立起辐射全国的分布式三级云仓网络,前瞻性地建立了以即墨仓、黄岛仓、胶州仓、杭州仓、佛山仓、南昌仓为代表的六大智慧无人仓群,率先在大件物流领域应用龙门拣选机器人、外骨骼机器人、数字孪生等七大"黑科技",为用户持续输出有序、高效的仓储配送解决方案。其中,日日顺物流即墨仓的所有智能装备以三维数字孪生进行管理,采用视觉识别、智能控制算法等先进技术,实现了从"仓"到"厂"的无人化对接、24小时不间断作业,最大程度上减少人工成本。

疫情期间,日日顺物流第一时间开通物资运输通道,利用自身在干线及"最后一公里"的运力资源优势,实现跨境业务、干线运输以及"最后一公里"运输的无缝对接;搭建"跨境物资快速通道",组织各类运力资源,定制输出全流程一体化方案,实现"海陆空铁"多式联运,确保物资快速精准送达。日日顺物流充分发挥全球化布局优势,全力调配生态资源,打通国际物流大动脉,将救援物资源源不断地送达疫区,以强大的企业魄力和应变能力不断满足用户需求。

创新技术是物流发展的底座,创造用户最佳场景体验则是在全新时代下实现物流"换道超车"的重要路径,其所蕴含的是日日顺物流始终围绕用户需求所秉承的工匠精神。物联网(internet of things,IoT)时代,用户的需求已经发生根本变化,从产品转向场景。不

同于传统物流将产品送到即可，日日顺物流深度连接用户、工厂和20万场景服务师，构建了一个全流程零距离交互的无边界场景生态平台，可以及时获取用户反馈，推动各个环节围绕用户在健身、出行、居家服务等不同场景的多样需求，提供场景方案并不断迭代。

日日顺物流吸引了宜家、林氏木业、雅迪、亿健、卡萨帝等3 000多家跨行业、跨领域的生态方加入，按照用户需求组合，实现场景方案指数级裂变，为用户带来不断迭代的服务体验。企业的"匠心之道"不仅仅是技术的创新迭代，更重要的是需要了解并满足用户多元化、个性化需求。在"2020人民财经高峰论坛"上，日日顺物流也凭借其用户需求驱动生态圈资源聚合，通过创新的场景物流模式，持续诠释工匠精神，并荣获"人民匠心服务奖"。

资料来源：金台资讯（人民网精选资讯官方账号）https://baijiahao.baidu.com/s?id=1687496021170536954&wfr=spider&for=pc.

1.1　智慧冷链物流

1.1.1　智慧冷链物流的概念

1. 智慧物流的产生及发展演变

智慧物流是现代信息技术在物流行业广泛应用的产物，是物流业发展到高级阶段的必然结果，是多种现代信息技术的聚合体。物流经历了粗放型物流、系统化物流、电子化物流、智能物流和智慧物流五个阶段，如图1-1所示。

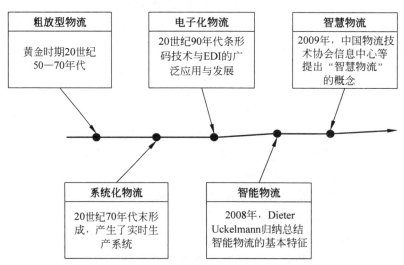

图1-1　物流经历的五个阶段

1）粗放型物流

粗放型物流的黄金时期是20世纪50—70年代，这是大规模生产和消费的初始阶段，市场需求旺盛，企业的重心放在生产上，对发生在流通领域中的物流关注度不高，普遍认为产量最大化就意味着收益和利润最大化,因此造成大量库存。这一时期的特点是,专业型物流企业很少,大部分企业都是自成体系,没有行业协作和大物流的意识,盲目扩张生产很快导致难以维持,迫使企业放弃原来的大规模生产消费型经营模式,寻找更适合的物流经营模式,以此降低成本。

2) 系统化物流

20 世纪 70 年代末到 80 年代初,企业已经逐渐把物流作为一项系统性活动来看待,开始注重物流成本和效益,物流行业也越来越关注削减库存以降低运营成本,并提出了物流总成本的概念,新型物流技术逐步得到应用,新兴物流业务的出现丰富了物流行业的服务模式。这一时期的特点是,随着物流新技术和新模式的出现,企业对物流的理解从简单分散的运输、保管、库存管理等具体功能,上升到从原料采购到产品销售全过程的统一管理,开始在物流成本和效益方面深耕细作。

3) 电子化物流

20 世纪 90 年代中后期以来,随着互联网技术的广泛应用,电子商务发展迅速。信息技术开始成为物流行业发展进入快车道的助推器,并成为物流行业实现可持续发展的最关键动力,其典型代表是 20 世纪 90 年代条形码技术与 EDI(电子数据交换)的广泛应用与发展。这一时期的特点是:电子化物流借助互联网开展业务运作;电子化物流体系以客户需求为导向,让客户通过互联网参与物流运作过程,以更好地实现以客户为中心的物流服务发展目标;电子化物流注重追求供应链整体物流服务效果,供应链合作伙伴之间通过互联网实现无缝对接,建立起密切的业务联系,共同为提高供应链物流效率和效益及降低物流运作总体成本与时间占用持续发力,强调优势互补、平等互利、同舟共济。

4) 智能物流

21 世纪是"鼠标"+"车轮"的智能化时代,随着智能标签、无线射频识别(radio frequency identification,RFID)技术、电子数据交换技术、全球定位技术、地理信息系统(GIS)、智能交通系统(ITS)等应用的日益成熟,一些智能物流应用的雏形出现了,包括智能电子商务物流、智能冷链物流管理、智能集装箱运输管理、智能仓储物流管理、智能危险品物流管理等,智能物流慢慢被人们了解。这一时期,智能物流的特点主要体现在三个方面:首先是精确化,即成本最小化和零浪费;其次是智能化,即智能化地实时采集各类数据和信息,并利用物联网进行传递和系统处理,为用户提供优质的信息和咨询服务,为物流企业提供最佳决策支持;最后是协同化,即利用物联网平台,在物流运作过程中实现各个物流企业之间的无缝连接。

5) 智慧物流

2008 年 11 月,IBM 提出了"智慧地球"的概念。2009 年 1 月,奥巴马公开肯定了 IBM"智慧地球"的思路,并提出将"智慧地球"作为美国国家战略。

在我国,2009 年 8 月 7 日,温家宝在无锡提出了"感知中国"的理念,物联网被正式列为国家五大新兴战略性产业之一,写入"政府工作报告"。也是在 2009 年,国务院《物流业调整和振兴规划》提出,积极推进企业物流管理信息化,促进信息技术的广泛应用;积极开发和利用全球定位系统(global positioning system,GPS)、地理信息系统、道路交通信息通信系统(VICS)、电子不停车收费系统(ETC)、智能交通系统等运输领域新技术,加强物流信息系统安全体系研究。在物流行业内部，很多先进的现代物流系统（logistics system）已经具备智能化、柔性化、敏捷化、可视化、网络化、集成化、信息化、自动化等高科技特征；很多物流系统和网络采用最新的自动识别、定位、无接触供电、光纤、数据库、红外、激光、无线、编码、认址、传感器、RFID（射频识别）、卫星定位等高新技术，这些技术的综合一体化应用正是物联网技术在物流业应用的体现。在这样的背景下，2009 年 12 月，中国物流技术协会信息中心、华夏物联网和《物流技术与应用》编辑部率先提出了"智慧物流"的概念。

2. 智慧物流的概念

智慧物流的概念一经提出就受到了专家和学者的广泛关注，智慧物流也成为 2010 年物流十大关键词之一，根据中华人民共和国国家标准《物流术语》（GB/T 18354—2021）的定义，智慧物流是以物联网技术为基础，综合运用大数据（big data）、云计算（cloud computing）、区块链（blockchain）及相关信息技术，通过全面感知、识别、跟踪物流作业状态，实现实时应对、智能优化决策的物流服务系统。

国内较早关于智慧物流的概念是王继祥教授在 2009 年发表的《物联网技术及其在现代物流行业应用》研究报告中提出的，他认为，智慧物流是利用集成智能化技术，使物流系统能模仿人的智能，具有思维、感知、学习、推理判断和自行解决物流中某些问题的能力，它包含智能运输、智能仓储、智能配送、智能包装、智能装卸及智能信息的获取、加工和处理等多项基本活动。北京物资学院王之泰将智慧物流定义为："将互联网与新一代信息技术和现代管理应用于物流业，实现物流的自动化、可视化、可控化、智能化、信息化、网络化的创新形态。"中国物流学会会长何黎明认为，智慧物流是以物流互联网和物流大数据为依托，通过协同共享创新模式和人工智能（artificial intelligence，AI）先进技术，重塑产业分工，再造产业结构，转变产业发展方式的新生态，并提出：当前，物流企业对智慧物流的需求主要包括物流大数据、物流云、物流模式和物流技术四大领域。综合专家学者们的观点可以看出，智慧物流的基础是现代信息技术，其实现途径是技术应用与管理创新，关键是信息采集、传输、处理与应用，而目标是物流系统能模仿人的智能。

3. 智慧冷链物流的概念

根据中华人民共和国国家标准《物流术语》（GB/T 18354—2021）的定义，冷链是根据物品特性，从生产到消费的过程中使物品始终处于保持其品质所需温度环境的物流技术与组织系统。那么"智慧"又是什么呢？从传统意义来讲，智慧是一种能力，是生命所具有的基于生理和心理器官的一种高级创造思维能力，包含对自然与人文的感知、记忆、理解、分析、判断、升华等所有能力。然而，随着现代科技的不断发展，"智慧"已经不再是生命体的专有名词，没有生命的物理世界也可以有智慧，我们可以将感应器嵌入和装备到某些群体中，进一步互相连接，成为"物联网"，再进一步连接与整合"物联网"和互联网，从而实现"智慧"。目前已经发展为用最先进的电子信息技术和管理方式武装整个系统，从而形成一种类似于人的智慧那样的有"智慧"的全新系统。智慧冷链物流就是利用最先进的信息技术和管理方式赋能整个冷链系统，从而形成一个有"智慧"的全新冷链系统，该系统对智慧物流与冷链物流构成要素进行有机融合,实现冷链物流业务的智能化和自动化,其组成要素主要包括智慧冷却加工及包装、智慧冷链仓储、智慧冷链运输及配送、智慧冷链物流信息平台。

1.1.2 智慧冷链物流的特点

智慧冷链物流具有柔性化、社会化、一体化、智能化的特点。

(1) 柔性化:智慧冷链物流能够精准识别客户需求,按照不同客户的个性化需求提供高度可靠的、特殊的、额外的定制服务,为不同场景下各行业客户提供高质量服务。

(2) 社会化:冷链物流活动的发生具有普遍性的特点,并不仅仅局限于一位消费者、一个企业、一个地区或一个国家,因此智慧冷链物流是一个覆盖生产领域、流通领域和消费领域的全社会、全球化的体系。

(3) 一体化:由于先进技术的加持,智慧冷链物流将冷链物流过程中的运输、配送、存储、包装、装卸搬运等多个作业环节集合成一体化系统,实现无缝对接,以最低的成本向客户提供最满意的冷链物流服务。

(4) 智能化:智慧冷链物流能够提高库存水平确定、运输道路规划、自动跟踪控制、自动分拣运行、配送中心管理等的智能化程度,实现冷链智慧化管理。

1.1.3 智慧冷链物流的功能

智慧冷链物流的功能包括感知功能、整理功能、智能分析功能、优化决策功能、系统支持功能、自动修正功能、及时反馈功能。

(1) 感知功能:运用各种先进技术能够获取冷链运作过程中运输、仓储、包装、装卸搬运、流通加工、配送、信息服务等各个环节的大量信息,还能够实现实时数据收集,使各方准确掌握货物、车辆和仓库等信息。这也是智慧冷链物流最基本的功能。

(2) 整理功能:在冷链运作过程中把感知之后采集的信息传输到数据中心进行归档整理,建立强大的数据库,分类后加入新数据,对各类数据按要求规范化整理,实现数据的开放性、关联性及动态更新,并通过对数据和流程的标准化,推进跨网络的系统整合。

(3) 智能分析功能:理论与实践相结合,运用智能化模拟器模型等手段分析冷链物流问题,根据问题提出假设,并在实践过程中不断验证及发现新问题。在实际运行中,系统会自动抽取原有经验数据,随时发现物流作业过程中的问题或者瓶颈环节,从而实现智慧化处理。

(4) 优化决策功能:结合冷链服务的特定需要,根据不同的情况评估时间、成本、服务、质量、碳排放和其他标准,进行预测分析,协同制定决策,提出最合理有效的解决方案,作出科学决策。

(5) 系统支持功能:智慧冷链物流是每个环节都能相互联系、共享数据、互通有无、优化资源配置的系统,能够为物流各个环节提供最强大的系统支持,实现物流系统内各环节协作、协调、协同。

(6) 自动修正功能:按照最有效的冷链解决方案,系统自动遵循最科学、快捷的路线运行,在发现问题后自动修正并备用在案,方便日后查询。

（7）及时反馈功能：反馈是实现系统修正、系统完善必不可少的环节。智慧冷链物流系统是一个实时更新的系统，反馈贯穿于冷链物流运作的每一个环节，为物流作业人员了解物流运行情况、及时解决系统问题提供有力保障。

1.2 冷链场景

1.2.1 冷链场景的概念

1. 冷链场景

1）场景

"场"是时间和空间的概念，客户在某个时空停留；"景"是触发客户需求的情景和互动。场景是指需求产生的某个条件，这个条件包括但不限于环境、时间、地点、空间等，只有条件满足，需求才能成立。某种产品从需求，到设计，到应用，每一步的逻辑成立，都需要对应的条件支撑，这些条件有可能是相同的，也有可能是不同的，我们通常都会模糊地称其为"场景"。

在场景中，我们需要找到产品的核心能力，然后不断发现和扩展出新的场景，即产品的功能属性＋连接属性＝新的场景体验。找到产品对自身独特标签的定义能力，并通过场景找到产品的连接属性方向，这毫无疑问是丰富新产品的一个重要方法和工具。如何为产品找到连接属性的方向和机会？在用户的某个生活环节、生产环节、服务环节（即场景），适时提出其可能需要以及关联的产品或服务（即产品），便能获得更大的市场潜力和需求空间，具体可以从三个方面入手：首先，找到消费者场景体验的痛点；其次，细分消费者；最后，确定场景的呈现细节。例如，生活优选＋社区便利＝生活半径、天鹅到家；自助就餐＋美味＝下厨房、豆果美食；等等。由此可见，细分人群的生活方式、企业的服务模式和场景黏性就可以轻而易举地造就一种现象、一个成功品类。所以，企业的成功并不存在O2O（线上到线下）的隔断或区分，重要的是以用户体验为中心、以场景黏性为导向的解决方案。

2）冷链场景

冷链场景，就是在各类冷链物流服务及应用场景中提供物流基础服务及相关细分场景的增值服务、延伸服务、定制服务和迭代服务，快速响应并及时满足特定客户群体的需求，提升客户的消费体验度，增强客户黏性，实现与客户的多场景交互。

冷链场景逐步发展的基础需求和核心驱动来源于我国国民经济稳步增长，消费者消费能力逐步提升，客户对冷链物流服务的高品质、个性化、差异化的诉求在不断攀升，消费者期望冷链物流企业提供更多的优质服务。因此，构建品类丰富、行业细分、交互迭代的冷链场景，是我国冷链物流业在"双循环"新发展格局下积极融入创新发展大趋势，构建新经济、新模式、新业态的积极探索，也是积极服务实体经济、客户需求迭代多源、产业发展模式创新的必然要求。相比传统冷链物流为客户提供的单一化、标准化、流程化基础性服务，以冷链场景为导向的服务方案已经成为冷链物流企业转型创新、优化服务结构、避免低价同质化竞争、主动求变实现突围的最佳路径。探索基于行业场景、功能场景、需求场景细分,用户需求体验驱动、传递价值增值的个性化、智慧化、生态化的冷链场景,符合我国冷链物流行业发展的新要求和新趋势。基于信息交互、信息共享的需要,冷链业务场景的建设不仅是线下服务应用,还要实时线上实现冷链物流与非物流服务的协同融合,服务场景由线下转移到线上线下相结合、应用场景不断拓展和深入、功能场景不断扩大和衍射。

2. 冷链场景物流与传统冷链物流的区别

冷链场景物流的本质是推动冷链物流行业由简单的交付服务转向复杂的生态价值的有效途径。冷链场景物流与传统冷链物流的区别很大,如表1-1所示。冷链场景物流是对传统冷链物流进行转型和创新发展。冷链场景物流对生态格局建设和市场空间构建,冷链物流企业的客户战略选择、服务体系能力、技术设备应用、风险防控能力、增值产品设计等都提出了更高的要求,更对物流从业人员的综合素质能力提出了全新要求。必须注意的一点是,作为一项服务周期长、充满不确定性、回报缓慢的创新探索,冷链场景物流建设无法一蹴而就、一步到位,甚至短期内难以量化相关经济效益,因此必须坚持开放与包容、创新与容错、共建与共赢的价值观,才能创造未来的相关价值和综合效益。

表1-1 冷链场景物流与传统冷链物流的区别

对比维度	冷链场景物流	传统冷链物流
战略选择	创新服务增值	传统基础服务
市场空间	规模增长、客户重构	充分竞争、市场饱和
生态格局	创新开放、共享协同	基础职能、封闭系统
自身禀赋	价值转化与协同能力	基础业务与基本服务
基础服务	占总体服务一定比例	全部是基础服务
增值服务	多维度、多业态增值	基本没有增值服务
交互环节	多次交付	单次交付
结算支付	分段结算与场景结算	单一结算与标准结算
迭代支付	复购需求与动态需求	基础需求、无迭代需求

3. 冷链场景物流创新发展需要关注的若干问题

由于冷链场景物流"迭代创新"与传统冷链物流"稳定经营"的基因存在本质差别,未来冷链物流企业在场景物流生态建设中还可能面临多个方面的挑战。首先面临的是冷链场景物流的业务范围界限该如何确定的问题。冷链场景物流服务过程中未明确各参与方责任界限、相关要求及主体责任,未明确对各类场景准入的标准、合作类型以及管理要求、收费要求进行界定,场景内涉及的物流基础服务及相关增值服务管理要求边界模糊等。其次,冷链场景物流交付风险相对较大。由于冷链场景物流条件下物流企业服务范围大大拓展使其更容易产生交付风险,因此必须明确传统冷链物流服务和增值服务的节点与服务范围,对冷链场景物流中的增值服务及衍生服务,可以增加专门的交付体系和确认环节。再次,冷链场景物流生态推动行业转型。各家冷链物流企业经过多年的竞争和发展,都在相对擅长的业务领域尝试场景延伸并积累了坚实的产品基础和客户基础,围绕自身核心能力聚焦产品服务、整合增值物流服务、延伸物流服务,不断搭建场景物流生态,为特定客户群体提供一站式全流程服务,实现场景化转型与创新。冷链场景物流的对弈会推动整个冷链物流行业加速转型,这需要冷链物流企业加速培育自身核心竞争力积极应对。此外,冷链物流企业如何在冷链场景物流生态建设中以客观性为原则做好客户权益保护工作,同时确保整体服务效果最优化,需要不断探索调整,直到实现再平衡。最后,考核体系亟待调整优化,需科学平衡服务与成本、精益与敏捷、短效与长期来激励员工服务冷链场景物流。

1.2.2 冷链场景的特点

1. 交互引流性

终端交付是物流服务系统的重要服务环节,也是客户的关键体验环节。对冷链场景而言,交付环节是物流企业与客户直接接触的绝好机会,是提升客户交付交接服务体验的最佳场景,也是客户增值服务的主要流量入口。在供应链时代,企业的服务不仅是关注客户本身,还要从整个供应链视角延伸关注客户的上下游、供应商的上下游。从交付到交互的本质是通过服务触点完成与客户之间的沟通和交互,不断锁定客户需求痛点,为未来服务提供巨大的可能性和市场空间。从冷链场景的视角来看,交付环节完全可以成为商流的增值服务或者服务流量二次入口。客户的签收和货物的送达并不代表物流服务的结束,而是与客户二次互动的开始,将客户连接并转变为整个生态体系的参与者和分享者,进而打造场景服务及社群服务的生态平台。

2. 创新迭代性

随着消费观念的转变和消费结构的升级,个性化、定制化服务更能提升客户满意度,客户对物流服务从安全性、时效性的基本诉求升级到更高的个性化需求,用户需求的不确定性也在不断增强,这些变化必然带来对冷链物流业服务创新和模式迭代的迫切需求。因此,只有根据客户需求持续迭代提升服务能力,才能使冷链物流企业的场景服务保持创新性和领先性。目前,大数据、物联网、人工智能等技术在冷链物流业的应用为实现冷链场景模式的创新发展提供了重要的技术支持,使得冷链场景有条件、有能力不断丰富服务内容,不断提升服务质量,并保持创新性和先进性。

3. 共享开放性

数字经济颠覆重构了传统产业的产业形态和发展模式,推动传统产业进入数字化时代,带来物流行业的产业变革。信息和数据成为实体产业创新发展的核心驱动与主导因素,进而推动整个产业场景应用不断演化迭代。冷链场景服务的对象包括商业级、工业级的应用,要解决的是线上线下、虚拟实体如何实现有机融合的问题,是以冷链物流行业的变革创新能力推动物流实现标准化、信息化、智慧化。因此,资源共享开放是冷链场景模式的重要特征,通过模式创新、技术革新来实现客户需求端和服务供应端的优化匹配,冷链场景的共享经济将覆盖产业端和消费端,通过大数据、物联网、云计算等先进技术实现物理场景信息上的交互同步,向客户开放,从而让客户能够参与其中。

4. 可持续改进性

保持冷链场景模式和系统的开放性,不断吸引新的、有价值的相关主体进入,构成闭环系统后,创新与发展趋于动态平衡,进而可持续改进和创新发展。用供应链的理念融合冷链场景物流系统内部的产业或行业,构建基础服务和增值服务相结合的完整供应链服务能力,再通过对系统内部的物流企业资源进行优化配置,起到从整体上降低系统成本、提高物流效率的作用,最后通过技术创新深度融合到系统内产业链的各个环节,对冷链物流资源进行全面性的质的提升,实现冷链物流业高质量可持续发展。

5. 需求定制化

物流业发展到今天,提供标准化、一致性的基本物流服务仅能达到及格线,提供非标个性化的定制服务、增值服务、延伸服务才能进一步创造客户价值,实现卓越运营。冷链场景可根据用户需求设计并提供全流程的定制化冷链物流服务方案,其本质是为客户个性化需求提供服务,满足客户非标需求的一种定制物流模式。该模式是基于客户的特殊非标需求而专门响应并提供定制化、个性化、柔性化服务的一种物流模式,其关键是能够快速响应客户的物流需求,同时在综合平衡服务成本和服务效率的基础上,为客户提供满意的物流服务。例如,日日顺物流针对快递快运、医疗器械、生鲜水果、冷冻冷藏等专业领域分别有不同的定制化解决方案,提供特定场景。

6. 平台生态化

围绕冷链场景展开物流运作需要多方分工协作,由物流企业、终端客户、技术服务商共同参与冷链场景物流运作,进而构建服务生态平台,从而实现生态共创、价值共享、迭代创新。冷链场景物流生态圈平台是以冷链物流产业服务和客户需求为核心,以定制服务、延伸服务和柔性服务为工具抓手,通过促进冷链场景物流各市场主体协作,上下游资源集聚、共享、匹配、融合形成创新的逻辑结构和业务分配机制,形成具有较强创新性和市场竞争力的生态链。

1.3 智慧冷链场景

1.3.1 智慧冷链场景的内涵及特性

1. 智慧冷链场景的内涵

智慧冷链场景,是指利用多种先进的信息技术和管理方式赋能冷链场景,从而形成一个有"智慧"的全新冷链场景,该场景对智慧物流与冷链物流构成要素进行有机融合,实现冷链物流业务的智能化和自动化,覆盖冷链物流全链路、全过程。

从冷链服务需求产生的某种冷链物流功能条件来看,智慧冷链场景包括冷链产品的智慧冷链生产场景、智慧冷链运输场景、智慧冷链仓储场景、智慧冷链配送场景、智慧冷链销售场景及消费者的消费使用场景。

从冷链用户需求产生的物流产品条件来看，智慧冷链场景包括农产品智慧冷链场景、食品智慧冷链场景、药品智慧冷链场景、生物制品智慧冷链场景。

2. 智慧冷链场景的特性

智慧冷链场景除了具备上述冷链场景物流的特点之外，还具有自身的特性。

1）多元驱动

智慧冷链场景是传统冷链场景发展到高级阶段的产物，由于"智慧"加持，可以在技术、应用与经营管理相结合的基础上，做到冷链业务各个层面的协同发展，同时实现低成本、高效率、优质服务、绿色环保等多元化可持续发展目标。

2）情境感知

自动识别技术与数据获取技术保证了智慧冷链场景具备情境感知的特点。冷链物流中涉及的物流节点、物流线路、物流设备工具、物流环境等多种场景，应用先进的信息技术可以确保不同的目标在不同的位置、不同的环境下都能实现稳定、可靠和安全的运营，如应用条形码技术、RFID技术、导航定位技术、图像识别、生物识别等关键技术，可以在冷链物流运作过程中自动获取实时数据标识和信息，从而确定目标身份、位置、时间、状态和动作等，为冷链场景的智慧管理提供数据基础。

3）智能交互

冷链物流活动与企业生产和消费者生活紧密相关，客户与冷链物流各环节、冷链商品本身的互动过程，直接影响冷链服务质量。智能交互是指客户（包括供应链上的各个节点企业和最终消费者）、冷链物流企业、冷链设备工具和冷链商品，在智能场景下可以通过简单、便捷的信息共享、沟通技术实现实时交流互动，智能配置各类资源，协调各环节，从而实现冷链过程的有效运转。这里所说的智能交互，不仅可以实现人与物的交互对话，甚至能够实现物与物的互联互通。在情境感知的基础上，客户无须掌握复杂的操作方法或烦琐的处理流程，就能将个性化需求传递给冷链物流企业，便于企业按照客户需求定制化实现对冷链商品的操控。同时，冷链物流企业也可以将物流状态同步反馈给用户，并根据用户的意见高效地完成相应的调整和配置，实现按时满意交付。

4）智慧融合

智慧冷链场景的智慧融合是指对应用于冷链物流的硬件设备、软件应用、信息技术和管理方法进行有机融合、无缝对接。"融合"并不是简单的相加，而是通过技术、方法和应用的优势互补、协同配合实现"集大成"，将"智慧"植入冷链物流场景的每一个角落，使其成为场景中的活跃因子，进一步提升客户体验感，增强客户黏性，挖掘新的市场空间。

1.3.2 智慧冷链场景的中国实践

1. 我国智慧冷链主要场景

1）产品场景

冷链服务提供者的改变带来了全新的产品场景。随着企业核心能力的提升和组织再造的发展,中国越来越多的企业将自有冷链物流体系剥离成为单独的专业冷链物流企业,逐步转型为为全社会提供专业第三方冷链服务的物流企业,提供专业化的智慧冷链服务产品,如京东物流。同时,中国传统的大型物流企业开始进军智慧冷链物流市场,顺丰、中通、EMS、中远等相继进入冷链市场,中国铁路总公司和各地铁路局更是开通多条线路的冷链班列。这些企业拥有雄厚的资金实力和庞大的基础网络,它们的加入将直接影响中国今后智慧冷链物流市场的格局,也将为客户提供更丰富、更全面的冷链服务产品。此外,由于行业竞争越来越激烈,客户需求也呈现出多样化、定制化、全面化的趋势,仅能提供单一冷链服务产品的企业很难满足这些要求,走向合作就成为必然,因此冷链服务提供者纷纷抱团合作,通过分工协作、优势互补,共同为客户提供全链路、一体化的智慧冷链解决方案。例如,新希望冷链物流板块、海航冷链产业基金等。

2) 消费场景

在信息技术广泛应用于中国冷链行业的背景下,智慧物流导致冷链商品的流通渠道发生变革、流通方式发生改变。冷链商品流通方式的改变导致冷链企业的客户和服务方式也跟随着发生转变,带来了全新的渠道和消费场景。"移动互联网+零售""移动互联网+餐饮",衍生出多元化、全渠道的新零售业态和消费场景,如生鲜电商零售O2O、餐饮外卖等。

3) 自贸区、跨境电商场景

随着中国高质量对外开放政策的落实,自贸区的快速布局和跨境电商的繁荣发展都极大地促进了智慧冷链新业务的增长。上海、天津、广州自贸区的食品贸易业务日益增多,许多冷链企业和冷链设施均已在自贸区建立并运营,如福建马尾电子围网保税冷链库,有的冷链企业依靠智慧物流甚至已经布局冷链海外仓场景,以便在跨境冷链业务中占得先机。继杭州之后,国务院于2016年批准在天津、上海、郑州、重庆等12个城市设立跨境电子商务综合试验区,这也给智慧冷链物流的发展提供了绝佳的机会。郑州机场、大连港等也率先开展冷链物流的布局。

4) 平台场景

在信息技术的影响下,与开展冷链作业相关的平台场景陆续出现。在平台场景中,能够快速可靠地实现冷链用户和冷链企业的无缝对接,打通冷链信息流,进而促进物流、资金流和商流的高效运转,提升供应链整体绩效。例如,物流平台(码上配、唯捷城配)、信息流平台(链库、冷链马甲)、商流平台(良中行、格利食品网、美菜),这些平台场景的出现正在影响和改变中国现有的冷链模式。

5) 零担宅配场景

随着中国城市居民消费水平和消费质量要求的大幅提升,冷链零担市场规模突破50亿元,这主要得益于生鲜电商的快速发展。冷链宅配场景也成为很多企业新的客户增长源,越来越多的企业都在积极布局智慧冷链"最后一公里",如美团外卖、饿了么等。

2. 我国智慧冷链场景物流创新发展的核心要点

冷链物流企业应用智慧技术基于场景建设目标去提升服务能力和盈利能力,需要结合企业现有资源和发展目标确立建设路径。其具体包括以下几个核心要点:场景架构设计、服务匹配、服务迭代、流量创造。

1）场景架构设计是实现智慧冷链场景物流的基础

智慧冷链场景物流的基础是冷链物流企业运用对整个场景需求的物流资源能力及整个应用场景的架构分析能力来完成生态服务链的完整架构设计，即场景是否能够依据客户的特定需求形成整个服务体系，满足客户的基础服务及增值服务的需要。

2）服务匹配是发展智慧冷链场景物流的核心

智慧冷链场景物流中的物流企业在行业场景应用中是否既能提供基础服务也能提供增值服务和迭代服务是评判场景物流的关键指标。重新平衡物流服务中各个主体的市场需求、逻辑关系和价值分配，是场景物流中最重要的工作。对客户而言，产品送达后还存在很多需求及衍生需求，其需要的不仅仅是产品本身，还有很多延伸服务和个性化的场景方案。对物流企业来说，产品送达只是完成基础性标准化的物流服务，不是业务流程的结束，而是迭代服务和增值服务的开始，不会因为物流服务流程结束而丢失客户，而是通过场景物流精致贴心的服务设计挖掘更多的客户价值，增强客户黏性，使临时客户变成终身用户。对于业务双方的市场关系来说，甲乙双方不再是竞争博弈关系，而是深度交互、协同促进、共创共赢、增值分享的双赢型生态关系。物流企业也不再是提供传统基础物流服务的传统物流企业，而是场景物流生态的设计者、参与者、实施者，更是价值的创造者、分享者、驱动者，物流企业的收益不仅来自物流服务的红海，还来自供应链生态增值部分蓝海的共创共享。

3）服务迭代是创新智慧冷链场景物流的关键

智慧冷链场景物流的现场型随机性需求很多，客户的相关习惯及数据画像需要动态调整。针对场景物流的客户需要进行高频次的服务评估和效果分析，对客户的需求标签体系实施动态调整与迭代完善。场景物流可以从需求重购性、服务时效性、响应及时性和服务准确性四个指标判断客户的需求画像是否需调整，以用户体验为中心，通过客户不断变化、衍生、增值的相关需求与物流提供者双方交互后确认新的服务设计。服务迭代的流程是一种基于螺旋上升循环过程的服务过程，在服务过程中，迭代是为了在传统物流服务基础上不断地改进，以提供更多、更好、更优的服务。

4）流量创造是扩展智慧冷链场景物流的支撑

流量规模的大小决定了场景物流中用户的边际成本。首先，物流企业需要提升智慧冷链场景物流的用户需求活跃度。与累计用户不同的是，用户的个性化、定制化指标更能体现"迭代流量"的概念。其次，需要保证智慧冷链场景物流同类用户达到一定数量来降低边际成本，通过打造高频场景提升智慧冷链场景物流相同类型的用户数。在用户需求类型基本相同的前提下，用户数量可以有效分摊场景物流的整体服务成本。同时要积极打造智慧冷链场景物流的迭代流量。迭代流量以其反复利用、即时触达、需求演化的特点为智慧冷链物流服务提供很多想象空间。最后，智慧冷链场景物流需求自带增生流量，流量来源主要是客户的不断延伸需求，以及延伸需求带来的增值服务及流量数据价值，这就使得智慧冷链场景物流快速高效、低边际成本地产生价值。

1-1

智慧零售——盒马鲜生

盒马鲜生(以下简称"盒马")是阿里巴巴对线下超市完全重构的新零售业态。盒马是超市,是餐饮店,也是菜市场,但这样的描述似乎又都不准确。消费者可到店购买,也可以在盒马 App 下单。而盒马最大的特点之一就是快速配送:门店附近 3 千米范围内,30 分钟送货上门。

盒马多开在居民聚集区,线上下单购物需要下载盒马 App。实际上,在强推支付宝支付背后,是盒马未来对用户消费行为大数据挖掘的野心。阿里巴巴为盒马的消费者提供会员服务,用户可以使用淘宝或支付宝账户注册,以便从最近的商店查看和购买商品。盒马未来可以跟踪消费者购买行为,借助大数据作出个性化的建议。

盒马的产品系列主要包括:

1. 盒马 X 会员

2018 年,盒马率先试水"X 会员计划",盒马 X 会员卡囊括了盒马、盒马 X 会员店等盒马多个业态服务,权益包括免费领菜、专享价、专享券等。2021 年 5 月 20 日,X 会员权益迎来升级,会员在盒马可享受会员日 88 折、购物返积分、0 门槛免运费等 8 项权益。

2. 盒马工坊

盒马工坊和喜茶、奈雪的茶等年轻品牌的碰撞,让用户在青团、粽子这种传统点心中吃出奶茶味;和北京老字号护国寺小吃的合作,让豆汁第一次走出小吃店,让用户像买可乐一样买豆汁;和苏州手艺人严阿姨的合作,把一碗藏在姑苏小镇 50 多年的八宝饭卖到了北、上、深。

3. 盒马日日鲜

2017 年,盒马推出自有品牌日日鲜系列,产品"只售一日","日日鲜"绿叶菜 300～350 克一包,猪肉 350～450 克一包。除了盒马外,包括物美、大润发在内的零售企业都推出了类似产品。盒马日日鲜已经走进大众生活,陆续成为行业通行标准。据了解,日日鲜产品的复购率很高,有的甚至达到普通菜品的 2 倍。截至 2020 年底,盒马日日鲜已拥有 400 种商品,品类也从蔬菜、牛奶逐渐扩充到水果、肉禽蛋及其 3R(即烹、即热、即食)产品线。

4. 盒马烘焙

2021 年底,盒马开始在全国近 300 家门店陆续推出盒马烘焙专区,明厨制作、现制现售,主打到家场景。除了基础品,盒马烘焙着力打造了一批具有网红属性的单品:草莓蛋糕、搪瓷盆蛋糕、瑞士卷等,成为社交媒体上的爆款。同时盒马也尝试跟外部品牌联名:跟小龙坎火锅联手研发了咸味的火锅挞;把蔡嘉的经典拳头产品"拿破仑"以平民价格带进盒区房。此外,盒马还推出了"盒大师点心局"的烘焙 IP(知识产权)品牌。

5. 盒马花园

2021 年 5 月,盒马宣布旗下鲜花品牌升级为"盒马花园",形成线上线下一体化的"身边花市"。为保证鲜花的稳定供应,盒马采用产地直采的方式,仅在云南省,盒马就拥有 14 个鲜花基地,每天都有运往浙江、江苏、上海、北京的"鲜花班车"。

6. 盒马 X18 酒窖

2021 年 9 月 8 日,盒马宣布全面升级旗下酒水业务,在北京、上海、深圳、杭州等 10

个城市开出首批10家盒马X18酒窖,将在全国近300家门店陆续完成改造升级。盒马X18酒窖从保真、便利、专业化、年轻化四个维度升级,升级之后的盒马X18酒窖,商品种类达到1 200多款,覆盖白酒、葡萄酒、洋酒、啤酒、低度潮饮等六大类。

盒马未来主要服务三类人群:第一,晚上大部分时间在家的家庭用户;第二,办公室场景中的上班族(基于办公室场景中的上班族推出针对性便利店或轻餐);第三,周末会去超市带着孩子走走的用户。

与传统零售的最大区别是,盒马运用大数据、移动互联、智能物联网、自动化等技术及先进设备,实现人、货、场三者之间的最优化匹配,从供应链、仓储到配送,盒马都有自己的完整物流体系。不过,这一模式也给盒马带来巨大的前期投入成本。公开报道显示,盒马的单店开店成本在几千万元。能做到30分钟配送,在于算法驱动的核心能力。据店员介绍,店内挂着金属链条的网格麻绳是盒马全链路数字化系统的一部分。盒马的供应链、销售、物流履约链路是完全数字化的。从商品的到店、上架、拣货、打包到配送任务等,作业人员都是通过智能设备去识别和作业,简易高效,而且出错率极低。整个系统分为前台和后台,用户下单10分钟之内分拣打包,30分钟实现3千米以内的配送,实现店仓一体。

资料来源:百度百科,https://baike.baidu.com/item/%E7%9B%92%E9%A9%AC%E9%B2%9C%E7%94%9F/22035088?fr=aladdin。

1.4 智慧冷链场景的典型技术应用

1.4.1 智慧冷链追溯技术应用

追溯是指探求事物的原本面貌、根由,或探求事情经过的来龙去脉及轨迹。冷链物流行业涉及食品、医药、生物制剂、化学制品、生物器官等一系列产品,随着社会的迅猛发展以及人们生活水平的提高,市场需求多样化、定制化、高端化的发展趋势越来越明显,同时人们对食品、药品等冷链商品的安全问题也越发关注。在这样的社会及市场背景下,构建覆盖冷链物流运作全过程的追溯体系就势在必行。冷链物流追溯体系,就是通过巧妙地将条形码技术、无线射频识别技术、无线传感器网络、全球定位系统、地理信息系统、区块链技术等结合在一起,对冷链商品及设备的状态、环境温度进行实时采集,实现冷链物流的智能化追溯与跟踪,以保证冷链商品的品质及安全。

这里主要通过构建智慧冷链追溯体系分别介绍食品及药品两种冷链产品智慧冷链追溯的技术应用。

1. 食品冷链追溯体系

近些年,中国经济飞快发展,人民的生活条件不断改善,消费者比以前更加关注食品安全问题,而食品在仓储、运输、配送过程中缺少有效的监督措施。此外,工作人员操作不规范、环境温度、湿度、阳光照射等问题都可能导致食品品质下降甚至发霉变质,如果消费者长期食用变质食品,将严重影响身体健康。因此,应该公开物流全过程中的货物状态信息,建立一种由消费者、生产企业、政府相关部门共同监督的机制,保障消费者权益,明确货物在物流各个作业环节的责任,保证食品安全。

食品冷链追溯体系是一种能应用于食品物流全过程,包括生产、运输、仓储、装卸搬运、包装、配送、流通加工、销售等各环节,用于追踪某一产品及其特性的信息记录与应用系统。如图1-2所示,该系统能够记录食品生产、流通各环节产生的信息流,并且保证信息流的连续性、及时性。当发现不安全因素时,可以通过溯源或跟踪来识别问题产生的源头及流向,既有利于厘清责任,还可以有效、精准地实现问题食品的召回,很大程度上解决食品从生产到消费过程的质量安全问题。

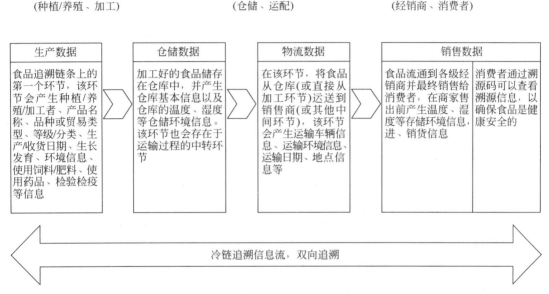

图1-2 食品冷链追溯体系

其中最重要的是对温度的控制,因为温度控制是作为冷链物流的核心而存在的。冷链食品,从原料到成品再到运输等一系列过程中,任何微小的温度变化都会造成细菌的大量产生以及冷链食品品质的下降。这样,在冷链食品生产、加工以及流通等过程中,一旦有异常情况发生,就很难确切地把握到底是哪一阶段发生的问题,这就需要对食品冷链物流系统的全过程进行实时的温度信息追溯。只有追溯到食品冷链物流各阶段的温度等信息,才会使消费者放心。

与之相配合的还有GPS(全球定位系统),虽然现在大部分企业都运用了GPS对冷藏车的位置、行驶轨迹、速度等信息实施监控,但市面上GPS供应商繁多,差异性不大,这就需要将针对冷链食品的温度监控与GPS相结合,在掌握位置的同时,掌控实时温度。

 1-2

深圳市进口冷链食品追溯监管实现全链条可追溯

受疫情影响,进口冷链食品安全成为公众关注的焦点,如何防控进口冷链食品风险,实现对疫情高发国家和地区的食品全链条管理、全过程、高精准追溯,为食品安全筑牢坚实防线,对深圳食品安全监管部门来说,是巨大的压力和挑战。通过进口冷链食品追溯体系建设,可实现进口冷链食品"来源可查、去向可追、责任可究",保障进口冷链食品安全。目前,深圳海关建设了"深圳市进口食品追溯与预警平台",为实现全链条追溯、建设进口冷链食品追溯体系奠定了基础。

首先,设立进口冷冻肉制品和水产品集中监管仓(以下简称"集中监管仓")。自2020年8月18日起,深圳市市场监督管理局(以下简称"市监管局")设立了全国首创的集中监管仓,从深圳口岸入深的进口冻品,需进入集中监管仓进行全面的消毒及核酸检测,且核酸检测合格后,市监管局出具《深圳市进口冷冻肉制品和水产品集中监管仓出库证明》(以下简称《出库证明》),该进口冻品才能在市场上流通。同时,深圳市食品生产经营企业必须查验《出库证明》才能对进口冻品进行加工、销售。《出库证明》主要依托集中监管仓管理系统出具,记录有货主名称、海关编号、货柜编码、生产批号、原产地、商品编号、品名、规格等信息。集中监管仓管理系统还具有预约入库管理功能,离港的货柜必须预约成功才能进入集中监管仓。预约时,需填写货主名称、统一社会信用代码、商品流向、海关编号、货柜号等信息。集中监管仓对进口冻品实现"提前预判、关口前移",在进口冻品入市前端,有效阻断疫情传播风险。

其次,各区积极作为、创新突破。深圳市各区也在疫情期间积极作为、创新突破,从不同维度进行各辖区进口冷链食品的监管工作。龙华区先行先试的"溯冻链"追溯系统,对销往龙华区的进口冷链食品进行首站赋码,以电子赋码替代传统的纸质二维码,同时通过直接接触冷链食品的从业人员和消费者的扫码环节收集到人员基础信息,一定程度上实现了疫情防控中的人、物并防。宝安区通过推进冷库备案、摸排冷链食品库存、加强分类监管、建立完善"1+10"组织架构、落实"五查、三控、两必打"、推动"人防+技防"双管齐下、创新疫情防控与食品安全"双告知"等模式进行进口冷链食品的监管工作。对来自市集中监管仓的进口冻品,主要检查核对其进口报关单、出入境检验检疫证明、《出库证明》;对市外地区进口的冷链食品,作为监管重点,除了核查进口报关单、出入境检验检疫证明外,重点检查冷链食品核酸检测报告和消毒证明等文件,确保进口冷链食品来源批次明晰、进口手续齐备、核酸检测到位、消毒处理完善;对检查发现进口冷链食品来源不合法、防疫证明不全,按照规定严格查处。

最后,依托冷链食品追溯系统落地。依托"深圳市进口冷链食品追溯系统"实现全链条追溯。通过建立外包装标签库,利用OCR(光学字符识别)、NLP(自然语言处理)技术等智能手段,自动采集追溯数据,大大减轻了企业负担。通过打通集中监管仓管理系统及冷库备案系统,实现进口冷链食品从提柜离港、入监管仓、出库流向、批发市场、零售等环节,全流程、全覆盖、高效精准追溯,实现智慧追溯监管。

资料来源:徐立峰,练晓,吕恺文.深圳市进口冷链食品追溯监管实现全链条可追溯[J].条码与信息系统,2021(3):9-15.

2. 药品冷链追溯体系

近年来,我国疫苗、药品安全事件频发,药品冷链越来越频繁地被提及。全社会对药品、食品的安全意识明显增强,药品冷链在人们的生活中扮演着越来越重要的角色。根据国家药品监督管理局 2018 年公布的数据,中国药品冷链的覆盖能力约为 10%,药品质量问题中近 20% 与冷链有关,在冷藏药品流通过程中由于储存或运输等过程温度的控制不当而引起的温度超标,将严重威胁到药品质量和患者安全。冷链药品追溯对于保障冷链药品质量有着重要意义,但在冷链药品追溯中依然存在质量数据"断链"等问题。医疗产品冷链储运设备在冷链安全管理中有不可或缺的重要地位。

从监管层面来讲,国家食品药品监督管理总局颁布的《药品经营质量管理规范》(GSP,2016 年修正)要求,企业应当在药品采购、储存、销售、运输等环节采取有效的质量控制措施,确保药品质量,并按照国家有关要求建立药品追溯系统,实现药品可追溯。企业应当对冷库、冷藏车、保温箱以及冷藏储运温度、湿度自动监测系统等进行验证,确认相关设施、设备及系统符合规定的设计标准和要求,可安全、有效地正常运行和使用,确保冷藏、冷冻药品在储存、运输过程中的质量。

由此看来,我国社会还需建立起药品质量安全管理体系和追溯制度,确保药品安全。现阶段,我国药品质量安全管理及追溯主要是通过二维码、RFID 或物联网等技术,但大多数药品追溯系统采用的是中心式存储模式,追溯数据容易受到人为攻击和篡改,系统的可靠性和数据的完整性也就无法得到保证。结合区块链与智能温度传感器(temperature transducer)、RFID 等物联网设备,构建基于区块链的药品追溯体系,能够实时记录药品存放环境信息,将温、湿度与位置信息相匹配,实现综合信息上链。一旦出现温、湿度异常,可由智能合约自动预警并通知承运人,免去出现问题后回溯信息的工作。区块链自身具有去中心化的特征,分布式的网络天然克服了中心化系统的各种弊端,同时其去中介化的特性避免了人为记录主观上左右记录结果的可能。利用区块链技术记录公开透明的特性,可与更多客户分享自己的承运能力,实现冷链物流资源利用的最大化。

基于区块链的药品冷链追溯管理平台可以由地区的计量协会或计量单位主导,建设基于区块链和智能物联网设备的药品冷链监测追溯平台,将药品信息、计量数据、储存(包括冷库、冷藏车、冷藏箱、保温箱)、运输流转、养护、销售流程中涉及的所有人员、操作、时间、设备、药品等数据都记录在区块链上,最大限度地保证药品出厂后存储和运输的安全可靠。平台通过将药品从生产厂商到销售终端的全程监管数据上传区块链,使药品流转过程更加透明,提高监管效率、厘清责任,为个人消费者、监管部门提供真实可信且实时便利的药品追踪溯源服务。同时,平台通过智能合约的部署,实现自动监督药品流转的各个流程,提供风险预警。计量单位按照冷库验证标准和方案以及 GSP 要求上传冷库和冷藏车、保温箱的设计参数、安装参数、运行参数,并定期对冷库温度和湿度数据进行采集,作为辅助信息上链流转,方便企业和监管部门实时监控设备的运行信息,提升了系统的可信等级。

基于区块链的药品冷链追溯管理平台主要由市场监督管理局、计量单位、医药生产商/经销商、药品冷链物流企业、医院、药店、消费者共同组成,如图 1-3 所示。

各成员作为区块链的可信节点接入网络,每个节点都运行由成员事先投票约定的智能合约,如图 1-4 所示。市场监督管理局可以将药厂信息、药品批文信息和质检信息公布在区块链上,供医院和普通消费者鉴别。计量单位根据验证管理制度,将计量器具和温、湿度监测结果等定期上传到区块链流转。医药生产商可以将药品信息和销售信息上传到

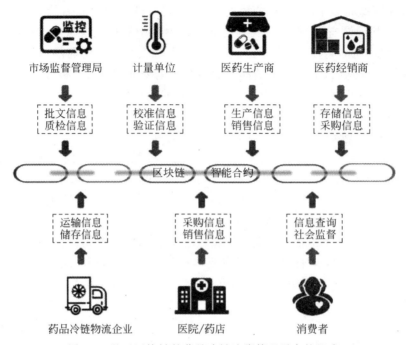

图 1-3 基于区块链的药品冷链追溯管理平台的组成

区块链,供监管部门和普通消费者查询。医药经销商和药品冷链物流企业必须严格按照药品经营质量管理规范,通过传感器和智能物联网设备,实时将温、湿度信息和仓储信息上传区块链,随时接受监督。医院和药店将销售信息与采购信息上传区块链有助于医药生产商和医药经销商实时调整生产经营策略。对于普通消费者而言,有了区块链可信平台,可以实时查询到自己所消费药品的信息,做到药品生产、经销、储存、运输、销售全流程跟踪。

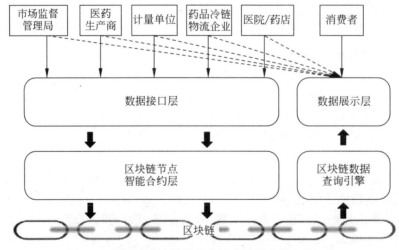

图 1-4 基于区块链的药品冷链追溯管理平台的架构

1.4.2 智慧冷链监控、监管技术应用

智慧冷链物流管理的目标是满足 3P[product(原料)、processing(流程工艺)和 package(包装)]、3C[care(爱护)、clean(清洁)和 cool(低温)]、3T(time(时间)、temperature(温度)和 tolerance(耐藏性)]、3Q[quality(质量)、quantity(数量)和 quick(快速)]以及 3M[means(保鲜手段)、methods(方法)和 management(措施)]的要求。为了实现上述目标,需要对冷链运行的全过程进行产品温度及质量监控,对冷链设备运行状况进行实时监控,保证设备的良好运转。除此之外,还需要政府及行业相关主管单位对冷链的运行进行全方位监管,这样才能有效避免"断链"。

智慧冷链监控、监管体系的构建是一项系统工程,应该由政府牵头,冷链企业、检验机构参与,如图 1-5 所示。

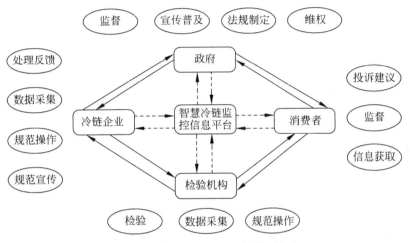

图 1-5　智慧冷链监控、监管体系框架

在智慧冷链监控、监管体系中,政府有关机构负责完善立法和相关法规的制定,进行相关法律法规的宣传和普及,对冷链进行全程监督,并进行必要的追溯,落实责任,切实做好消费者权利的维护。各冷链企业根据国家法律、法规和行业标准进行宣传,确保操作流程符合规范的要求,对企业及消费者反馈的质量问题进行及时处理与反馈,并做好冷链监控数据的实时采集。检验机构在完善分级管理和设备更新的基础上,提升各类冷链商品安全的检验效率,按照作业规范进行全程质量检测,确保每个环节检验数据的真实有效,并完成必要数据的采集和传输。消费者可以关注各类冷链商品的各项安全指标,产品的加工、运输、销售信息等,拥有对冷链商品的知情权和监督权,并对发现的问题进行投诉或提出有效建议。

信息共享是智慧冷链监控体系科学运转的前提,因此,应该加快智慧冷链监控信息平台的建设,借助移动数据、互联网和无线传感技术,实现数据的快速采集和共享。数据采集的主要手段和内容如图 1-6 所示。

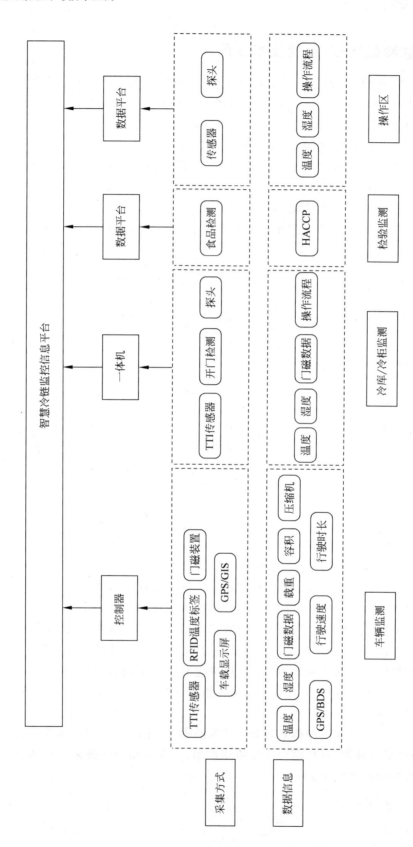

图 1-6　数据采集的主要手段和内容

为了防止冷链商品全链监管中分段管理的弊端,建立统一的智慧冷链监控信息平台是必需的。智慧冷链监控信息平台是统一监管、集中管理的必然要求。网络和移动数据的快速发展,使得数据采集更加简洁、方便,便于记录冷链商品的产地、品种和加工等信息。智慧冷链监控信息平台可以对各个节点企业采集的数据进行统一汇总、分析和处理。如冷链监控中检测到温度的波动,可以帮助企业避免变质产品的运输。智慧冷链监控信息平台还可以实现对运行数据的实时监控、调度管理、多样报警、历史数据追溯、权限管理、数据查询等服务。利用GIS(地理信息系统)和GPS实现对车辆运输的调度、监控、轨迹跟踪,实时监控车辆运行状况,及时进行预警,切实保障运输效率的提升。根据冷链商品的特点,科学、合理地选择危险控制点,并设定相应的预警阈值,从而实现安全预警。制定不同类型产品的冷链作业标准,减少冷链中的作业等待时间,减少交叉污染问题的出现。通过监测主要环节,减少人为因素对冷链商品的影响。借助先进的检验手段,如基因技术和新型检验设备,提升检验效率。数据的及时采集和汇总分析,有利于企业更好地应对可能出现的问题,便于质量问题的溯源,实现问题商品的快速召回,对各个冷链参与企业能起到很好的监督作用。通过App提高订单绑定和交付等环节的工作效率,有效保证产品的质量和安全。进一步做好数据挖掘,综合考虑天气、货物流通、冷库储藏能力、技术限制等因素,进行科学的评估和预测,从而实现合理的资源调度和配置优化。

由此可见,智慧冷链监控、监管体系由以下几个部分组成:智慧冷链监控信息平台、政府、冷链企业、检验机构、消费者。

1.5 国内外智慧冷链场景的技术应用现状及发展趋势

1.5.1 国内外智慧冷链场景的技术应用现状

1. 智慧冷链追溯技术

在食品冷链场景下,目前在欧美国家,有些企业使用先进的RSS(缩小空间符号)条码系统和EAN/UCC全球统一标识系统,更为具体地揭示食品供应链的标识信息,如每种产品的种子、施肥、使用抗生素的情况、生产时间、生产线、生产地、生产所使用的技术和生产次序等,已成功地开展了对牛肉、蔬菜等食品追踪的研究,还通过条码、GLN(全球位置码)技术对食品冷链全过程的产品及其属性信息和参与方信息等进行有效的标识,以实现食品跟踪与追溯。

目前,我国已经研发了可以对食品进行信息识别的技术,条码技术作为最成熟、成本相对较低的物流信息技术,为冷链物流追溯提供了技术条件。但是,条码技术目前仅仅被用于物流单号识别,对用户只能提供物流跟踪信息,这种跟踪信息只有在人工使用移动终端扫描条码后才能更新,并不能显示货物的实时信息。随着我国经济的快速发展,人民的生活条件也在不断改善,消费者比以前更加关注食品安全问题,而目前食品在仓储、运输过程中缺少有效的监督措施,加上工作人员操作不规范、环境温湿度、阳光照射等问题,都可能导致食品的品质下降甚至发霉变质,如果消费者长期食用变质食品,后果不堪设想。

所以应该通过货物在仓储以及运输过程中的状态信息公开,建立一种由消费者、食品生产厂家、政府相关部门共同监督的机制,保障消费者的权益,明确货物在各个环节的责任,保证食品安全。近几年,在我国信息技术和信息系统开发飞速发展的背景下,冷链追溯体系成为可行,食品供应链上的各个节点企业纷纷应用 RFID 技术、物联网技术、区块链技术、大数据技术等建立食品冷链追溯体系,它能为消费者建立起食品安全保障机制,并能让消费者获取整个物流过程中各个环节的温度信息、湿度信息及货物状态信息,也能为物流企业提供优化食品冷链过程的参考数据。

2. 智慧冷链监控技术

在发达国家,通过计算机管理技术对冷链进行管理的各种技术已经相对成熟。例如,在医药冷链场景下,美国的许多医疗机构已经实现从药品、疫苗生产到最终使用过程中全程使用计算机监控冷链的温度,做到实时监控,安全又省力。医疗机构通过温度传感器等设备将药品的温度情况实时反馈到计算机中,计算机将温度与管理人员输入的参数进行比对,然后将温度控制在合理的范围之内,最大程度上保证温度恒定。报警系统能够实时就温度管理过程中发生的故障等问题发出警报,避免因各种因素产生的后果。通过计算机管理,能够保证冷链的良好运作。例如,美国加州大学旧金山分校医学中心,使用 Java 语言和 SSH 框架技术,开发应用了冷链监控系统。Java 语言的良好兼容性使得系统在不同的操作系统上很好地兼容,使用 SSH 框架技术,实现了系统的分级操作,保证系统的高效平稳运行,同时运用 Hibernate(对象关系映射框架)技术对数据库操作进行管理,保障了系统和数据库之间交流的快速性与正确性。对药品从入库到最终使用全程进行监管,配合报警系统,实现了药品监管的保障性。

目前在我国医药冷链管控场景下,许多医疗机构对于冷藏类药品缺乏有效的规范管理,不能保证药品的保存质量。许多医院都选择用冰箱、冰柜、冷库和其他制冷设备等,对冷藏温度进行手工记录、不定期地保养设备等,但由于手工操作的必然性,即使看起来很符合冷藏的行业标准,人工失误等其他因素也会给药品的冷藏温度带来巨大挑战。近些年,计算机管理的兴起给了医疗冷链场景一个巨大的机遇,有些有条件的大医院和医药企业已经采用计算机管理技术进行医药方面的管理,并且取得了很好的成效。例如,中国香港的冯氏集团下属的利和医疗集团有限公司,运用专业化的冷藏供应链管理,对它的药品从生产到企业零售的过程都采用先进的冷藏设备和信息管理技术,加上专业管理人员的人工干预,使药品在冷藏流通全过程得到了妥善的管理,"断链"的现象基本不会发生,从根本上保证了药品的质量。

3. 智慧冷链监管技术

在食品冷链场景下,美国、澳大利亚和欧盟的食品监管体系已经比较完善,立法和监管机制较为健全,先进技术的应用比较普及。美国作为世界上最大的禽产品生产和消费国,对禽产品的安全和质量研究一直高度重视,美国的食品安全检验局(FSIS)负责为所有家禽做监测,并先后制定了一系列禽肉 HACCP(危害分析和关键控制点)法规,食品药品监督管理局(FDA)严格监控家禽产品配送和仓储管理;此外,美国还实现了查询信息公开,并借助全基因组测序的方式改进食品检测技术。澳大利亚的澳新食品标准局(FSANZ)推行禽肉初级生产和加工标准,控制危害点,提倡企业和行业的自律,还引入第三方检查员和企业检查员,严格执行各州的标准。欧盟专门成立了一个独立、透明的食品安全管理局,同时还建立了食品安全的快速预警机制,由欧洲委员会及欧洲食品安全局和所有成员国参加。欧洲委员会和所有成员国都必须遵守食品安全危机的处理权限,发现问题后应采取果断措施进行处理,及时禁止或限制相应产品的市场销售等。

我国食品监管体系的建立时间还不长,食品安全监管一直采用产品流通中的抽检形式,这种监管方式相对滞后,无法预防食品安全问题的出现,此外还存在食品安全问题处理效率低下的问题,消费者对食品的安全问题存在许多顾虑。例如,我国的禽肉消费需求一直比较稳定,家禽养殖中规模化、现代化养殖是趋势,禽类行业的规模化程度不断扩大,目前亟须从食品安全角度出发构建禽肉冷链安全监控体系和信息披露平台,这将有助于政府进行有效的监管,有效应对安全问题,加快安全质量问题原因分析与处理;同时有助于实现禽肉行业的规范化作业,提升禽肉节点企业的美誉度、知名度和消费者的认可度;而平台的信息披露和追溯功能有助于重新树立消费者的信心。

1.5.2 我国智慧冷链场景的技术应用发展趋势

1. 冷链智慧化运作趋势

构建以互联网、大数据、人工智能、物联网、云计算等信息技术为背景,融合现代物流技术、机械自动化技术、现代化数字信息技术、通信集成技术及5G的智慧冷链物流系统,对冷链物流功能作业、冷链信息流通环节、冷链智能化设备等进行有机整合,通过对冷链物流赋能人、物、信息的交互,实现人机协同作业,打造高层次、智能化物流形态,进而实现对冷链运输(cold-chain transportation)、仓储、包装、装卸搬运、流通加工、配送的全程化管理、控制与操作,提高冷链运作效率、降低冷链运作成本,实现冷链行业的高质量发展目标。

2. 冷链智慧化管理趋势

冷链智慧化管理趋势是指冷链作业的智慧化溯源、监控及监管趋势。随着移动互联网(mobile internet,MI)的普及和物联网的应用推广,大数据更加聚焦消费者个性化需求,从订单支持开始,可以运用"二维码+云计算",实现冷链产品溯源,在冷链服务全过程对产品的温度、湿度、仓储、运输及配送信息进行实时记录,并逐渐建立起冷链货物原产地可追溯和质量标识制度。此外,发展和构建政府、行业、企业、消费者共同参与的智慧冷链监控、监管体系,使冷链服务透明化、公开化、标准化。

3. 冷链智慧化创新趋势

预计在2023—2027年的5年时间里,物联网、云计算、大数据、区块链等新一代信息技术将进入发展成熟期,冷链物流设备、物流人员、冷链货物将全面接入物联网,呈现指数级增长趋势,形成全覆盖、广连接的冷链物流网络,"万物互联"必将助推冷链物流的创新发展,开创一场连接升级、数据升级、模式升级、体验升级、智能升级、绿色升级的"智慧革命",由此也会不断迭代升级多种冷链场景,实现冷链场景的创新发展。

【扩展阅读】 智慧冷链将重塑物流行业新格局

"全链追溯"+"公共监管",冷链数字化迈入 2.0 时代

深圳市易流科技股份有限公司(以下简称"易流科技")作为"深圳市现代物流与供应链科技创新中心"联合发起单位,是领先的供应链物流数字化服务运营商,致力于构建供应链物流行业数字化(物联网)的基础设施,助推物流产业数字化转型。对于"冷链数字化",其认为刚刚迈进相对初级的 2.0 时代。

1. 冷链行业数字化 1.0 时代回顾

冷链行业数字化可以追溯到 1992 年,国际仪器仪表展览会在北京举行,英国 P&G、德国 B&H 公司分别展示了全新理念的无纸温度记录仪,成为冷链温控数字化的开端。

2000 年以后,随着互联网和移动通信技术的发展,消费领域的数字化发展迅速,但产业领域的数字化发展还相对缓慢。冷链行业的数字化,首先得益于 2007 年广东率先推行货运车辆安装卫星定位行车记录仪,货运车联网正式起步。易流科技也就是在 2007 年进行技术创新,将无纸化的温度记录仪和卫星定位行车记录仪集成在一起,实现了中国第一辆冷藏车的实时温度在线监控,这在冷链行业的数字化中迈出了关键的一步。

随着行业不断发展、科技不断进步,易流科技在冷链数字化服务的 10 余年中陆续实现了对仓库、车辆、冷柜、冷箱等冷链全场景的温度在线监控,打通了冷链全链条温度数据的拼接、追溯。

我们可以把 1992 年以来的冷链数字化发展定义为"冷链数字化 1.0 时代",因为这一时期的冷链数字化应用着力解决了单一环节打冷的诚信问题,实现在单一环节上防止"冷链变冷端"。

2. 冷链数字化的 2.0 时代

冷链数字化的 2.0 时代,是指冷链的数字化应用,主要是围绕"冷链流通的全链追溯"和"冷链安全的公共监管"这两个问题来展开。特别是政策驱动,对冷链数字化发展有积极的促进作用。

自 2020 年以来,因冷链与新型冠状病毒感染疫情有着密切关系,冷链安全、食品安全得到了社会各界的关注与重视,无论是国务院联防联控办公室、市场监督管理总局、交通部,还是各地方省、区、市都下决心做好冷链安全强力监管,并已经着手部署和建设相关监管平台。从出台的政策与相关动作来看,冷链数字化趋势主要呈现出五大特点。

(1) 政府层面强力监管,闭环管控。目前政府严抓的进口冷链食品,通过在海关严格检测、设立监管总仓进行暂存消杀、对运输过程进行监控、对市场流通进行赋码追溯等手段实施强力监管和闭环管控。

(2) 从生产环节到流通、消费环节全过程追溯。目前部分有条件的品牌商已经着手研究和探索构建冷链商品流通全链条的数字化追溯。从工厂到卖场、从农田到餐桌的全链条冷链流通追溯,不再是仅仅停留在理念或概念上,而是有企业实实在在的实践。

(3) 冷链追溯,从进口冷链食品、疫苗等敏感领域开始,逐渐向各个细分领域展开。冷链全链条追溯,需要解决两大问题:一是要能够掌控所有环节的数据;二是要在投入产出上划算。进口冷链食品、疫苗等,有政府的强力监管,可以做到暂时不计成本地投入,容易掌控所有环节的数据;此外,有条件的大型品牌商会为品牌增值,战略性地构建冷链全链条追溯体系。

(4) 冷链物流环节的数字化,是从业企业的基本能力要求(入行门槛)。不管是政府,还是品牌商货主,一定是要求流通环节能够进行数字化追溯。不管是仓储、运输,还是终端零售,一定要有冷链全过程的数据。冷链物流环节的数字化,将是从业企业的基本能力和"入行门槛"。

(5) 基于冷链过程数字化的应用创新、营销创新将逐渐丰富,并改变相关行业领域格局。易流科技的少部分客户,计划通过冷链全链条的数字化,开辟冷链行业细分领域的新赛道(生鲜新零售、冻品供应链金融等)。

3. 易流科技在冷链数字化 2.0 时代的探索

近年来,易流科技在冷链数字化领域进行持续探索,并取得了一些突破,相关应用案例属于冷链数字化 2.0 时代的范畴。

1) 冷链全场景的 IoT 能力与全过程冷链追溯

易流科技的 IoT(物联网)设备全面覆盖了冷链的各个业务场景,实现了基地冷库、中转冷库、运输车辆、末端门店的冷链全链条各个场景的温湿度数据采集,结合易流云平台达到对全场景温湿度的实时感知、监控预警以及远程控制。

2) 品牌商的全链数据应用

品牌商通过对每件产品赋予唯一的标识(监管码),实现"一物一码",并且采集各个业务场景的现场数据,传送到赋码系统,将数据赋在每件商品的二维码之中,这样即可生成每件商品的全链数据,那么消费者在购买时可以通过扫码追溯每件商品"全生命周期的流转信息"。

3) 进口冷链食品监管仓 AI 视频

当前多个地区已经建设并使用进口冷链食品监管仓,针对进口冷链食品做核酸检测、消杀等疫情防控工作,结合监管仓的管理要求,易流科技集成了 AI 视频监管,对违规操作、穿戴风险、禁区闯入、消杀监管等方面实现智能化监控管理。

4) 进口冷链食品追溯

易流科技的冷链追溯系统解决方案已上线,通过"首站赋码、一码到底"的形式实现商品流通全链的闭环追溯,在商品存储、运输、展售等各个环节实现实时监管、流向追踪、扫码溯源,做到"来源可查、去向可追",全面保障冷链食品安全。

5) 冷链监管平台

易流科技为相关省份搭建了冷链大数据监管平台,满足政府对于当地冷链经营企业、冷链业务场景的监管需求,在实时监控、监控分析、应急管理等维度综合辅助政府的监督管理。

资料来源:万联网、易流科技,https://info.10000link.com/opiniondetail.aspx? doc=2022021590001.

案例思考题:

1. 2020 年以来国家层面出台的相关政策主要从哪些方面对冷链物流的未来发展作出了规划?

2. 你认为冷链物流 2.0 时代与 1.0 时代有什么区别?

【即测即练】

第 2 章

智慧冷链场景的技术支撑体系

【本章导航】

本章主要介绍智慧冷链场景的技术支撑体系,首先介绍制冷及温控技术,主要包括制冷技术、低温处理技术、温度监测技术;其次介绍感知与识别技术,包括条形码技术、RFID 与 EPC、传感器技术与无线传感网、跟踪定位技术、AI 技术、VR 技术等;再次介绍通信与网络技术,包括近距离无线通信技术、基于 5G 的移动互联网技术、物联网技术;最后介绍数据处理与计算技术,包括大数据技术、区块链技术、云计算技术、智能控制技术、数据挖掘技术、视频分析技术等。

【关键概念】

制冷技术 低温处理技术 温度监测技术 条形码技术 RFID 与 EPC 传感器技术 无线传感网 跟踪定位技术 AI 技术 VR 技术 近距离无线通信技术 移动互联网 物联网技术 大数据技术 区块链技术 云计算技术 智能控制技术 数据挖掘技术 视频分析技术

新消费与技术驱动冷链物流步入"智慧冷链"这一全新的发展时代

在消费升级、技术创新与"互联网+"的影响下,冷链物流正步入一个新的发展时代。伴随经济发展以及民众生活水平提高,消费不断升级,居民越来越重视生态、绿色、安全消费,对高品质生鲜农产品的需求日趋旺盛,对食品质量和食品安全问题也更为关注,这给冷链物流行业的发展带来了机遇。《2018 年中国农产品冷链物流发展报告》的数据显示,2017 年我国冷链物流得到较快的发展,当年我国农产品冷链物流总额达到 4 万亿元,同比增长 17.6%,占全国物流总额的 1.58%;冷链物流总收入达到 2 400 亿元,增长 10%;冷链物流仓达到 1.193 7 亿立方米,同比增长 13.7%,约 4 775 万吨,同比增长 13.7%;冷藏车预计达到 13.4 万辆,全年增加 1.9 万辆,同比增长 16.5%。

"民众对生活品质要求的提高推动了冷链物流的发展,冷链物流市场的需求在不断增长,规模也在不断扩大。"德利得物流总公司运营总监恽绵在接受记者采访时表示,冷链物流在不断发展的同时也出现了新的变化,消费理念、消费主体、消费需求相比过去都在改变,这也对冷链物流提出了新的要求。恽绵同时表示,技术创新也推动着冷链物流的发展。

首先，新消费下的新变化倒逼冷链物流进入新发展时代。

消费的不断升级推动居民的消费结构由生存型消费转向发展型消费、由产品消费转向服务消费、由规模化消费转向个性化的品质消费，这也推动着冷链物流的不断变化。

"新的时代来了，新的消费来了，新的消费具有哪些特点？我认为，所有的消费者更加个性化，更加注重客户体验，更加注重享受。"在谈及当前消费升级下冷链物流的变化时，凯雪冷链董事、总经理唐新宇表示，现在的消费者不再仅仅关注能吃饱，还要吃得健康，同时更加注重时效性，在新的消费业态下，每个消费者都更加注重健康、时效。

"政策环境、营商环境、消费者和消费场景、竞争环境、模式和技术都在改变。"在阐述冷链物流发展变化时，中国物流与采购联合会冷链物流专业委员会秘书长秦玉鸣指出，当前政府对冷链物流的关注上升到前所未有的高度，中央和地方政府因势利导地出台了多项冷链政策；消费的主力从60后、70后慢慢变成了80后、90后甚至95后，他们对品质、品牌的要求更高，对优质食品的价格也不敏感；越来越多的生产企业开始独立冷链物流，企业物流社会化，资本方高度关注冷链行业，加大了冷链产业投入；行业模式创新能力不断提高，物流企业向供应链企业转型，提供更多附加值服务；新技术和物联网开始赋能冷链这个行业，越来越多的新技术、新材料进入这一领域，很多生鲜农产品借助冷链物联网增加品牌附加值等，都是冷链物流行业非常明显的变化。

冷链物流的这些变化也使行业发展呈现出新的特点。业界分析指出，特别是随着创新技术的不断涌现与"互联网＋"概念的延伸，大数据、云平台、新技术等诸多方面正在不断影响和改变冷链物流行业，"互联网＋冷链物流"产生的化学反应正逐步形成，冷链物流呈现智能化、平台化、专业化、资源共享化的特点，正在步入智慧冷链物流时代。

顺丰集团冷运事业部总裁Willam E. O'Brien认为，面对新零售、新需求，冷链行业发展需要有平台，需要有数据，来构建一体化的解决方案，要使客户、客户的客户和冷链企业实现多赢，唯一可行的方法就是基于大数据的优化，只有通过优化才能降本，最终实现各方增效。京东物流冷链总负责人暴景华同样表示，在今后所有的冷链物流建设过程中要围绕三点：第一个是短链，第二个是智慧，第三个是共生。暴景华同时提出，"零售即服务"，最终冷链物流建设一定是以客户为中心、以科技为驱动。

其次，各冷链企业加速布局推动冷链物流进入新发展时代。

面对巨大的市场潜力，越来越多的企业不断创新模式，加快对冷链物流的布局，借以抢占先机。一方面，冷链宅配、生鲜供应链、冷链资源交易平台等模式不断涌现，部分冷链运输仓储企业开始向综合冷链物流服务商转变；另一方面，专业化的第三方冷链物流企业逐步走向规模化、集团化、网络化，冷链物流产业朝着服务细分、跨界竞争、全网布局的方向迈进。

以顺丰为例，在其业务多元化的方向中，冷链就是重要的一项。顺丰不仅成立了专门的冷运事业部，还将冷运业务作为未来的战略性业务发展。顺丰控股2017年年报显示，截至报告期末，顺丰控股冷运网络覆盖104个城市及周边区域，其中有51座食品冷库、108条食品运输干线、3座医药冷库、12条医药干线，贯通东北、华北、华东、华南、华中核心城市。其食品冷库运营面积22.4万平方米，医药冷库2.4万平方米，冷藏车916台，其中经过 GSP 认证的车辆 244 台。公司全年冷运食品与医药业务高速发展,不含税营业收入达 22.95 亿元,同比增长 59.70%。

又如苏宁物流,其已在北京、上海、广州、南京、武汉、成都、沈阳、西安 8 个城市完成了冷链仓的布局,并正式启动运营。截至 2018 年 5 月,苏宁物流庞大物流链已经涵盖仓储及相关配套总面积 628 万平方米,拥有快递网点近 20 000 个,物流网络覆盖 352 个地级城市、2 810 个区县城市。苏宁物流的 8 座冷链仓均采用 B2B(企业对企业)店配和 B2C(企业对消费者)客户包装发货模式,满足苏宁生鲜、苏宁小店、苏鲜生超市的冷链物流需求。这也意味着,用户不仅可以选择在家收到生鲜产品,也可以去苏宁遍及全国的各类门店自提、选购。

对于越来越多的企业在冷链物流上发力,业界分析表示,在市场驱动下,作为物流行业中进入壁垒较高且市场空间巨大的一个领域,冷链物流已经成为电商、物流企业抢占的高地。

与此同时,冷链物流连接着生鲜农产品、食品和下游的终端消费者,是保障产品品质必不可少的一环。近年来,政府对于冷链物流行业的发展也非常重视,陆续出台了相关政策支持行业发展。比如在 2017 年 4 月 21 日,国务院办公厅发布《国务院办公厅关于加快发展冷链物流保障食品安全促进消费升级的意见》;2017 年 8 月 24 日,交通运输部印发了《交通运输部关于加快发展冷链物流保障食品安全促进消费升级的实施意见》。连续不断的利好政策也进一步推动了冷链物流的发展,助推了企业加速布局。

不过,面对当前冷链物流行业的大热,业界专家也同时表示,冷链物流行业在快速发展的同时,依然存在不少问题。比如,信息化和技术装备水平仍有待提高;第三方冷链物流缺乏龙头企业引领,第三方冷链物流企业的产业集中度较低,专业的第三方冷链物流仍然处在发展初期;新技术、新模式尚未实现商业化普及,农产品产地冷链物流技术仍然比较落后、设备简陋,缺少必要的产后预冷处理,损耗率较高;冷链物流标准和服务规范体系不健全;与上下游产业对冷链物流的实际需求以及产业自身发展的客观需求相比,冷链物流各环节、市场主体的标准规范体系还不完善;冷链物流设施设备、温度控制和操作规范等标准存在执行不到位,部分领域的标准规范仍然空缺等,冷链物流行业要想获得跨越式进步,需要解决这些痛点、难点。

资料来源:中国物流与采购联合会,资讯中心,http://www.chinawuliu.com.cn/zixun/201805/07/330889.shtml.

2.1 制冷及温控技术

2.1.1 制冷技术

制冷技术的应用是相对于环境温度而言的,制冷是使某一空间或者某一物体的温度达到低于周围环境介质的温度,并保持该低温状态的过程。这里所说的环境介质就是指自然界的空气和水。制冷就是为了使某一空间或者某一物体达到并维持所需的低温状态,不断地从该空间或者该物体中抽取热量并转移到环境介质中的过程。制冷途径主要有两种:利用天然冷源制冷和人工制冷。

1. 利用天然冷源制冷

天然冷源主要是指夏季使用的深井水和冬季存储的天然冰。夏季深井水温度低于环境温度，可以用来防暑降温或者作为空调冷源；冬季存储下来的天然冰可以用于冷藏食品和防暑降温。天然冷源的优点主要是价格低廉、无须复杂技术设备即可实现制冷，但是其应用会受时间和地区等条件的限制，尤其受到制冷温度的限制，它只能获取 0 ℃ 以上的制冷温度。因此，天然冷源只能用于防暑降温，或者温度要求不太低的空调和少量食品的短期储存。

2. 人工制冷

在冷链物流运作过程中，我们可以根据不同的低温要求、不同的制冷范围选择不同的制冷方法。按制冷温度的不同，可以将制冷技术分为以下三类：普通制冷，高于 -120 ℃；深度制冷，$-253 \sim -120$ ℃；超低温制冷，-253 ℃ 以下。

如果需要获取 0 ℃ 以下的制冷温度，必须采取人工制冷的途径来实现，人工制冷虽然成本较高、所需技术设备较复杂，但是其应用范围更广，所能达到的制冷温度更低。例如，食品冷藏属于普通制冷范围，主要采用液体汽化制冷。

目前广泛采用的人工制冷技术主要包括蒸汽压缩式制冷、吸收式制冷、蒸汽喷射式制冷、磁制冷、热声制冷、热管制冷等。

2.1.2 低温处理技术

1. 低温预冷技术

低温预冷是指将物品的温度降到某一指定温度，但是不低于物品相关液体的冻结点。例如，生鲜食品的预冷温度通常在 10 ℃ 以下，其下限为 -2 ℃。之所以对物品进行预冷处理，是因为这样可以延长冷链产品的储藏期限，并使其新鲜度保持更长时间。不过需要注意的是，即使在预冷温度下，细菌和霉菌等微生物仍然能够生长繁殖，尤其是经过预冷处理的动物性食品只能进行短期储藏。

冷链产品的预冷方法主要包括空气预冷、真空预冷、水预冷、流态冰预冷等。根据相应产品种类及预冷要求的不同，可以选择对应的预冷方法，如表 2-1 所示。

表 2-1 预冷方法的适用范围

预冷方法	肉	禽	蛋	鱼	水果	蔬菜
空气预冷	√	√	√	×	√	√
真空预冷	×	×	×	√	√	√
水预冷	×	√	×	√	√	√
流态冰预冷	×	√	×	√	√	√

2. 低温冷冻技术

冷冻（冻结）是指运用低温处理方法消除产品的显热和潜热，在一定时间内将产品温度降到其汁液的冰点以下,使其中的大部分水分冻结成冰,最后达到冻结终温的过程。国际上推荐的冻结温度是$-18\ ℃$以下。之所以对冷链产品进行低温冷冻处理,是因为冷冻可以使产品内部的水分随着其内部热量的流失形成微小冰晶体,最大限度减少微生物的生命活动及酶的生化变化发生,进而保持产品的天然品质,包括营养成分、色泽、新鲜度和风味,便于进行长期储藏。影响冷冻速度的因素主要包括三个方面:产品自身因素、介质温度、对流换热系数。

常见食品的冷冻点及对应含水率如表2-2所示。

表2-2 常见食品的冷冻点及对应含水率

食品品种	冷冻点/℃	对应含水率/%
蛋白	-0.45	89
牛奶	-0.5	88.6
橘子	-2.2	88.1
苹果	-2	87.9
鱼肉	-2～-0.6	70～85
葡萄	-2.2	81.5
猪肉	-2.8	80
香蕉	-3.4	75.5
青豆	-1.1	73.4
牛肉	-1.7～-0.6	71.6
蛋黄	-0.65	49.5

2.1.3 温度监测技术

近年来,随着我国老百姓生活水平的提升,全社会对食品安全、疫苗质量等问题的关注度逐步上升。温度是有关食品安全的一个非常重要的参数,对温度实施端对端的实时、连续监控和记录,是保障食品安全的重要一环。根据食品安全质量控制HACCP体系的要求,原料采购验收时除了检查食品的保质期、外包装、外观等外,还必须对食品的内部温度和运输过程中温度的连续性进行严格检查。

1. 温度传感器

如果要进行可靠的温度测量,首先就需要选择正确的温度传感器。温度传感器是指能感受温度并转换成可用输出信号的传感器。温度传感器是温度测量设备的核心部分。目前我国企业常用的温度传感器主要包括RTD(电阻式温度检测器)、热电偶、热敏电阻与DS18B20数字温度传感器四种主流传感器。

1) RTD

RTD是最准确的温度传感器之一,是通过电阻和温度的关系来测量温度的传感器,常见的RTD电阻材料有铂金、镍、铜、巴尔可镍铁合金。它不仅提供良好的精度,也提供出色的稳定性和可重复性。RTD相对于其他温度传感器具有更佳的防噪声性能,所以非常适合在工业环境中进行温度测量。RTD元件由纯金属材料制成,其不同温度的电阻已被证实。该材料具有对应不同温度变化可预见的电阻变化,测定温度正是利用了这种可预见的变化。低功耗模式下,RTD 在需要测量温度时才能取得供电,所以其并不适合在冷链物流的过程中实现实时的温度监测。而且,RTD 通电所需要的功率还会导致器件发热,从而使温度监测的精确性降低。在使用的过程中,几毫安的电流就会导致温度监测产生误差。此外,与普通的数字温度传感器相比,RTD 成本要高很多。

2）热电偶

热电偶由在一端连接的两条不同金属线（金属 A 和金属 B）构成,当热电偶一端受热时,热电偶电路中就有电势差,可用测量的电势差来计算温度。热电偶的温度测量范围较大,其实际的测量范围可达 $-150\ ℃$ 至 $2\ 000\ ℃$。相比其他温度测量器件,热电偶质量好,使用寿命也远超其他温度测量器件,拥有超强的抗震效果,适用于在恶劣环境下的温度勘测。由于热电偶体积小、热容小,因此热电偶对温度的响应速度很快,特别是热点暴露时。总体而言,热电偶具有温度范围大和适应各种大气环境,而且结实、价低、无须供电、无自发热等十分优良的性能。但是,热电偶也有缺点,其电路复杂程度高、设计困难、抗干扰性较差。由于热电偶的输出电压信号非常小,当测量环境周围出现电磁干扰时,会产生一些问题。热电偶是由两种不同的金属组成的,容易被腐蚀,因此可能需要根据不同的使用条件采取一定的保护措施。由于冷链物流运输的环境湿度相对大一些,热电偶的长期使用会造成器件本身的腐蚀,在冷链运输的环境中使用需要对器件进行较为密闭的封装处理。

3）热敏电阻

热敏电阻使用半导体材料,大多为负温度系数,即阻值随温度增加而降低,温度变化会造成较大的阻值改变,十分灵敏。热敏电阻的主要优点是灵敏度较高、工作温度范围大、体积小、过载能力强,经常会被使用在一些要求较为严格的电力设备中。但热敏电阻的缺点是,阻值与温度的关系非线性十分严重,元器件不易更替,一旦出现损坏,难以找到可互换的产品。同时,热敏电阻相对更易老化,稳定性也是比较差的。除了特殊高温热敏电阻外,绝大多数热敏电阻的工作范围只有 $0\sim150\ ℃$。

4）DS18B20 数字温度传感器

DS18B20 数字温度传感器是遵循单总线通信协议的传感器,接线方便,经过封装后比较适合应用在保温箱内部,具体特点包括：第一,性能优良,DS18B20 数字温度传感器遵循单总线协议,故与单片机连接时仅需要一条数据线即可实现单片机与 DS18B20 数字温度传感器之间的双向通信,成本较低,抗干扰能力强,适用于多种环境的温度测量,也便于总线扩展与维护,可轻松地组建传感网络。第二,测量温度范围大,测量精度高。DS18B20 数字温度传感器的测量范围为 $-55\sim125\ ℃$,精度为 $\pm0.5\ ℃$。第三,电路简单,在使用中不需要任何外围元件。第四,易组网,具备多点组网功能,多个 DS18B20 数字温度传感器可以并联在单总线上,方便在保温箱中实现多点测温。第五,使用灵活,DS18B20 数字温度传感器体积更小、适用电压宽、成本低,封装方式可根据具体工作环境灵活改变,适用于构建成本较低的测温终端。

2. 时间温度指示剂（温敏标签）

时间温度指示剂（温敏标签）是一种应用于医疗、食品等领域的智能包装,用于监测和记录产品的环境条件等重要温度数据。温敏标签利用化学物质随温度变化而产生的颜色改变,从无色到有色,或是从有色到无色,抑或是从一种颜色到另一种颜色,以及层析原理,呈现出清晰的视觉信息。传统包装的产品(如食物、血细胞、药品等)虽然标明了有效期,但使用者无法知晓由于环境因素引起产品质量变化的实际情况,如微生物繁殖、蛋白质分解流失等。温敏标签则可将难以观测的产品性能、性状的改变直观表现出来,从而使产品使用更安全便捷,延长产品的货架寿命与有效期,甚至提升产品的能效性。

制冷及温控技术是实现所有冷链场景智慧化全链运作的基础支撑技术,是冷链物流区别于常温物流的核心技术,实现低温制冷是冷链物品保质、保鲜的主要手段,持续稳定的温度检测控制则是保障冷链"不断链"的关键技术,可以有效避免冷链运作过程出现温度波动等异常状况,有效降低冷链货物出现货损货差的风险。

2.2 感知与识别技术

2.2.1 条形码技术

1. 条形码的定义及工作原理

1)条形码的定义

条形码是由一组规则排列的条、空组成的符号,可供机器识读,用以表示一定的信息。"条"指对光线反射率较低的部分,"空"指对光线反射率较高的部分,这些条和空组成的数据表达一定的信息,并能够用特定的设备识读,转换成与计算机兼容的二进制和十进制信息。通常对于每一种物品,它的编码是唯一的,对于普通的一维条码来说,还要通过数据库建立条码与商品信息的对应关系,当条码数据传到计算机上时,由计算机上的应用程序对数据进行操作和处理。因此,普通的一维条码在使用过程中仅作为识别信息,它的意义是通过在计算机系统的数据库中提取相应的信息而实现的。

2)条形码系统的工作原理

条形码符号首先被一种红外线(IR)或可见光源照射;黑色的条吸收光,白色的空则将光反射回扫描器中。扫描器将光波转译成模仿条码中条与空的电子脉冲。一个译码器用数学程序将电子脉冲翻译成一种二位制码,并将译码后的资料信息传到个人计算机、控制器或计算机主机中。通过数据库中已建立的条码与商品信息的对应关系,当条码数据传到计算机上时,由计算机上的应用程序对条码数据进行转换操作和处理,如图 2-1 所示。

图 2-1 条形码系统的工作原理

2．条形码的分类

条形码的种类很多，按不同的标准可以进行不同的分类，如表 2-3 所示。

表 2-3　条形码的分类

分类标准	类　　型
用途	商品条形码、物流条形码
码制	UPC 码、EAN 码、25 码、交叉 25 码、39 码、库德巴码、128 条码、93 码等
维度	一维条形码、二维条形码

条形码技术是在多种冷链场景中实现信息自动化识别的主要技术，是迄今为止最经济实用的一种自动识别技术。该技术具有输入速度快、可靠性高、采集信息量大、灵活实用的优势。运用条形码技术，可以在冷链消费场景中通过 POS 系统（销售时点信息系统）提高商品管理的信息化水平，在冷链运输、仓储及配送场景中为企业提供物品标识及描述、统计的自动化手段，是提高冷链场景服务质量的重要技术手段。

2.2.2　RFID 与 EPC

1．RFID

1）概念

RFID：在频谱的射频部分，利用电磁耦合或感应耦合，通过各种调制和编码方案，与射频标签交互通信唯一读取射频标签身份的技术。它是 20 世纪 90 年代开始兴起的一种自动识别技术。与其他自动识别系统一样，RFID 系统也是由信息载体和信息获取装置组成的。其基本原理是电磁理论，利用无线电波对记录媒体进行读写。RFID 系统的优点是不局限于视线，识别距离比光学系统远，RFID 卡（射频标签）具有读写能力、可携带大量数据、难以伪造和智能性等特点。获取信息的装置称为射频读写器（在部分系统中也称为问询器、收发器等）。射频标签与射频读写器之间利用感应、无线电波或微波能量进行非接触双向通信，实现数据交换，从而达到识别的目的。

2）RFID 的工作原理

读写器通过发射天线发射一定频率的射频信号，标签进入发射天线工作区域时被激活，将自身的信息代码通过内置天线发出，读写器获取标签信息代码并解码后，将标签信息送至计算机进行处理。如图 2-2 所示，射频识别系统在工作过程中，始终以能量作为基础，通过一定的时序方式来实现数据交换。

3）RFID 技术的特点

与传统的条形码技术相比，以 RFID 技术为基础的电子标签具有如下特点和优势：电子标签资料内容可动态改变、随时更新，而条形码印刷之后无法更改；电子标签可远距离自动识别，穿透性强，只需在电磁波的范围内即可，而条形码识别要求近距离接触；电子标签存储信息的容量大，最大可达数兆字节，而条形码最大仅为数千字节；电子标签可重复使用，寿命较长，而条形码仅依赖于附着物的寿命长短；电子标签可实现多目标信息

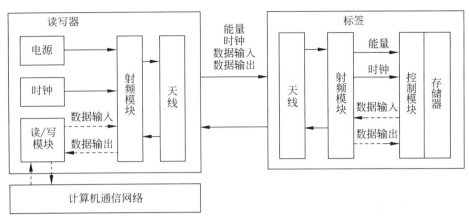

图 2-2　RFID 的工作原理

的同时识读,工作效率高,而条形码仅能单一识读;电子标签有密码保护,不易伪造,具有高度安全性。此外,RFID 技术可对标签附着物进行追踪定位;电子标签还具有防水、防磁、耐高温等特点。

4）RFID 系统的组成

在具体的应用过程中,根据不同的应用目的和应用环境,RFID 系统的组成会有所不同,但从 RFID 系统的工作原理来看,系统一般都由信号发射机(电子标签)、信号接收机(读写器)、天线几部分组成,如图 2-3 所示。

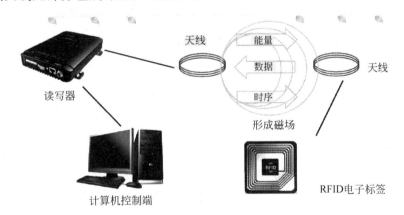

图 2-3　RFID 系统的组成

5）RFID 技术在智慧冷链物流系统中的应用场景

RFID 技术在智慧冷链物流系统中的应用场景主要表现为:全程温度控制、降低腐损率和追踪货品流向。

(1) 全程温度控制。为保证冷链物品从供应地到冷链在途再到消费市场和用户流通过程中的质量,冷链物流系统需要加载严格控温功能。采用 RFID 电子标签与温度传感器相结合的方式,实时监测冷链物流环节中物品所处的温度,通过计算机技术拟合温度变化趋势,分析不同时间点温度变化情况,便于定位物品在途中易被影响的周围环境因素,加以优化。

（2）降低腐损率。RFID 技术以非接触方式自动获取冷链物品流通数据，同步实现对多个物体识读，能有效加快冷链物流产品流通速度。同时，基于 RFID 技术建立的冷链物流系统，使供应链上的主体之间能共享准确的物流信息，提高冷链物品物流效率，极大地缩短了冷链物品的流通时间。

（3）追踪货品流向。RFID 电子标签可为每一件待标识的冷链货品（冷链产品、冷链包装箱、托盘等）提供唯一的身份识别。通过电子标签，RFID 技术可以记录物流各环节中涉及冷链物品质量安全的各种信息，实现对流通全过程质量安全的实时监控。RFID 技术需要冷链上的多个企业共同实施，才能充分体现出其提高运作效率及实时监控产品的价值。因此，需要建立区域性冷链物流公共信息平台，实现信息交换和信息共享，优化冷链物流资源，从而保障冷链物品在周转流通过程中的质量安全。

2．EPC

EPC（electronic product code，产品电子代码）是基于因特网和 RFID 的一种全新的物流信息识别技术，它以 RFID 电子标签为载体，并借助因特网实现信息的传递。EPC 旨在为每一个实体对象建立全球的、开放的、唯一的标识代码，实现全球范围内对单件产品的跟踪与追溯。EPC 是条形码技术的拓展和延伸，是 EAN/UCC 全球统一识别系统的重要组成部分，是继条形码之后的第二代物流信息识别技术，它可以极大地提高物流效率、降低物流成本，有效提高供应链管理水平。

1）EPC 系统的构成

EPC 系统是由全球 EPC 编码体系、RFID 系统及信息网络系统三个子系统构成的一个综合性很强的复杂系统，其主要内容包括六个方面，如表 2-4 所示。

表 2-4 EPC 系统的构成

系统构成	主要内容	注释
全球 EPC 编码体系	EPC 编码标准	识别目标的特定代码
RFID 系统	EPC 标签	贴在物品上或内嵌在物品中
	读写器	识别 EPC 标签
信息网络系统	EPC 中间件	EPC 系统的软件支持系统
	对象名称解析服务（ONS）	
	EPC 信息服务（EPCIS）	

2）EPC 系统的工作流程

EPC 系统的工作流程如图 2-4 所示。可以将 EPC 标签安装在某产品上，通过读写器对 EPC 标签信息进行自动采集，读写器与计算机网络相连，通过 EPC 中间件将标签信息传送到物联网中，存储在 EPC 信息服务器中，再通过一个中间件就可以实现对该产品其他信息的查询。

3）EPC 系统的特点

（1）开放性。EPC 系统具有开放的结构体系，采用全球最大的公用因特网，降低了系

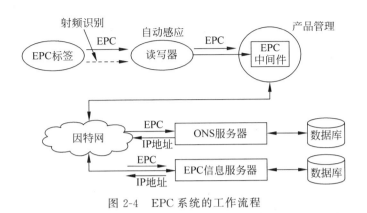

图 2-4　EPC 系统的工作流程

统的复杂性和成本,有利于系统增值。

（2）独立的平台和高度的交互操作性。EPC 系统的识别对象是全球范围内十分广泛的各种实体,不同国家、不同地区的 RFID 技术标准并不一致,因此 EPC 系统必须具有独立的平台和高度的交互操作性才能保证在全球范围内识别各种实体对象。

（3）灵活的可持续发展体系。EPC 系统可以在不替换原有体系的情况下进行系统升级,因此该系统是一个灵活的可持续发展体系。

2.2.3　传感器技术与无线传感网

1. 传感器技术

传感器是一种检测装置,能感受到被测量物品的信息,并将信息按一定规律变换成电信号或其他所需形式的信息输出,以满足信息的传输、处理、存储、显示、记录和控制等要求。传感器作为智能装备感知外部环境信息的自主输入装置,对智能装备的应用起着技术牵引和场景升级的作用。传感器的外延正不断扩大,它不仅仅是简单地将物理信号转换为电信号的检测器,更是一种数据交换器,在万物互联的物联网世界,只要能产生数据的都可以认为是传感器,如数据识别传感器、条形码、RFID、语音等新兴的传感器。这些传感器设备被进一步联系在一起,采集信息、产生数据,并连接到云端,在强大的智能传感器网络中,通过大数据挖掘技术等实现丰富的应用,并最终实现运营效率提升等目的,同时帮助客户深度开发出各种各样的新应用,这正是目前业内对今后智能传感器外延的理解。也就是说,传感器不仅意味着数据的采集和互联,还需要提供创新的解决方案实现流程和运营的优化,并且通过识别和挖掘数据,完善业务决策。

2. 无线传感网

无线传感网（wireless sensor networks,WSN）是基于传感器技术、嵌入式计算技术、现代网络、无线通信技术和分布式信息处理技术的一种综合技术,是由大量具有感知能力的微型传感器节点通过自组织方式构成的无线网络。其目的是协作感知、采集处理网络覆盖区域中感知对象的信息,并发送给观察者。

1) 无线传感网的组成

无线传感网的体系结构如图 2-5 所示，其包括三大部分：传感器节点，汇聚节点，管理节点。传感器节点主要完成环境信息的检测和控制，汇聚节点完成传感网的数据和管理中心的互联，主要完成数据融合、协议转换等，管理节点实现传感网的管理和控制命令操作。

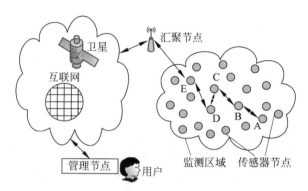

图 2-5　无线传感网的体系结构

无线传感器节点是一个微型化的嵌入式系统，它构成无线传感网的基础层支持平台。节点通过自组织方式，感知、收集、处理区域信息，并通过多跳方式将整个区域信息传送给基站或汇聚节点，节点结构如图 2-6 所示，其包括三大部分：感知模块，数据处理模块，无线通信模块。感知模块完成环境数据的采集，包括传感器和 A/D 转换器（模拟数字转换器）；数据处理模块完成节点的各种控制和数据的融合处理等，由微处理器和存储器组成；无线通信模块实现节点间的无线通信功能，由网络层、MAC（媒体介入控制层）和无线收发器组成。

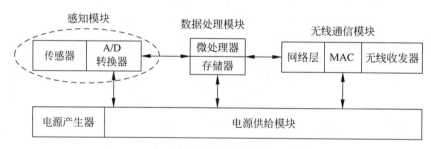

图 2-6　节点结构

2) 无线传感网的特点

与传统式的网络和其他传感器相比，无线传感网具有以下特点。

(1) 组建方式自由。无线传感器的组建不受任何外界条件限制，组建者无论在何时何地，都可以快速地组建起一个功能完善的无线传感网，组建成功之后的维护管理工作也完全在网络内部进行。

(2) 网络拓扑结构的不确定性。从网络层次的方向来看，无线传感器的网络拓扑结构是变化不定的，如构成网络拓扑结构的传感器节点可以随时增加或者减少，网络拓扑结构图可以随时被分开或者合并。

(3) 控制方式不集中。虽然无线传感网把基站和传感器节点集中控制了起来,但是各个传感器节点之间的控制方式还是分散的,路由器和主机的功能由网络的终端实现,各个主机独立运行、互不干涉,因此无线传感网的强度很高,很难被破坏。

(4) 安全性不强。无线传感网采用无线方式传递信息,因此传感器节点在传递信息的过程中很容易被外界入侵,从而导致信息的泄露和无线传感网的损坏,大部分无线传感网的节点都是暴露在外的,这大大削弱了安全性。

冷链物流场景应用最为广泛的是采用光敏元件的传感器,实现感应功能,如光电传感器、光幕传感器等,它们应用在入库、上架、拣选、出库等各个冷库作业环节的商品或设备信息读取、检测及复核等。随着智慧冷链物流的进一步发展,自动化立体库、AGV(自动导引车)、各类拣选机械手及机器人的应用越来越多,这些复杂、先进的自动化系统对传感器系统的需求可想而知。

2.2.4 跟踪定位技术

1. 卫星定位技术

全球主要的卫星定位技术包括美国 GPS、俄罗斯 GLONASS(格洛纳斯)、欧洲 GALILEO(伽利略卫星导航系统)和中国 BDS(BeiDou Navigation Satellite System,北斗卫星导航系统)。目前我们通常所说的卫星定位技术的典型代表是美国 GPS,它是由一组卫星组成的、24 小时提供高精度的全球范围的定位和导航信息的系统。另外一个非常具有发展潜力的卫星定位技术就是中国 BDS,该系统是我国着眼于国家安全和经济社会发展需要,自主建设、独立运行的卫星导航系统,是为全球用户提供全天候、全天时、高精度的定位、导航和授时服务的国家重要空间基础设施。

1) 美国 GPS

GPS 由美国政府自 20 世纪 70 年代开始研发。历经 20 余年的发展,到 1994 年,耗资达 300 亿美元、全球覆盖率高达 98% 的 24 颗 GPS 卫星布局已完成。该系统由三大子系统构成:空间卫星系统、地面监控系统、用户接收系统。空间卫星系统由均匀分布在 6 个轨道平面上的 24 颗(其中 3 颗为备用)高轨道卫星构成,轨道高度为 2 万千米,每颗卫星都配备有精度极高的原子钟(30 万年的误差仅为 1 秒),可以保证在地球上的任何地点都能连续同步地观测到至少 4 颗卫星,从而提供全球范围从地面到 2 万千米高空之间任一载体高精度的三维位置、三维速度和系统时间信息。地面监控系统由均匀分布在美国本土和三大洋的美军基地的 5 个监测站、2 个主控站和 3 个数据注入站构成。这些子系统的功能是:对空间的卫星系统进行监测、控制,并向每颗卫星注入更新的导航电文。用户接收系统主要是指 GPS 接收机,它接收卫星发射的信号并利用本机产生的伪随机噪声码取得距离观测量和导航电文,根据导航电文提供的卫星位置和钟差改正信息、计算位置。用户接收机按使用环境可分为低动态接收机和高动态接收机,按所要求的精度可分为 C/A 接收机和双频精码(P 码)接收机。按不同的需要,用户设备可分为机载、舰载、车载、弹载、背负式及袖珍式等不同类型。除弹载之外,一般都需装有显示器进行人、机对话。

2）中国 BDS

我国自 20 世纪 80 年代开始探索适合国情的卫星导航系统发展道路，形成了"三步走"发展战略：2000 年年底，建成北斗一号系统，向中国提供服务；2012 年年底，建成北斗二号系统，向亚太地区提供服务；2020 年，建成北斗三号系统，向全球提供服务。北斗系统由空间段、地面段和用户段三部分组成。空间段由若干地球静止轨道卫星、倾斜地球同步轨道卫星和中圆地球轨道卫星组成。地面段包括主控站、时间同步/注入站和监测站等若干地面站，以及星间链路运行管理设施。用户段包括北斗及兼容其他卫星导航系统的芯片、模块、天线等基础产品，以及终端设备、应用系统与应用服务等。

BDS 具有以下特点：一是 BDS 空间段采用三种轨道卫星组成的混合星座，与其他卫星导航系统相比，高轨卫星更多，抗遮挡能力强，尤其低纬度地区性能特点更为明显；二是 BDS 提供多个频点的导航信号，能够通过多频信号组合使用等方式提高服务精度；三是 BDS 创新融合了导航与通信能力，具有实时导航、快速定位、精确授时、位置报告和短报文通信服务五大功能。

2. 超声波定位技术

该技术主要采用反射性测距法，通过三角定位等算法确定被测物的具体位置，即发射超声波并接收由被测物产生的回波，根据回波与发生波的时间差计算出待测距离。超声波定位系统可由若干个应答器和一个主测距器组成，主测距器放置在被测物上面，在微机指令信号的作用下向位置固定的应答器发射同频率的无线电信号，应答器收到无线电信号后同时向主测距器发射超声波信号，得到主测距器和各个应答器之间的距离。当同时有 3 个或 3 个以上不在同一直线的应答器作出回应时，可以根据相关计算确定出被测物所在的二维坐标下的位置。超声波定位的优势在于整体定位精度较高、结构简单，但是超声波受多径效应和非视距传输影响非常大，同时还需要投资大量底层硬件设施设备，成本很高。

3. 红外线室内定位技术

其原理是，红外线标识发射调制的红外射线，通过安装在室内的光学传感器接收后对携带标识的被测物进行定位。虽然红外线具有相对较高的室内定位精度，但是其光线无法穿越障碍物，仅能实现视距传播，并且传输距离较短，因此其室内定位的效果并不理想。当标识放在包装物里或者有墙壁等其他物体遮挡时就无法正常工作，必须在每条走廊、每个房间都安装接收天线，造价很高。因此，红外线只适合短距离传播，而且容易被荧光灯或者房间内的灯光干扰，在精确定位上局限性较大。

4. RFID 定位技术

其原理是利用射频识别的方式进行非接触式双向通信交换数据以达到识别和定位的目的。其优点是可以在几毫秒内得到厘米级定位精度的信息，并且传输范围大、成本低廉，信号可实现非视距、非接触传播，RFID 标签体积较小、造价较低，因此该识别技术是性价比很高的室内定位技术。但是，该技术作用距离短，一般最长为几十米，不具备通信能力,而且不便于与其他系统整合应用。

5. 超宽带定位技术

其是一种全新的与传统通信技术有极大差异的通信定位技术,无须使用传统通信体制中的载波,通过发送和接收纳秒级以下的极窄脉冲来传输数据,从而具有基于 GHz 量级的带宽。该系统的优势非常明显,与传统窄宽带系统相比,具有穿透能力强、功耗低、抗多径效果好、安全性高、系统复杂度低、定位精确度高的优点,因此可以用于室内静止或移动物体及人员的定位与导航,提供十分精确的定位精度,如机器人的运动跟踪、战场上士兵位置发现等场景。

6. Wi-Fi 定位技术

无线局域网(WLAN)是一种全新的信息获取平台,可以在广泛的应用领域内完成复杂的大范围监测、定位和追踪任务,而网络节点自身地位是大多数应用的基础和前提。当前比较流行的 Wi-Fi(wireless fidelity,无线保真)定位是基于无线局域网络系列标准 IEEE 802.11 的一种定位解决方案。该系统采用经验测试和信号传播模型相结合的方式,易于安装,需要的基站很少,能采用相同的底层无线网络结构,系统总精度高。

跟踪定位技术是在冷链场景中实现货物追踪、追溯及监控、监管的主要技术手段,尤其是在冷链运输场景中,可实现实时定位导航,帮助调度人员优化冷藏车辆的调度、节约运输成本,提高运输效率;帮助司机动态调整运输路线,合理安排运输计划。

2.2.5 AI、VR 技术

1. AI 技术

1) AI 概述

AI(人工智能)是研究、开发用于模拟、延伸和扩展人的智能的理论、方法、技术及应用系统的一门新的技术科学。尼尔逊教授对人工智能下了这样一个定义:"人工智能是关于知识的学科——怎样表示知识以及怎样获得知识并使用知识的科学。"而美国麻省理工学院的温斯顿教授认为:"人工智能就是研究如何使计算机去做过去只有人才能做的智能工作。"这些说法反映了人工智能学科的基本思想和基本内容,即 AI 是研究人类智能活动的规律,构造具有一定智能的人工系统,研究如何让计算机去完成以往需要人的智力才能胜任的工作,也就是研究如何应用计算机的软硬件来模拟人类某些智能行为的基本理论、方法和技术。

2) AI 的应用场景

AI 的实现方法和应用场景多种多样,AI 的基本应用可分为四大部分:认知能力、感知能力、创造能力和智能应用。

(1) 认知能力。认知能力指的是人类通过判断、分析、学习、预测等心理活动了解消息、获取知识的过程与能力。对人类认知能力的模仿与学习是目前 AI 研究的焦点领域,主要包括以下几种能力。判断能力:如 AI 下围棋、自动驾驶、智能搜索、智能控制、博弈等。分析识别能力：如语言和图像识别（图2-7）、信用风险分析、消费行为分析、产品推荐、垃圾邮件识别等。学习能力：如深度学习、机器学习、强化学习等各种学习方法。预测能力：如基于AI的设备寿命预测、智能天然灾害预测与防治。认知能力：AI在许多领域与人类还存在一定差距，但在部分细分领域内，已经可以达到人类的智能水平，如自动驾驶、围棋等领域。

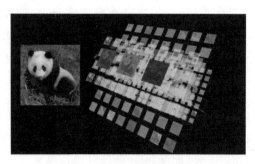

图2-7 卷积神经网络识别图像

（2）感知能力。人类通过感觉器官（皮肤、眼、耳等）接收到来自外部环境的刺激，并产生听觉、嗅觉、触觉、视觉、味觉等，然后通过动作或语言实现与外部环境的互动。AI能够帮助智能体学习并获得与人类相似的感知能力，并最终完成相应工作。感知能力可以归纳为听、说、看、读、写、感觉六种能力。"听"：语音识别，自然语言理解等。"说"：语音生成，文本转换语音等。"看"：图像识别，人脸识别，视网膜识别，机器视觉，虹膜识别，掌纹识别等。"读"：自然语言处理，语音转换文本等。"写"：机器翻译，自然语言生成等。"感觉"：数字味觉，数字嗅觉，微表情识别（情绪感知）等。在感知能力方面，AI与人类的差距已经非常小，在人脸识别、机器翻译、图像识别等领域，AI丝毫不逊色于人类，甚至比人类做得更好。

（3）创造能力。创造能力指的是人类产生新方法、新理论、新思想、新发现、新设计，创造新事物的能力，它是结合智力、能力、知识、个性及潜意识等各种因素优化而成，这个领域目前人类仍遥遥领先于AI，但AI也在不断发展，如AI小说创作、绘画、作曲、作诗、设计等技术，均有大量的研发团队在不断探索。

（4）智能应用。智能指的是人类深刻了解人、事、物的真相，探求真实真理、明辨是非，指导人类提升生活质量、实现人生价值的一种能力，这个领域牵涉人类自我意识、自我认知与价值观，是目前AI尚未触及的一部分，也是人类最难以被模仿和学习的一个领域。

AI技术是冷链场景实现智慧化运作的先进技术手段，尤其在无人车、无人库、无人配送领域发挥重要作用，可大幅降低冷链物流运作成本，提高服务质量及作业效率。

 2-1

创新奇智科技有限公司——基于AI数据洞察的全场景智慧供应链解决方案

一、行业背景

互联网引发的科技、文化、消费及产业革命，正在改变经济运行方式，重组供应链结构。从需求侧的新物种、新业态涌现到供给侧的结构化变革,需求侧拉动供给侧迭代升级,以往分散在各个公司、各个部门的供应链节点,逐渐被收拢并齐,按照统一的战略和策略,端到端地进行管理和管控。对大型零售商而言,人货场与产业全链条多端融合,从传统的 SCOR 模型(Supply Chain Operations Reference model,供应链运作参考模型)到如今的数字化供应网络,意识形态趋同融合,生产关系打通理顺。在多端融合的大背景下,AI 正在进行碎片化赋能与结构化推动,当供给侧升级后,结构化的 AI 供应链融合将会是下一个主题。

成立于 2018 年的创新奇智科技有限公司(以下简称"创新奇智"),是一家人工智能产品和商业解决方案企业,致力于用前沿的人工智能技术为企业提供 AI 相关产品及商业解决方案,通过 AI 赋能助力企业客户及合作伙伴提升商业效率和价值,实现数字化转型。公司聚焦"制造、零售、金融"行业的 AI 赋能,其中智慧供应链是公司的核心产品之一。

自 2018 年起,创新奇智为某全球顶级快消品企业提供 AI 驱动的智慧供应链解决方案。该企业的供应链网络庞大复杂,而中国的零售形态快速更迭,促使该厂商不断进行数据下沉、需求驱动的柔性供应体系建设。总体来说,该快消品企业在供应链上主要面临如下几大问题。

(一)供应链上游商品企划

需求规划无法做到全渠道、长周期、细粒度的高精度滚动预测;当前基于规则系统,人工出数需 1 周时间,无法实时灵活调整预测;不能清楚展示预测数值各维度、各层级的隐形关联影响,挖掘业务特征。

(二)供应链上游产能规划

多工厂-多产线的共享产能无法最大化利用;原材料与成品的不同工序问题无法做到全局最优;现有规则模型无法基于精准的需求预测进行生产;目标仓库的库存结构指标无法满足预期。

(三)供应链经销商补货

经销商的下单权在销售手中,每年经销商都会存在大量退货,年底滞销库存大,该部分成本需企业承担。传统的 Excel 表格处理的形式,效率极其低下,且无法对各区域经销商的进销存数据进行统一有效的分析和使用。销售凭借经验与简单的统计学模型预测经销商下游需求,进行补货下单,且存在压货现象。

(四)海外供应配货

完全依赖于人工手动 Excel 配货,耗时久,效率极其低下。人工基于规则经验进行工厂货量与国家港口的需求匹配,无法考虑产能出量和同时做到全局优化,且当前集装箱利用率、订单满足率相对较低。

(五)供应链商品追踪

无法对物流中的商品做到实时精确定位、商品溯源以及在途库存的及时同步。

(六)市场末端线上供应收益分析

无法有效跟踪和评估线上商城的营销费用与销售数据的投资回报比,如投放多少广告、档期内卖什么产品、产品怎么做促销定价等。

二、AI驱动的智慧供应链解决方案

创新奇智采用以Orion自动化机器学习平台为核心的决策智能解决方案,为该快消品企业提供了一套覆盖全场景的智慧供应链系统,其包含了需求感知、产能规划、智能补货、智能配货、智能商品追踪、智慧收益管理六大功能模块。

(一)需求感知

其提供需求感知模块,包括进销存可视化分析及AI规划。

(1) 生成长周期、细粒度、高精度的SKU(最小存货单位)需求滚动预测。

(2) 清楚地展示各维度各层级关联影响与指标现状。

(3) 基于业务约束的AI化操作,实现灵活调整、实时反馈。

(二)产能规划

其提供多工厂-多产线的产能共享、原材料与成品不同工序先后顺序的智能分配,基于需求预测生成AI排产计划。

(1) 基于需求预测的全局最优产能输出。

(2) 以最优目标库存结构的产能共享、工序调配优化方案。

(3) 基于业务约束的AI化操作,实现灵活调整、实时反馈。

(三)智能补货

其为各级经销商提供智能补货功能模块。

(1) 结合内外部数据,精准预测经销商下游需求。

(2) 结合业务约束,为销售人员提供人工可控的智能补货工具。

(3) 实时补货业务指标预估模拟,如非正品仓的库存持有成本、缺货率等。

(四)智能配货

其为海外港口提供自动配货功能模块。

(1) 统筹考虑产能、需求、船期、集装箱等限制,做到全局最优。

(2) 自动化配货流程,以产能预估作为模拟,缩短用户决策周期。

(3) 基于业务约束的AI化操作,实现灵活调整、实时反馈。

(五)智能商品追踪

其提供基于视觉技术的无感扫码机器,货运到仓搬运时无感瞬时扫码,后台实时对接同步ERP(企业资源计划)系统。

(六)智能收益管理

其以资金分配&策略产出为核心的ROI(投资回报率)计算业务单元,提供智能收益管理解决方案,包含智能促销、定价等模块,实现过程可量化,原因可追溯,投入产出比最优,建立AI库。

三、主要效益分析与评估

创新奇智助力该快消品企业打造了基于需求驱动与数据洞察的柔性全价值链,商品企划、采购生产、仓网配送、渠道销售、终端运营各环节数据特征打通,建立了一套可复用于多个场景的AI特征库与面向场景的AI数据中台,深度植入业务,并在逐渐影响甚至升级业务结构,为企业带来极大的直接业务收益,如:高精度SKU级别的全渠道长周期需求规划,使得下游业务线(市场、销售、生产)有数可依,使得向下传导的供应价值升级。

同时,挖掘出影响生意规模的渠道特征因素,改善供应结构。智慧产能规划使各工厂各产线的产能得到最大化利用,库存健康度得到明显提升,建立了动态供应网络,每年节省千万级别的退货成本。智能配货下的海外港口需求订单满足率极高,集装箱利用率大幅提高。智能商品追踪使任何企业共存的在途库存时效问题得到解决,实时矫正库存数量,且相比较RFID成本低廉,无感知操作简便;同时,能够做到商品的实时追踪与溯源。智能收益管理为企业建立了一套基于商品与中国消费者的关系特征库,利用AI模型能够很好地挖掘潜在的影响消费者购买的特征与特征关联,提升企业整体收益;建立了统一、有效、实时的可视化报表分析系统,精准捕捉问题与风险预警。

四、经验及体会

在AI时代,零售行业人、货、场各个场景的解决方案体系并非是割裂的,而是以"零售全价值链"理念贯穿其中。创新奇智是零售价值链管理的倡导者。全价值链理念是指将人、货、场三要素的数据打通之后,帮助AI进行多维度、跨领域的学习,从而输出跨越单一场景的数据洞察,实现"$1+1+1>3$"的应用价值。这样输出的结果要比原来局限于某一个场景更好。在创新奇智看来,全价值链的思维是基于数据端的全价值链去打造基于算法的全价值链,从消费端到制造端的全链条数据采集和打通,产业链条的多端融合,是其中的关键。

制造驱动消费,消费反哺制造,从制造、流通到消费,形成一个自反馈的数据闭环,再基于数据用AI赋能整个产业链。基于零售全价值链管理,零售商将获得对其整个供应链360度全方位的视角:从原材料采购到生产,再到"最后一公里"的交货。在这个智能和数据驱动的过程中,零售商不仅可以预测库存,及时响应消费者期望,还可以和供应链所有成员之间进行信息同步共享。创新奇智通过打造这套智慧供应链系统,积累了丰富的供应链经验和成熟AI算法,除零售供应链外,还在制造业供应链管理中进行推广复制。

资料来源:中国物流与采购网,http://www.chinawuliu.com.cn/xsyj/202108/05/556306.shtml。

2. VR/AR技术

1) VR技术

VR(virtual reality,虚拟现实)也称为人工环境或灵境技术,是仿真技术与人机接口、多媒体、计算机图形学、传感器等多种技术的集合应用。VR利用计算机模拟产生实时动态的三维立体图像,提供关于听觉、触觉、视觉等感官的模拟效果,与用户进行丰富、直观的交互,使用户如同身临其境。

VR营造的是纯虚拟场景,配套装备主要用于用户与虚拟场景的交互,如数据手套、数据头盔、位置跟踪器等。VR在教学培训、规划展示、电商购物、游戏、影视等行业应用广泛,尤其在游戏和影视领域的应用已广为人知。

VR技术在智慧冷链场景中的应用主要表现在以下几个方面。

首先,在对冷链物流从业人员培训时,可以通过VR的应用,进行虚拟仿真,模拟物流场地、流程、物品和突发事件,以任务的形式对运输、仓储、配送、电商、驾驶等场景进行可视化展示,让受训人员身临其境地参与其中,节省前往物流企业真实场景的时间和费用。

其次，通过 VR 和 3D（三维）建模等方式，将类型各异的新型冷链机械载具、物流器材、物流装备进行全息展示，既减少相关培训器材的购置费用，又能根据技术改进随时更新换代，保证设备的先进性。

最后，在冷链物流设施的规划和展示领域，同样能够应用 VR 技术进行虚拟仿真，既便于对冷链模型不断修改、完善，又能够使参与设计者体验到项目建成后的逼真效果，达到提高效率、降低成本、增强用户体验感的综合目标。

2）AR 技术

AR（augmented reality，增强现实），是借助计算机图形技术和可视化技术，构造现实环境中并不存在的虚拟对象，并通过传感技术将这一现实对象准确地"投放"在真实环境中，借助显示设备将真实环境与虚拟对象融为一体，呈现给用户一个感官效果非常真实的新环境。AR 作为新型的人机接口和仿真工具，为人类的智能扩展提供了强有力的工具，显示出巨大的应用潜力，受到日益广泛的关注。AR 技术的核心价值在于实现更自然的人机交互，在物流作业、教学培训、医疗服务、设备维修、广告设计等领域都具有很大的应用价值和潜力。随着技术的不断发展，AR 技术给图形仿真、虚拟通信、遥感、娱乐、人工智能、CAD（计算机辅助设计）、模拟训练等许多领域带来了革命化的变化。

AR 在冷链物流行业的应用潜力无限，能够解决冷链物流活动中的许多痛点。例如，在冷库仓储作业环节，通过 AR 引导路线，作业人员能够迅速完成货位查找、拣选、包装等作业。AR 眼镜一般具有全息投影屏幕、定位仪、陀螺仪、摄像头、距离传感器、语音交互、手势交互等功能，能够方便地进行扫描识别，通过 AR 眼镜的全息投影技术，将实物场景与屏幕显示完全融合，并在实物上直接标记作业内容（货位地址、货物名称、取货数量），配合语音提示直接引导作业人员操作，解放双手，提高冷库仓储作业效率和准确率。

AR 在冷链配送环节的应用也可以提高配送效率。据 DHL 调查，执行配送任务的作业人员每天平均有 40%～60% 的时间都浪费在从卡车里找出正确的货物，若导入 AR，加上 RFID 的智慧标签，将有助于识别、定位和准确查找货物。

由此可见，VR/AR 的日益广泛应用，可以极大地改善冷链物流作业环境和程序，对于冷链仓储运营与运输作业的优化及"最后一公里"配送的交付来讲，都具有深远的影响和广阔的应用前景。

2.3 通信与网络技术

2.3.1 近距离无线通信技术

物联网的技术核心为 C3SD（控制系统、计算系统、通信系统、感知系统和数据海）。从技术上来说，物联网可以分为三层：传感层、通信层和应用层。在通信层中，需要对这些数据和信息进行安全可靠的通信与传输，除了有线传输，就是无线传输，在无线传输系统中，短距离无线通信技术成为物联网技术的一个重要分支。

无线通信是指利用电磁波信号在空间传播的特性进行信息交换的一种通信方式，包括固定体之间的无线通信和移动通信两大部分。一般意义上，只要通信收发双方通过无线电波传输信息,单跳传输距离限制在较短(通常最远为数百米)的范围内,就可以称为近距离无线通信。近距离无线通信技术的特征主要包括:无线发射功率在微瓦到 100 毫瓦量级;通信距离在几厘米到几百米;使用全向天线和线路板天线;应用场景多,特别是频率资源稀缺情况;不需要申请频率资源使用许可证;无中心,自组网;电池供电。

目前,物联网中使用较广泛的近距离无线通信技术有 Wi-Fi、蓝牙(Bluetooth)和 IrDA,比较有发展潜力的无线通信技术有 ZigBee(又称紫蜂协议)、NFC(Near Field Communication,近场通信)、UWB(ultra wideband,超宽频)、DECT(Digital Enhanced Cordless Telecommunications,数字增强无绳通信)等。每一种近距离无线通信技术,或是基于速度、距离、耗电量的特殊要求,或是着眼于功能的扩充性,或是低成本。

1. Wi-Fi

Wi-Fi,是一种允许电子设备连接到一个无线局域网的技术,又称为 802.11 标准,通常使用 2.4G UHF(特高频)或 5G SHF ISM 射频频段(5G 超高频工业、科学和医用频段)。连接到无线局域网通常是有密码保护的,但也可是开放的,这样就允许任何在 WLAN 范围内的设备连接。Wi-Fi 是一个无线网络通信技术的品牌,由 Wi-Fi 联盟所持有,目的是改善基于 IEEE 802.11 标准的无线网络产品之间的互通性。

Wi-Fi 技术具有无线电波的覆盖范围广、速度快、可靠性高的优点。但是 Wi-Fi 技术也有明显的缺点。例如,移动 Wi-Fi 技术只能作为特定条件下 Wi-Fi 技术的应用,相对于有线网络来说,无线网络在其覆盖的范围内,它的信号会随着离节点距离的增加而减弱,而且无线信号容易受到建筑物墙体的阻碍,无线电波在传播过程中遇到障碍物会发生不同程度的折射、反射、衍射,使信号传播受到干扰,无线电信号也容易受到同频率电波的干扰和雷电天气等的影响。此外,Wi-Fi 网络由于不需要显式地申请就可以使用无线网络的频率,网络容易饱和,而且易受到攻击,因此安全性非常有限。

Wi-Fi 未来最具潜力的应用场景将主要在 SOHO(小型家居办公室)、家庭无线网络以及不便安装电缆的建筑物或场所。目前这一技术的用户主要来自机场、酒店、商场等公共热点场所。Wi-Fi 技术可将 Wi-Fi 与基于 XML(可扩展标记语言)或 Java 的 Web 服务融合起来,大幅降低企业的成本。例如,企业选择在每一层楼或每一个部门配备 802.11b 的接入点,而不是采用电缆线把整幢建筑物连接起来。这样一来,企业可以节省大量铺设电缆所需花费的资金。

2. 蓝牙

蓝牙是一种无线技术标准,可实现固定设备、移动设备和楼宇个人域网之间的短距离数据交换(使用 2.4~2.485 GHz 的 ISM 波段的 UHF 无线电波)。蓝牙由电信巨头爱立信公司于 1994 年创制,当时是作为 RS232 数据线的替代方案。蓝牙技术的优点包括同时可传输语音和数据、可以建立临时性的对等连接、蓝牙模块体积很小、便于集成、功耗低。蓝牙技术的缺点主要包括传输距离短、抗干扰能力不强、成本较高。

从目前的蓝牙产品类型来看,该技术主要应用在这些方面:手机、笔记本电脑、智能家居(嵌入微波炉、洗衣机、电冰箱、空调机等传统家用电器),蓝牙技术构成的电子钱包和电子锁,还有其他数字设备,如数字照相机、数字摄像机等。

3. IrDA

IrDA 是红外数据组织(Infrared Data Association)的简称,目前广泛采用的 IrDA 红外连接技术就是由该组织提出的。初始的 IrDA1.0 标准制定了一个串行,半双工的同步系统,传输速率为 2 400 bps 到 115 200 bps,传输范围 1 米,传输半角度为 15 度到 30 度。IrDA 扩展了其物理层规格,使数据传输率提升到 4 Mbps。PXA27x 就是使用了这种扩展了的物理层规格。

IrDA 的主要优点是无须申请频率的使用权,因而红外通信成本低廉,并且具有移动通信所需的体积小、功耗低、连接方便、简单易用的特点;此外,红外线发射角度较小,传输安全性高。IrDA 的不足在于它是一种视距传输,两个相互通信的设备必须对准,中间不能被其他物体阻隔,因而该技术只能用于 2 台(非多台)设备之间的连接。而蓝牙就没有此限制,且不受墙壁的阻隔。IrDA 目前的研究方向是如何解决视距传输问题及提高数据传输率。

目前 IrDA 的软硬件技术都很成熟,应用场景主要在小型移动设备方面,如在 PDA (掌上电脑)、手机等产品上广泛使用。事实上,当今每一个出厂的 PDA 及许多手机、笔记本电脑、打印机等产品都支持 IrDA。

4. ZigBee

ZigBee 是一种低速短距离传输的无线网络协议,是基于 IEEE 802.15.4 标准的低功耗局域网协议,其底层是采用 IEEE 802.15.4 标准规范的媒体访问层和物理层。ZigBee 这一名称来源于蜜蜂(bee)的八字舞,由于蜜蜂是靠飞翔和"嗡嗡"(zig)地抖动翅膀的"舞蹈"来与同伴传递花粉所在方位信息,也就是说蜜蜂依靠这样的方式构成了群体中的通信网络。

ZigBee 具有功耗低、成本低、网络容量大、工作频段灵活的优点。ZigBee 的缺点主要是数据传输速率低、有效覆盖范围小。

根据 ZigBee 联盟的设想,ZigBee 将会在安防监控系统、传感器网络、家庭监控、身份识别系统和楼宇智能控制系统等场景拓展应用。另外,ZigBee 的目标市场主要还有 PC (个人计算机)外设(鼠标、键盘、游戏操控杆)、消费类电子设备[TV(电视)、VCR(盒式磁带录像机)、CD(激光唱盘)、VCD(激光压缩视盘)、DVD(数字激光视盘)等设备上的遥控装置]、家庭内智能控制(照明、煤气计量控制及报警等)、玩具(电子宠物)、医护(监视器和传感器)、工控(监视器、传感器和自动控制设备)等非常广阔的应用场景。

5. NFC

NFC 是一种短距高频的无线电技术,在 13.56 MHz 频率运行于 20 厘米距离内。其传输速度有 106 Kbit/秒、212 Kbit/秒和 424 Kbit/秒三种。目前,NFC 已通过成为 ISO/IEC IS 18092 国际标准、ECMA-340 标准与 ETSI TS 102 190 标准。NFC 采用主动和被动两种读取模式。这个技术由飞利浦半导体(现恩智浦半导体公司)、诺基亚和索尼共同研制开发,由非接触式射频识别及互联互通技术整合演变而来,在单一芯片上结合感应式读卡器、感应式卡片和点对点的功能,能在短距离内与兼容设备进行识别和数据交换。

NFC 技术具有安全性好、连接快、功耗低、私密性强的优点。但是 NFC 的传输距离比较近。RFID 的传输范围可以达到几米甚至几十米,但由于 NFC 采取了独特的信号衰减技术,有效距离只有 10 厘米。此外,NFC 的传输速度也比较低。

NFC 的三种常用应用场景分别是:

(1) 设备连接。除了无线局域网,NFC 也可以简化蓝牙连接。比如,便携计算机用户如果想在机场上网,他只需要走近一个 Wi-Fi 热点即可实现。

(2) 实时预订。比如,海报或展览信息背后贴有特定芯片,利用含 NFC 协议的手机或 PDA,便能获得详细信息,或是立即联机使用信用卡进行门票购买。而且,这些芯片无须独立的能源。

(3) 移动商务。飞利浦 Mifare 技术支持世界上几个大型交通系统及在银行业为客户提供 Visa 卡等各种服务。

6. UWB

UWB 是一种无载波通信技术,它利用纳秒至微微秒级的非正弦波窄脉冲传输数据。UWB 的优点主要包括系统结构的实现比较简单、数据传输速度快、功耗低、安全性高、多径分辨能力强、定位精确、工程简单、造价低。

UWB 主要应用在小范围、高分辨率、能够穿透墙壁、地面和身体的雷达与图像系统中。除此之外,这种新技术适用于对速率要求非常高(大于 100 Mbps/s)的 LANs(局域网)或 PANs(个人局域网)。通常在 10 米以内 UWB 可以发挥出高达数百 Mbps 的传输性能。由于具有一定相容性和高速、低成本、低功耗的优点使得 UWB 较适合家庭无线消费市场的场景需求。例如,UWB 可以近距离内高速传送大量多媒体数据,还可以穿透障碍物,这让很多商业公司将其看作一种很有前途的无线通信技术,将其应用于诸如将视频信号从机顶盒无线传送到数字电视等家庭场合。

7. DECT

DECT 是由欧洲电信标准化协会(European Telecommunications Standards Institute)制定的增强型数字无绳电话标准,是一个开放型的、不断演进的数位通信标准,主要用于无绳电话系统,可为高用户密度、小范围通信提供话音和数据高质量服务无绳通信的框架。

2.3.2 移动互联网

移动互联网是一种通过智能移动终端,采用移动无线通信方式获取业务和服务的新兴业务,是 PC 互联网发展的必然产物,它将移动通信和互联网二者结合起来成为一体,是互联网的技术、平台、商业模式和应用与移动通信技术结合并实践的活动的总称。

移动互联网是一个系统性概念,主要由四个部分组成:移动互联网终端设备、移动通信网络、移动互联网的应用场景和移动互联网相关技术,如图 2-8 所示。

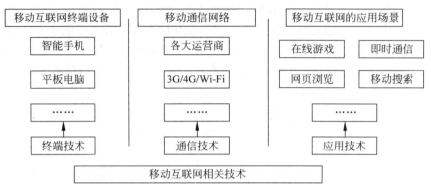

图 2-8 移动互联网的组成

1. 移动互联网终端设备

移动互联网终端设备的出现和广泛应用是移动互联网技术快速发展的重要助推器，主要包括智能手机、智能手表（手环）、智能导航设备、平板电脑、电子书、MID（mobile internet device，移动互联网设备）等。这些终端设备是实现移动互联网应用功能的硬件载体。

2. 移动通信网络

移动通信网络指的是实现移动用户与固定点用户之间或移动用户之间通信的通信介质，通过移动通信技术得以实现。移动通信技术经过第一代、第二代、第三代、第四代技术的发展，目前，已经迈入第五代发展的时代（5G 移动通信技术），这也是目前改变世界的几种主要技术之一。

5G 移动通信是 4G 移动通信技术的升级和延伸。NGMN（Next Generation Mobile Networks，以运营商为主导推动下一代移动通信系统产业发展和应用的国际组织）给 5G 下的定义是：5G 是一个端到端的生态系统，它将打造一个全移动和全连接的社会。5G 主要包括三个方面：生态、客户和商业模式。它交付始终如一的服务体验，通过现有和新的用例，以及可持续发展的商业模式，为客户和合作伙伴创造价值。

从传输速率来看，5G 通信技术更快、更稳定，在资源利用方面也会将 4G 通信技术的约束全面地打破。同时，5G 通信技术会将更多的高科技纳入，使人们的工作、生活更加便利。5G 移动通信网络具有高速度、低时延、泛在性、低能耗的特点。首先是高速度，5G 网络的数据传输速率远远高于传统的蜂窝网络，最高可达 10 Gbit/s，比 4G LTE（长期演进）蜂窝网络快 100 倍。5G 具有超大带宽传输能力，从用户体验的角度来讲，即便是用户观看 4K 高清视频、360 度全景视频以及 VR 体验，也不会出现卡顿的情况，因此用户体验感大幅提升。其次是低时延，4G 的时延是 20 毫秒，5G 的时延仅为 1 毫秒，这就能够实时支持无人驾驶、工业自动化的高可靠连接。再次是泛在性，是指 5G 网络的广泛覆盖能力和纵深覆盖能力都很强，可以做到网络信号无处不在。最后是低能耗，5G 可实现多维度节能，大大降低了网络能耗，5G 基站每 1 度电可以支持 3 400 G 流量传输，较 4G 能效提升了50倍。

5G时代的物流行业也展现出全新的特点,如图2-9所示。

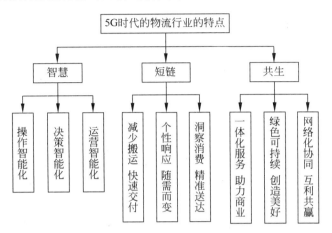

图2-9 5G时代的物流行业的特点

3. 移动互联网的应用场景

移动互联网的应用场景主要是指其功能场景,可以满足用户不同场景需求,具备不同服务功能,可以通过各种移动互联网应用程序实现。其包括电子阅读、手机游戏、移动视听、移动搜索、移动社区、移动商务、移动支付等典型功能场景。例如电子阅读,可以使读者利用移动智能终端阅读小说、报纸、杂志等,由于电子阅读无纸化,可以方便用户随时随地浏览,移动阅读已成为继移动音乐之后最具潜力的增值业务。移动搜索可以以移动设备为终端,对传统互联网进行搜索,从而高速、准确地获取信息资源。移动社区则是指以移动终端为载体的社交网络服务,也就是终端、网络加社交的意思。移动商务是指通过移动通信网络进行数据传输,并且利用移动信息终端参与各种商业经营活动的一种新型电子商务模式,它是新技术条件与新市场环境下的电子商务形态,也是电子商务的一条分支。移动商务是移动互联网的转折点,因为它突破了仅仅用于娱乐的限制,开始向企业用户渗透。随着移动互联网的发展成熟,企业用户也会越来越多地利用移动互联网开展商务活动。移动支付,也称手机支付,是指允许用户使用其移动终端(通常是手机)对所消费的商品或服务进行账务支付的一种服务方式,整个移动支付价值链包括移动运营商、支付服务商(如银行、银联等)、应用提供商(如公交、校园、公共事业等)、设备提供商(如终端厂商、卡供应商、芯片提供商等)、系统集成商、商家和终端用户。

4. 移动互联网相关技术

移动互联网相关技术总体上分成三大部分,分别是移动互联网终端技术、移动互联网通信技术和移动互联网应用技术。

移动互联网终端技术包括硬件设备的设计和智能操作系统的开发技术。无论是对于智能手机还是对于平板电脑来说,都需要移动操作系统的支持。在移动互联网时代,用户体验已经逐渐成为终端操作系统发展的至高追求。移动互联网通信技术包括通信标准与各种协议、移动通信网络技术和中段距离无线通信技术。2010年至2020年,全球移动通信发生了巨大的变化,移动通信特别是蜂窝网络技术的迅速发展,使用户彻底摆脱终端设备的束缚,实现完整的个人移动性、可靠的传输手段和接续方式。移动互联网应用技术包括服务器端技术、浏览器技术和移动互联网安全技术。目前,支持不同平台、操作系统的移动互联网应用很多。

2.3.3 物联网技术

1. 物联网的定义

物联网即"物物相连的互联网",它并非一种全新技术,而是信息技术发展到一定阶段的必然产物,是指通过各种信息传感器、RFID、全球定位系统、红外感应器、激光扫描器等信息传感设备,按约定的协议,实时采集任何需要监控、连接、互动的物体或过程,采集其声、光、热、电、力学、化学、生物、位置等各种需要的信息,通过各类可能的网络接入,实现物与物、物与人的泛在连接,进行信息交换,实现对物品和过程的智能化识别、定位、跟踪、监控和管理的智能网络系统。物联网是一个基于互联网、传统电信网等的信息承载体,它让所有能够被独立寻址的普通物理对象形成互联互通的网络。

很多国家将物联网的发展上升为国家战略。美国已经将物联网作为国家创新战略重点之一;日本的U-Japan计划将物联网作为四项重点战略领域之一;欧盟也制订了促进物联网发展的行动计划。2010年,"物联网的研发应用"首次被写进我国《政府工作报告》,还成立了中国物联网标准联合工作组,并将物联网列入国家首批加快培育的七个战略性新兴产业之一。2021年7月13日,中国互联网协会发布的《中国互联网发展报告(2021)》显示,物联网市场规模达1.7万亿元,人工智能市场规模达3 031亿元。

2. 物联网的体系架构

目前,物联网还没有统一的体系架构,较为公认的体系架构分为三个层次:感知层、网络层、应用层,如图2-10所示。

1) 感知层

感知层是实现物联网全面感知的基础,包括读卡器或传感器等数据采集设备、数据接入网关之前的传感器网络,以RFID、传感器、二维码等设备为主,利用传感器收集设备信息,如二氧化碳浓度传感器、温度传感器、湿度传感器等,利用RFID技术在一定范围内实现发射和识别,主要是通过传感器识别物体,从而采集数据信息,实现对"物"的认识和感知。

2) 网络层

网络层主要负责对传感器采集的信息进行安全无误的传输,并将收集到的信息传输给应用层。同时,网络层"云计算"技术的应用确保建立实用、适用、可靠和高效的信息化系统和智能化信息共享平台,实现对各种信息的初步处理、分类、共享和优化管理。

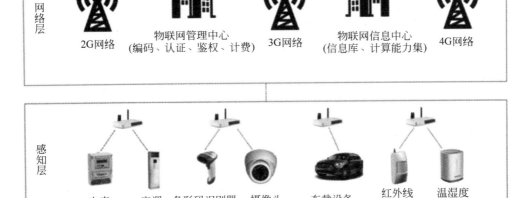

图 2-10 物联网的体系架构

3）应用层

应用层主要解决信息处理和人机界面的问题，也即输入输出控制终端。它将物联网技术与专业技术相互融合，主要通过数据处理及解决方案来提供用户所需的信息服务。应用层针对的是直接用户，为用户提供丰富的服务及功能。用户也可以通过终端在应用层定制自己需要的服务，如查询信息、监视信息、控制信息等，这也是物联网发展的目的。

3. 物联网的运行过程

物联网运行的全过程可以划分为四步：标识、识别、通信、服务。标识是物联网运行的基础环节，利用各类传感设备对目标物品的 ID（身份标识号）、属性进行编码，对静态属性进行标识，将其存储在标签中，以便利用相关设备进行探测识别。识别是利用各类信息识别技术对目标物品的属性信息进行识别，并将信息转换为标准的格式进行传输。通信则是利用各种通信网络技术对目标物品的相关信息进行传输，将信息输送到信息及处理中心，便于完成通信和数据处理。服务是利用各种应用程序为用户提供丰富的服务及功能，满足用户需求，提升用户体验感。

4. 物联网的核心关键技术

物联网的核心关键技术主要包括 RFID 技术、传感器技术、无线网络技术、人工智能技术、云计算平台等。RFID技术是物联网"让物说话"的关键技术，物联网中的RFID标签存储标准化的、可互操作的信息，并通过无线数据通信网络自动采集到中心信息系统中，实现物品的识别。物联网中的传感器主要负责接收对象的"语音"内容。物联网中的无线网络主要负责实现海量数据的高速传输，无线网络不仅包括允许用户建立远距离无线连接的全球语音和数据网络，还包括近距离蓝牙技术、红外线技术和ZigBee技术。人工智能技术在物联网中，主要是对物体的"语音"内容进行分析，从而实现计算机自动处理。云计算平台可以作为物联网的大脑，实现海量数据的存储和计算。

 2-2

物联网技术如何赋能冷链物流

对于冷链物流场景，物品、车辆、司机和后台运营人员均是物流万物的具体表现，如何使万物更好地互联互通，是提高物流效率的关键。

例如冷链全程温湿度环境的管控不足问题，更多指的是运输和储存过程中的问题。借助物联网技术中的传感系统，温度和湿度传感器可以安装在储存、运输产品的仓库货架与运输车辆货箱的内部，借此收集传感数据实时上传至云平台，当温度或者湿度环境异常时，实时下发指令进行人为或者机器的管控。这样不仅降低了人为判断、处理的出错率，而且可以极大降低冷链物品的损失率。

全程温湿度的管控不足是货品损失的主要原因，但并不是唯一的因素，预冷缺失也是货品损失的重要因素。如在"最前一公里"方面，因为企业对冷链认识不足，很多农产品没有进行田间预冷，导致产品进入冷链环节之前品质已受损。在运输过程中，本应全程低温保存，但企业为了降低冷链物流成本，间断性地关闭制冷设备，造成冷链中断，产品的保质期大大缩短，再加上产品预冷缺失造成的损坏，相关产品的损坏率自然很高。

除了预冷、运输过程，冷链物品消耗量的激增，对于库存管理也是一大挑战。如何处理好库存问题一直是物流行业的主流问题，而对于温湿度有特别要求的冷链物流来说，更是如此。此外，如何将过期物品及时进行处理、如何快速盘点大量的冷链食品也是行业聚焦点之一。同时，冷链的"最后一公里"同样对冷链的质量有着决定性的影响。国内生鲜电商很难盈利的部分原因就出现在冷链运输上，冷链成本占到总成本的40%。很多中小企业为了控制成本，难以兼顾冷链"最后一公里"，水果、生鲜等产品在"最后一公里"配送环节"脱冷"造成损坏的案例屡见不鲜。疫情发生后，食品的溯源管理也越发引起重视。针对食品等冷链物品，如何做好溯源管理，做到有源可查、路径清晰，成为当今社会不得不补的功课之一。

RFID是继条码技术之后又一引起自动识别领域变革的技术，其采用无线电磁波达到对标识物品的识别。RFID拥有更快的数据通信速度，识别距离更远，对标识物品的表面清洁程度要求不严格，读取精度更高；同时，其特有的标签防碰撞算法支持对大量物品信息的同时读取，可以每秒读取多达几十只资产电子标签，并且无线射频可以穿透塑料箱体读取底层资产电子标签的数据信息，大大减少工作量，提高管理效益，降低运营成本。

在冷链中，主要使用的是无源RFID标签。它们更小、更便宜，而且移动性更强，这些标签没有电源,由 RFID 读写器提供能量来传输数据,而这也将给 RFID 技术在物流中的应用留下巨大的想象空间。此外,RFID 标签还可以写入生产日期等关键数据,并借助云平台保存产品定位、生产及入库日期等关键信息,对于优化库存管理至关重要。例如,RFID 标签的产品通过安装在工厂或仓库关键点的 RFID 读写器时,标签就会被自动扫描和定位,相应产品的位置会在数据库中自动更新。

同时,RFID 技术具有强大的群读功能,这是冷链物流优化库存管理的必杀技。例如,有效数据显示,冷链物流流通量逐年增长,提高物流运转效率迫在眉睫。但是,冷链物流比较讲究温度控制,面对物流量的增加,如何既提高运转效率又能降低产品损失率呢?RFID 技术的群读功能与之不谋而合。当仓库工人挑选包裹并将其运输到仓库的运输区域时,在运输区域的出口,RFID 读写器可以通过群读功能,一次性扫描附加在包裹上的 RFID 标签(图 2-11),并检查是否所有符合要求的包裹都已装运。通过 RFID 技术做到自动化的查漏补缺,比自然环境下的人工盘点速率提升以百倍计。由此可见,RFID 技术的群读功能确实高效且强大(图 2-12),而这也将是整个物流业的福音。

图 2-11 RFID 温度传感器标签

图 2-12 ThingMagic 模组集成固定式 RFID 读写器

总而言之,合理解决冷链物流的温湿度管控、库存管理和溯源管理问题,可以提高冷链物流行业的运转效率、降低冷链食品的损失率,是冷链物流驰骋沙场的关键因素。

目前冷链物流已有京东、苏宁、顺丰等电商物流巨头纷纷入局。我国冷链物流的各个环节目前"断链"问题依然严峻,又因起步晚、基础薄弱,其发展成熟度与国外的冷链运输网络仍有不小的距离,但我国冷链产业的发展空间是无限可能的。

资料来源:https://www.sohu.com/a/405073102_100154973.

2.3.4 区块链技术

1. 区块链的定义和特点

区块链是分布式数据存储、点对点传输、共识机制、加密算法等计算机技术的新型应用模式。区块,本质上是一个去中心化的数据库,同时是一串使用密码学方法相关联产生的数据块,用于验证其信息的有效性(防伪)和生成下一个区块。

区块链具有去中心化、开放性、独立性、安全性、匿名性的特点。

2. 区块链的架构

一般说来，区块链系统由数据层、网络层、共识层、激励层、合约层和应用层组成，如图 2-13 所示。

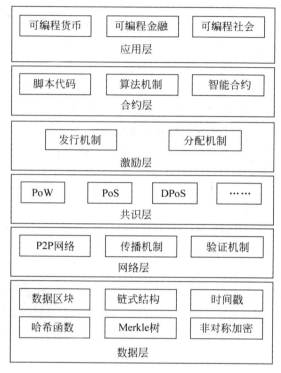

图 2-13 区块链系统的基础架构

其中，数据层封装了底层数据区块以及相关的数据加密和时间戳等基础数据与基本算法；网络层则包括分布式组网机制、数据传播机制和数据验证机制等；共识层主要封装网络节点的各类共识算法；激励层将经济因素集成到区块链技术体系中来，主要包括经济激励的发行机制和分配机制等；合约层主要封装各类脚本、算法和智能合约，是区块链可编程特性的基础；应用层则封装了区块链的各种应用场景和案例。该模型中，基于时间戳的链式区块结构、分布式节点的共识机制、基于共识算力的经济激励和灵活可编程的智能合约是区块链技术最具代表性的创新点。

3. 区块链的核心技术

1）分布式账本

分布式账本指的是交易记账由分布在不同地方的多个节点共同完成，而且每一个节点记录的是完整的账目，因此它们都可以参与监督交易合法性，同时也可以共同为其做证。和传统的分布式存储有所不同，区块链的分布式存储的独特性主要体现在两个方面：一是区块链每个节点都按照块链式结构存储完整的数据，而传统分布式存储一般是将数据按照一定的规则分成多份进行存储;二是区块链每个节点存储都是独立的、地位等同的,依靠共识机制保证存储的一致性,而传统分布式存储一般是通过中心节点往其他备份节点同步数据。没有任何一个节点可以单独记录账本数据,从而避免了单一记账人被控制或者被贿赂而记假账的可能。也由于记账节点足够多,理论上讲除非所有的节点被破坏,否则账目就不会丢失,从而保证了账目数据的安全性。

2)非对称加密

存储在区块链上的交易信息是公开的,但是账户身份信息是高度加密的,只有在数据拥有者授权的情况下才能访问到,从而保证了数据的安全和个人的隐私。

3)共识机制

共识机制就是所有记账节点之间怎样达成共识,去认定一个记录的有效性,这既是认定的手段,也是防止篡改的手段。区块链提出了四种不同的共识机制,适用于不同的应用场景,在效率和安全性之间取得平衡。区块链的共识机制具备"少数服从多数"以及"人人平等"的特点,其中"少数服从多数"并不完全指节点个数,也可以是计算能力、股权数或者其他的计算机可以比较的特征量。"人人平等"是当节点满足条件时,所有节点都有权优先提出共识结果,直接被其他节点认同后,最后有可能成为最终共识结果。

4)智能合约

智能合约是基于这些可信的不可篡改的数据,可以自动化地执行一些预先定义好的规则和条款。以保险为例,如果说每个人的信息(包括医疗信息和风险发生的信息)都是真实可信的,那就很容易在一些标准化的保险产品中去进行自动化的理赔。在保险公司的日常业务中,虽然交易不像银行和证券行业那样频繁,但是对可信数据的依赖是有增无减。因此,可以利用区块链技术,从数据管理的角度切入,有效地帮助保险公司提高风险管理能力,具体来讲主要分投保人风险管理和保险公司的风险监督。

区块链技术在冷链场景中可实现全链路可追溯、可查询,是实现冷链场景智慧化赋能的核心技术。

2.4 数据处理与计算技术

2.4.1 大数据技术

1. 大数据技术的定义

大数据,亦称巨量资料,指的是所涉及的资料量规模巨大到无法在一定的合理时间内通过主流软件工具进行撷取、管理、处理并整理成为帮助企业经营决策实现更积极目的的数据集合。研究机构 Gartner 给出了这样的定义:大数据是需要全新处理模式才能具有更强的决策力、洞察发现力和流程优化能力来适应海量、高增长率和多样化的信息资产。麦肯锡全球研究所给出的定义是:大数据是一种规模大到在获取、存储、管理、分析方面大大超出了传统数据库软件工具能力范围的数据集合,具有海量的数据规模、快速的数据流转、多样化的数据类型和价值密度低四大特征。

2. 大数据技术在冷链物流中的应用场景

冷链物流各个环节，如运输、仓储、装卸搬运、包装及流通加工等，都会产生大量物流数据。物流大数据，是指物流活动过程中，开展各种物流服务所产生的各种相关数据，具有真实性、海量化、高速化、多样化的特点。越来越多的冷链物流企业开始重视大数据所带来的商业价值，并将其视为战略性资源。物流大数据本身的价值并不明显，但是通过大数据技术对其加以处理、分析及应用，其巨大的潜在价值则得以体现。按照对大数据的处理流程，冷链物流企业主要应用的大数据关键技术包括大数据采集技术、大数据前期处理技术、大数据存储技术和大数据分析挖掘技术。

1）大数据采集技术

冷链物流企业经常遇到这样的问题：大量用户并发访问和操作，产生了海量的数据，包括 RFID 数据、海量网络数据、移动互联网数据等，而这些海量数据呈现的方式不同，有结构化、半结构化及非结构化之分，在数据采集上存在困难，应用大数据采集技术可有效解决这些问题。在数据库采集方面，可以使用 MySQL 和 Oracle 等工具来管理数据，同时利用 Sqoop 和结构化数据库间的 ETL（数据仓库技术）工具，开源的 Kettle 和 Talend 也集成大数据内容，和 HDFS（Hadoop 分布式文件系统）、HBase 及其他主流数据库之间实现数据同步。在移动互联网数据采集方面，可以借助网络爬虫或网站公开 API（应用程序接口）等方式，有效地实现对移动互联网数据的采集。其主要方式是从网络上获取数据和信息，有效提取移动互联网上大数据，使移动互联网非结构化数据、半结构化数据通过加工，变为结构化的有序数据，并将其存储为统一的本地数据文件。在数据文件采集方面，进行实时的文件采集和处理有多种方式。例如，Flume 日志收集系统是由 Cloudera 公司提供的一个日志采集、聚合和传输的系统，具有高可用性、高可靠性等特点。ELK 集中化日志解决方案则是 ElasticSearch、Logstash 和 Kibana 三个产品的组合技术，ElasticSearch 用来负责存储最终数据、建立索引和对外提供搜索日志的功能；Logstash 主要是用来负责收集、分析、过滤日志，支持大量的数据获取方式；Kibana 是一个前端日志展示框架，可以非常详细地将日志转换为各种图表，为用户提供强大的数据可视化支持。因此，ELK 可以实现日志数据处理，通过模板配置，以实现文件采集。

2）大数据前期处理技术

采集物流原始数据后，必须对其进行前期处理，客户和货物数据的前期处理工作尤为重要。物流数据前期处理主要涉及对物流原始数据的清理、填补、集成、合并、规格化和一致化等，使杂乱无章的数据有序化，经处理后的数据结构相对单一，以便处理，为后期物流数据分析创造条件。在物流数据清理方面，主要工具有 ETL 和 Potter's Wheel，能够有效实现对组内的数据处理，如物流大数据平滑处理、聚类计算机人工检查和回归等方法，并且能去除噪声，以解决数据遗漏问题。在物流数据集成方面，先将物流数据源中的数据合并，存放到一个结构统一的数据库中，然后解决数据冗余、模式匹配的问题，并进行数据值冲突检测与处理。原始物流数据是杂乱和零散的，通过物流数据集成可以将其结构化、有序化。在物流数据变换方面，主要有两种转换模式，即数据格式及名称的统一和数据处理。其中，数据格式及名称的统一包括对数据粒度转数据格式、计量单位、商务计算和标准命名等；数据处理则是通过数据库字段分割计算或组合，以解决数据冗余问题。

3) 大数据存储技术

最典型的三种大数据存储技术分别是MPP(Massively Parallel Processing，大规模并行处理)架构的数据库集群、Hadoop技术扩展和封装、大数据一体机。

(1) MPP架构的数据库集群。MPP是将任务并行地分散到多个服务器和节点上，再汇总在每个节点上计算完成后的结果，形成最终结果。其主要面向物流行业大数据，采用MPP架构来建立数据库集群，采用Shared Nothing架构，利用多种大数据处理技术，如粗粒度索引、列存储等，然后结合分布式计算，以完成对分析类应用的支撑。

(2) Hadoop技术扩展和封装。Hadoop是一个分布式系统基础架构，它的核心设计是HDFS和Map Reduce，它们分别提供了存储和计算的支持。其中，HDFS为海量的物流数据的存储提供支持，而Map Reduce则为海量的物流数据的计算提供支持。通过扩展和封装的Hadoop技术来实现对物流大数据存储、分析的支撑。

(3) 大数据一体机。大数据一体机是物流大数据分析处理的理想产品，是软硬件结合的产品。软件是由数据库管理系统和用于数据查询、处理、分析的软件组成的，硬件包括服务器、存储设备等。大数据一体机处理能力强，并且具有良好的稳定性和纵向扩展性。

4) 大数据分析挖掘技术

例如，大数据分析挖掘技术可以在车货匹配平台的应用中发挥重要作用。车辆在物流运输过程中，会产生海量大数据，如发车时间、停车时间、车辆特征、行驶距离、地理位置等。通过统计、分析这些数据，可以发现货运车辆的行为特征，获取区域物流的流量分布，甚至掌握社会经济发展动态的信息。这为冷链物流企业开展车辆调度提供了可靠的理论依据和技术支持，能使管理人员在成本、时间、路线方面作出科学决策，提高冷链物流企业货运效率。

(1) 物流数据可视化分析。数据可视化的直观且有效方式是将数据图形化。物流数据种类繁杂、数据结构不统一，物流企业借助可视化数据分析平台，对数据进行关联分析，构建物流数据分析图表，可以简单明了、清晰直观地展示物流数据，更易于接受，便于查询分析。

(2) 数据挖掘算法。数据分析与数据挖掘算法息息相关。数据挖掘算法的基础是数据挖掘模型。冷链物流企业可以通过数据收集分析和整理，创建数据挖掘模型的最佳参数，将这些参数应用于整个数据模型，以便提取可行模式和详细统计信息。

(3) 预测性分析。对客户的个性化需求和冷链物流行业的发展趋势进行科学预测对冷链物流企业作出科学决策至关重要。大数据分析的主要功能包括统计分析、预测建模、实体分析、实时评分、数据挖掘、文本分析和机器学习等，它能够从杂乱的数据中找出规律性的特征，以预测其发展趋势和方式，为冷链物流企业的决策提供科学依据。

(4) 语义引擎。语义引擎是对已有的数据进行语义解释。其实质是对现有结构化或者非结构化的数据库进行语义注解。它可以将人们从复杂的搜索条目中解放出来，让用户能更快捷、更准确、更全面地获得所需信息，更有效地利用信息，以提高用户的互联网体验。

2.4.2 云计算技术

1. 云计算技术的定义

云计算又称网格计算,是分布式计算的一种,指的是通过网络"云"将庞大的数据计算处理程序自动分解成无数个较小的子程序,再经过多个服务器组成的庞大系统进行搜索、计算、分析和处理,最后将得到的结果返回给用户。云计算服务,可以在很短的时间内(几秒钟)完成对数以万计数据的处理,从而为用户提供强大的网络服务。可以从狭义和广义两个角度来理解云计算技术。从狭义上说,云计算就是一种提供资源的网络,使用者可以根据自身需求随时获取"云"上的资源,并且可以看成是无限扩展的,只要按使用量付费就可以。从广义上说,云计算是与信息技术、软件、互联网相关的一种服务,这种计算资源共享池叫作"云",云计算把许多计算资源集合起来,通过软件实现自动化管理,只需要很少的人参与,就能让资源被快速提供。总之,云计算不是一种全新的网络技术,而是一种全新的网络应用概念,云计算具有虚拟化、超大规模、可靠安全等特征,云计算的核心就是以互联网为中心,在网站上提供快速且安全的云计算服务与数据存储,让每一个使用互联网的用户都可以使用网络上的庞大计算资源与数据中心。

2. 云计算技术的优势

与传统的网络应用模式相比,云计算技术的优势非常明显:首先就是虚拟化的优势,这也是云计算技术最显著的优势,虚拟化包括应用虚拟和资源虚拟两种,突破了时间、空间的界限,由于物理平台与应用部署的环境在空间上是没有任何联系的,因此我们完全可以通过虚拟平台对相应终端操作完成数据备份、迁移和扩展等任务。其次,云计算具有高效的运算能力,在原有服务器基础上增加云计算功能能够使计算速度迅速提高,最终实现动态扩展虚拟化的层次,达到对应用进行扩展的目的。再次,云计算平台能够实现按需部署,可以根据不同用户的需求快速配备计算能力及资源。最后,云计算的灵活性和兼容性非常强,不仅可以兼容低配置机器、不同厂商的硬件产品,还能够外设获得更高性能计算,实现与不同网络环境和软硬件配置的融合。除此之外,云计算技术还具有高可靠性、高性价比的优势。

3. 云计算在冷链物流中的应用场景

云计算在冷链物流中的应用场景主要体现为运输路径、车辆调度、配送中心选址以及仓储管理方面的优化。

1) 运输路径优化

冷链物品的运输成本较高、消耗量较大,而且在运输过程中容易出现腐烂、压坏、损坏的情况,这些都会导致冷链物流过程中冷链物品的运输成本相比其他运输成本高一些。冷链物流应用云计算技术,可借助云计算的大数据优势,创建出一条最合理、最省时间、最有利于降低成本的运输道路,制订出最短路径的方案,合理安排车辆运输,明确路线图以及发车时间,根据云计算的路径规划进行冷链物流运输。云计算技术与 GPS 相结合,可以实时监控车辆的位置情况并展开相关分析。若遇到应急情况,可转换采取备选路径方案。云计算融入冷链运输有利于提高运输的生产效率,既可以降低冷链物流运输过程中的成本,又可以节省一定的时间、人力、物力。

2) 车辆调度优化

由于冷链物流配送的信息化管理不到位,经常会出现空车运输的现象,运力严重浪费、运输效率低下。利用云计算技术,首先可以对冷链运输车辆及时、准确地进行调度,进一步提高运输效率,尽可能避免出现空车运输的情况。其次,根据配送地址的不同,选择最近的配送起点,进一步选择最优化、最合理的行车路线,对于行驶路程限制、发货时间、货物需求量以及车辆容量限制等条件要尽可能同时满足多个条件需求。通过云计算的大数据优势,将承担冷链物流配送的总公司以及旗下的子公司紧密联系起来,实现最佳的车辆优化调度,良好的车辆运输调度能够大幅节约运力、大大提高运输效率。最后,在冷链物品的运输过程中,要对车辆内冷链物品进行实时监控,保证物品的质量安全,提高运输配送的合理优化性,减少不必要的麻烦。

3) 配送中心选址优化

冷链配送中心的选址会直接影响配送成本、配送效率和服务质量。将云计算、大数据技术应用到冷链物流中,收集与配送区域的天气因素、气候差异条件、市场因素以及消费者偏好相关的数据,并根据当地的交通条件、经济环境、市场发展水平展开科学分析,以消耗最小成本为基本目标,优化冷链配送中心的选址决策。

4) 仓储管理优化

在仓储管理中运用云计算技术、大数据技术,能够提高仓储管理的自动化水平。在冷链物品的包装上面贴上标签,在冷库进口和出口两个方向安装读取功能,能够减少人工劳动,从根本上节约出入冷库的时间,进一步提高工作效率。在冷库里面安装感应器,能够实时感知存储生鲜食品的动态性,对冷库内部的货物数量以及不同状态的变化明确感知。应用云计算大数据功能能够从整体上提高冷链物品存储的工作效率,节省库存的管理成本。

2.4.3 智能控制技术

智能控制技术主要包括专家控制(expert control)、模糊控制、人工神经网络(artificial neural network,ANN)和遗传算法(genetic algorithm,GA)等内容。

1. 专家控制

专家控制是智能控制技术的一个重要分支,又可以称为智能专家控制。专家控制是将控制理论、方法和技术与专家系统的理论和技术相结合,在不确定环境下,效仿专家的经验实现对系统的控制。专家控制由知识库、数据库、推理机、解释、知识获取五个部分构成。

2. 模糊控制

模糊控制是以模糊集合论、模糊语言变量和模糊逻辑推理为基础的一种计算机数字控制技术，是从行为上模拟人的模糊推理和决策过程的一种实用方法，主要依赖模糊规则和模糊变量的隶属度函数，其核心为模糊推理。

3. 人工神经网络

人工神经网络是20世纪80年代以来人工智能领域兴起的研究热点。它从信息处理角度对人脑神经元网络进行抽象，建立某种简单模型，按不同的连接方式组成不同的网络，在工程与学术界也常直接简称为神经网络或类神经网络。人工神经网络是一种运算模型，由大量的节点（或称神经元）相互连接构成。每个节点代表一种特定的输出函数，称为激励函数（activation function）。每两个节点间的连接都代表一个对于通过该连接信号的加权值，称之为权重，这相当于人工神经网络的记忆。网络的输出则依网络的连接方式、权重值和激励函数的不同而不同。而网络自身通常都是对自然界某种算法或者函数的逼近，也可能是对一种逻辑策略的表达。简单来说，人工神经网络就是模拟人脑思维方式的数学模型。这一智能技术是在现代生物学研究人类大脑组织成果的基础上提出来的，用来模拟人类大脑神经网络的结构和行为。它从微观结构和功能对人脑进行抽象与简化，反映了人脑功能的若干基本特征，如并行学习、联想、信息处理、模式分类和记忆等功能。人工神经网络的特点包括分布式并行处理机制、能够充分逼近任意非线性特性、数据融合能力、自学习和自适应能力、多变量处理、可硬件实现、适用于多变量系统。

4. 遗传算法

遗传算法最早由美国的John Holland于20世纪70年代提出，该算法是根据大自然中生物体进化规律而设计提出的，是模拟达尔文生物进化论的自然选择和遗传学机理的生物进化过程的计算模型，是一种通过模拟自然进化过程搜索最优解的方法。该算法通过数学的方式，利用计算机仿真运算，将问题的求解过程转换成类似生物进化中的染色体基因的交叉、变异、繁殖等过程。在求解较为复杂的组合优化问题时，相对一些常规的优化算法，遗传算法可以用于复杂的非线性系统的辨识、多变量控制系统规则的优化、智能控制参数的优化等常规控制方法难以奏效的问题，通常能够较快地获得较好的优化结果。遗传算法具有良好的可扩展性，它可以和模糊控制、人工神经网络和专家控制结合，为智能控制的研究注入新的活力。遗传算法已被人们广泛地应用于组合优化、机器学习、信号处理、自适应控制和人工生命等领域。

2.4.4 数据挖掘技术

数据挖掘是指从由不完全的、大量的、模糊的、随机的实际应用数据构成的数据集合中自动抽取、挖掘出未知的、隐含的、对决策有潜在价值的信息和知识的过程。这些有用的信息和知识能够帮助企业决策者分析历史数据与当前数据，通过对这些数据的统计、综合、归纳和处理，从中发现隐藏的关系和模式，揭示事件之间的逻辑关系，预测未来可能发生的行为和趋势，为决策者提供科学依据。数据挖掘的主要特点是对数据库中的大量数据进行抽取、转换、分析和模型化处理，并从中提取辅助决策的关键数据。

数据挖掘过程可以分为数据准备、数据挖掘和结果评价及表达三个主要阶段。数挖掘技术主要包括统计方法、聚类检测法、决策树法、人工神经网络法、遗传算法、关联分析法、基于记忆的推理算法、粗糙集和支持向量机等。

数据挖掘技术在冷链物流领域的应用场景，重点包括市场预测与客户分析、冷库/配送中心选址、运输管理、仓储管理、配送路径选择等。

2.4.5 视频分析技术

视频分析技术就是使用计算机图像视觉分析技术，通过将场景中背景和目标分离进而分析并追踪摄像机场景内目标。用户可以根据系统的分析模块，在不同摄像机的场景中预设不同的非法规则，一旦目标在场景中出现违反预定义规则的行为，系统会自动发出告警信息，监控指挥平台会自动弹出报警信息并发出警示音，触发联动相关的设备，用户可以通过单击报警信息，实现报警的场景重组并采取相关预防措施。

视频分析其实是仿生学的一个分支，也是人工智能的一个分支。视频分析根据人眼的生物特性来建立一个基本的运行思路，即采集、预处理、处理、动作。人类的眼睛作为传感器，实时、真实地将图像反映到大脑中，这时候人眼生成的图像是一种复合的图像，即将清晰的焦距成像（眼睛中心）和旁边稍虚的图像合成，传送给大脑。而大脑并不是对所有的图像都做实时分析，而是采用多层分级的处理过程，首先将背景、缓慢移动、距离最近的目标的分辨率最低化，其意义就是忽略了很多对用户而言并不重要的细节；然后对于某些突出的细节（感兴趣的区域）进行二次分析；最后根据预定规则进行判断，做出动作。

智能视频分析软件能够对视频图像信息进行自动化、智能化处理，使系统具有视频图像的自动智能分析、自动报警、自动锁定跟踪、自动录像、自动上传等功能，具有可靠性、易集成、智能性等特点。该技术可以实现视频异常检测、移动、遮挡、强光、干扰以及文字识别、图像识别等多种功能。

因此，视频分析技术在冷链货物全程追踪、冷库安防、智能分拣、智能停车管理等方面具有很大的应用潜力。

【扩展阅读】 AI 在物流领域的应用场景

微网通联物联网平台：助力智慧冷链物流大爆发

当前，受益于电商业和生鲜零售等行业快速扩张，冷链物流迎来水涨船高之势。2018年，中国冷链物流市场规模达 3 035 亿元人民币，比上年增加 485 亿元人民币，同比增长

19%；中国冷链物流需求总量达到1.8亿吨，比上年增加3 300万吨，同比增长22.1%。

无疑，作为电商、零售、生鲜业的"技术＋基础"设施之一，冷链物流的质量、效率、综合服务越来越受重视。在生产、保存、运输、配送、流通加工、销售直至消费终端的过程中，让产品始终保持在恒温或低温环境的物流运输能力，正在成为产业链核心企业在行业生存的必备条件；而条件的成熟与否，或许成为在风起之时抢占市场的先决条件。

因此，我们不难理解当前传统物流企业向此分支的重磅加码，以及跨界玩家如电商巨头阿里巴巴、京东、腾讯等互联网大鳄，纷纷携资本和上下游资源对冷链物流的重仓。

作为国内优秀的云通信平台与解决方案服务商，微网通联旗下物联网服务平台与三大运营商、华为、阿里云等头部厂商密切合作，不断在物联网解决方案方向深耕。其中，针对"物联网＋冷链物流"，微网通联专门打造的"冷链物流综合监控系统"成为当前智慧物流行业大规模发展的有生力量之一。

据悉，"微网通联冷链物流综合监控系统"是一个集GPS/温度检测技术、电子地图和无线传输技术为一体的开放式定位监管平台。它可以实现对冷藏资源的有效跟踪定位管理，并对定位信息和企业的业务资源进行整合。系统不仅为冷藏企业和外勤人员提供了一个高效、灵活的管理工具，同时还为冷藏企业创造了一种崭新高效的管理控制的科学模式。

针对生鲜、食品、医药、电子及餐饮各行业，"微网通联冷链物流综合监控系统"适用于冷链各相关环节温度数据的采集传输、记录和超限报警，是可实现装箱、运输、仓储、销售全链监测的理想解决方案。以运输环节的一对多通信需求为例，系统内一台主机可连接50多个终端。在冷链车车厢或者冷库等场景下，各点温度不是完全均匀和统一的，如靠出风口的温度低，货物可能没问题，但是靠车门的可能就会出现偏差，而系统下的多点监控就大大降低了数据采集的出错率，实现对不同定位点的温度的全方位掌控。

此外，通过GPS和GIS，系统监控中心可以对集装箱车辆进行地理位置定位和调度；通过配套的管理平台，用户还可自定义温度阈值、超限设备自动报警……

冷链物流智能化已经成为现代社会的重要特征。虽然当前的冷链物流在某些领域缺乏上下游整体规划和整合，但规模化的智慧冷链体系的成型已经指日可待。实现汇集冷链物流信息和各参与方需求的综合调度，不仅让信息互通、共享和利用率得到大幅提升，更能够促进多方协作的商业模式在物联网时代的蜕变型发展。这方面的实现，需要更多如微网通联的物联网服务企业的共同努力。

微网通联物联网服务平台负责人称，"微网通联冷链物流综合监控系统"目前仍处在一个不断建设与迭代的阶段，针对平台上已承接的企业实现全力支撑的同时，对冷链物流的行业各类新技术也在不断摸索与创新，未来必然通过物联网技术、云通信、云计算和人工智能等相关技术，实现智能数据的采集和分析，进一步提高运输速度，节约人工成本。

2019年7月30日，中共中央政治局召开会议分析研究当前经济形势，部署下半年经济工作。其中，城乡冷链物流建设首次被写入中共中央政治局会议文件。以冷链物流为先驱，当前国内的智慧物流还只是露出了冰山一角，未来的成绩值得我们拭目以待。

资料来源：https://baijiahao.baidu.com/s?id=1645813708428534837&wfr=spider&for=pc.

案例思考题:

1. 微网通联物联网平台具有什么特点?
2. 你认为物联网技术会对冷链物流产生哪些影响?

【即测即练】

第 3 章

智慧冷链场景的设计

【本章导航】

本章主要介绍智慧冷链功能场景的设计,包括智慧冷链运输场景、智慧冷链仓储场景、智慧冷链配送场景;介绍智慧冷链场景的设计方案,包括农产品智慧冷链场景和药品智慧冷链场景。

【关键概念】

智慧冷链运输场景　　智慧冷链仓储场景　　智慧冷链配送场景　　农产品智慧冷链场景
药品智慧冷链场景

生鲜物流难点颇多,生鲜物流企业如何谋变破局?

《2020年中国生鲜农产品供应链研究报告》数据显示,2020年生鲜农产品的物流费用规模预计达12 910亿元,并具有巨大的上涨空间。虽然生鲜农产品物流的市场规模庞大,但物流难点颇多,制约着生鲜物流企业的发展。评判一个行业的物流难度指数,一般可以从物流六要素"流体、载体、流速、流程、流向、流量"展开分析,就生鲜农产品的物流难点来看,主要包括以下方面。

(1) 流体:生鲜农产品一般包括水果、蔬菜、肉禽蛋、水产品、蛋糕、熟食凉菜六大品类,品种丰富多样,SKU繁多;生鲜农产品的保质期一般偏短,其价格和新鲜度高度相关,稍有损耗,极有可能全部报废,价值全失;生鲜农产品在搬运的过程中,稍有不当操作,也极容易受损或者消耗。

(2) 载体:生鲜农产品一般要求低温储存,部分产品需要精准控制温度、湿度,对物流过程中的仓库、车辆、包材、辅材等设备设施(如冷库、冷运车、冰袋等)的专业性要求较高;生鲜农产品SKU繁杂,为防止串味或水果相互催熟变质,每种生鲜农产品需要分区管理,包材和辅材多样且总量大。

(3) 流速:为配合用餐时间,客户一般对生鲜农产品的签收时间要求极为严格;另外由于客户看重生鲜农产品的新鲜价值,也就要求较高的整体物流操作时效。这些时效诉求并不会随着季节变化而改变,对物流时效的稳定性也有着严格要求。

(4) 流程:生鲜产品越新鲜,价格越高,物流环节中的"先进先出原则"要求更为严格；客户一般也要求实现对物流全过程的监控，以了解货品的新鲜度；而生鲜农产品的物流环节往往伴随净菜、肉类分割、包装等加工流程，涉及不同的包材、辅材、包装方法，加工包装流程较为烦琐。

（5）流向：生鲜农产品物流客户（如商超、菜市、政企食堂、食品加工厂、社区居民等）的送货地点分布较散，存在多级分销、多级仓储的情况，生鲜农产品的物流中转环节较多。

（6）流量：单个客户采购生鲜农产品的单个SKU总量较少，但采购的SKU种类较多；特别在配送环节，单车装载的生鲜农产品SKU构成复杂，涉及多点卸货，配送过程复杂；并且，生鲜农产品SKU随季节变化大，需要物流企业及时调整操作流程，以适应季节性的包装加工流程变化。

生鲜农产品物流难点颇多，对于生鲜物流企业而言，具体落在仓储运配业务上，选择物流SaaS（软件即服务）系统帮助其业务优化改进，或为破解行业难题的突破口。以上海某生鲜农产品物流与供应链公司为例，其采用了物联云仓仓配一体SaaS系统——50OMS（订单管理系统）、50WMS（仓储管理系统）、50TSS（共同配送系统）、50TMS（运输管理系统），从仓储环节、运配环节、仓配协同环节成功应对了生鲜农产品物流的种种难点、痛点，实现了物流作业的降本增效（图3-1）。

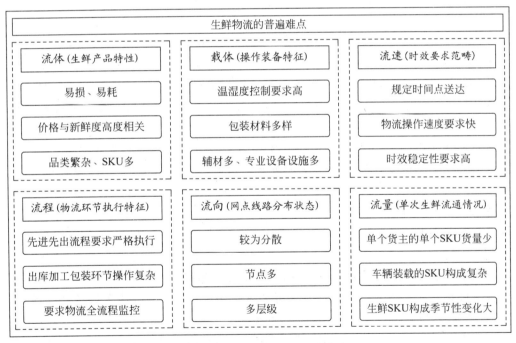

图3-1 生鲜物流的普遍难点

1. 仓储作业层面：全流程SOP提升仓储运营效率，防止生鲜变质毁坏

上海某生鲜农产品物流与供应链公司，在上海青浦区、广东省东莞市、安徽省合肥市设立了4个高标冷库，仅上海青浦区就租用了超过10 000平方米的冷库，作为上海区域的配送中心。其运用50OMS整合管理线上、线下的多渠道订单，并运用50WMS管理生鲜农产品的仓储作业，特别是利用50WMS的"先进先出，效期管理，库内加工SOP，智能包材、辅材推荐,智能库区库位推荐"等系统功能,提升了生鲜农产品的仓储运营效率,如图 3-2 所示。

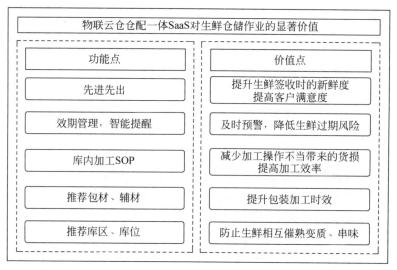

图 3-2　物联云仓仓配一体 SaaS 对生鲜仓储作业的显著价值

为了给其客户提供优质的物流服务,同时防止生鲜农产品腐败变质,该公司通过 50WMS 系统的一物一码功能,精准管理货品,入库时系统自动推荐库区、库位,帮助生鲜农产品分区管理,防止相互催熟变质或串味;并且在入库扫码时将生鲜农产品的入库时间录入系统,50WMS 自动比对货品保质期,通过智能提醒功能,进一步帮助将先入库的货品优先发货。同时,该公司使用 50WMS 的库内加工 SOP(标准作业程序),严格规范了其库内运营动作,在提高加工效率的同时,也减少了因操作不当造成的货损发生。

为更好地适应市场需求,该公司针对其客户的品牌特性,推出了 VIP(贵宾)定制礼品方案,但由此增加了更多的较为烦琐的包装流程。该公司利用 50WMS 根据订单特性,智能推荐包装、辅材方案的功能,大幅提升了包装人员的工作人效。总体来看,该公司使用 50WMS,使得其库内作业的发货准时率高达 100%,发货准确率达 99.5%,并将库内耗损率降至 3% 左右。

2. 运配作业层面:提高运力利用效能,降低运力成本

该公司在上海生鲜仓配业务的日高峰发车量在 100 车左右,每车配送网点约为 20 个,总计服务客户网点超过 5 000 个,其利用物联云仓的运配 SaaS 系统,通过 PC 端、手机端实现了车辆的智能调度、智选车型、智能排线配载,提高了运配效率,如图 3-3 所示。

一方面,物联云仓运配 SaaS 系统根据该公司的订单详情、商品包装后的重量及方量,自动匹配适合的车型,并依据具体的运配地点进行智能排线,提高了该公司自有车辆的配载率,帮助其降低了运力成本;另一方面,物联云仓运配 SaaS 系统支持多种签收方式,实现结算账款有据可依,并支持系统智能对账,帮助该公司顺利回款。

该公司与物联云仓合作期间,正处在高速成长阶段,在业务量短时间激增之际,其利用物联云仓 50TSS 的标准 API,快速便捷地对接了主流的第三方快运 TMS,紧急调用了

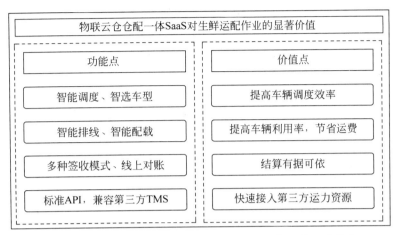

图 3-3　物联云仓仓配一体 SaaS 对生鲜运配作业的显著价值

外部合作伙伴的运力资源,解了业务爆发期的燃眉之急。同时,该公司根据业务开展的实际状况,适时调整自营与外包第三方的运力资源的配比,实现了资源效能最优。

3. 仓配协同层面:全流程质量管控,保障 KPI 达成

得益于物联云仓物流 SaaS 系统对仓储和运配环节的打通联动,物联云仓 SaaS 系统实现了物流全流程智能监管,并建立了"运输驱动仓储作业"的高效联动流程。这一仓配协同价值,在该公司应对大促活动中的功劳匪浅,可帮助其处理达 100 万+的物流数据流量,保障了大促活动的顺利稳定开展,如图 3-4 所示。

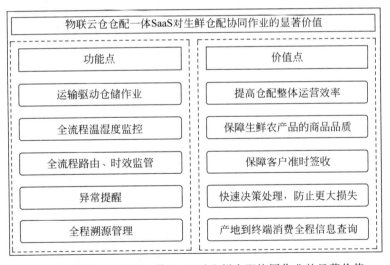

图 3-4　物联云仓仓配一体 SaaS 对生鲜仓配协同作业的显著价值

物联云仓物流 SaaS 系统通过物联网等智能监管技术,帮助该公司监控全程生鲜农产品物流的温湿度、路由、时效情况,并通过智能算法及规则策略,提醒物流中的异常情况,及时发现、决策和处理,避免生鲜耗损带来的损失,帮助了该公司在大促活动中有条不紊地展开物流活动。

同时，物联云仓通过系统间的信息数据互通互动，已实现"运输驱动仓储作业"的联动，以客户要求的生鲜农产品签收时间为基准，计算仓储和运配作业时间，协调物流各环节协同配合作业，最大可能地减少了大促活动中各物流环节的排队等候时间。50WMS通过50TSS、50TMS智能选用的车型数据和车辆排线时间顺序，自动按照发货优先级安排仓库打单、拣货、包装、出库作业；从接收订单到装车发运，整体出库耗时仅1小时左右；并且，司机在装车后，直接按照智能排线后的路线发车配送即可。该协作机制在实现仓配资源的高效利用、高效协同的同时，帮助该公司降低了仓配的整体成本，并帮助其超额完成客户KPI（关键绩效指标）。

生鲜农产品行业看重产品信息溯源，该功能可查询、保障食品的安全与品质，但如果缺少物流环节支持，实现效果不佳。该公司使用物联云仓仓配SaaS系统的一物一码、批次号管理功能，打通了仓储、运配各环节的全流程物流信息，帮助其客户实现从产地到消费者的全程可溯源管理。对于生鲜农产品的整体物流市场而言，根据国务院发布要求，2020年全民人均生鲜消费量要达到299千克，这个标准较2010年提升了34%，给生鲜农产品物流市场提供了巨大的需求空间。

随着生鲜农产品消费在超市、便利店、生鲜卖场、B2C电商、O2O平台的快速增长，生鲜农产品行业正在迸发出新的业态和商业模式，生鲜农产品物流企业由此拥有更大的发展可能性和更为广阔的发展空间，物流SaaS系统对生鲜物流企业的价值也将更为明显。可以预见的是，率先使用并不断优化升级物流系统的生鲜物流企业，将更有希望分得生鲜农产品行业发展的更大红利。

资料来源：中国物流与采购网，http://www.chinawuliu.com.cn/xsyj/202006/11/508028.shtml.

3.1 智慧冷链功能场景的设计

3.1.1 智慧冷链运输场景

1. 智慧冷链运输场景的基本概念

智慧冷链运输场景是冷链运输服务在信息化时代的创新发展，该场景充分利用车联网技术，立足于物联网的云计算平台，集成智能化、电子化、信息化等尖端科技，以海量数据挖掘、无线物联网与智能远程控制为核心手段，围绕客户需求实现人、车、货、路四大要素的定制整合。

2. 主要技术

在智慧冷链运输场景中，车联网（internet of vehicles，IoV）是重要的技术基础。车联网是车与物互联的网络，是实现自动驾驶的重要技术手段之一。根据中国物联网校企联盟的定义，车联网是由车辆位置、速度和路线等信息构成的巨大交互网络。通过传感器、RFID、GPS、摄像头图像处理等装置，车辆可以完成自身环境和状态信息的采集；通过互联网技术，所有车辆可以将自身的各种信息传输汇聚到中央处理器；通过计算机技术，大量信息可以被分析处理,计算出不同车辆的最佳路线,及时汇报路况和安排信号灯周期。

车联网主要包括四个应用场景:车网协同(vehicle to internet,V2I)、车车协同(vehicle to vehicle,V2V)、车路协同(vehicle to route,V2R)、人车协同(vehicle to pedestrian,V2P),通过人、车、路、网的有效协同,实现运输智慧化。车网协同的主要功能是实现车辆通过移动网络连接到云端服务器,利用云端服务器提供路口信息播报、导航、娱乐和防盗等应用。车车协同主要用于车辆之间的双向数据传输,可以实时采集周边车辆速度、位置和方向,以及前向碰撞预警、盲区预警、紧急制动预警、变道辅助等保障车辆安全及提升车辆效率类应用,也可以实现车车之间的图片、短信、音视频等信息的共享。车路协同是通过车辆与道路及交通信号灯等其他交通基础设施的通信,使车辆获取实时的道路安全、限速、闯红灯、前方拥堵预警等信息服务,车辆的运行监控、电子收费管理等运输效率类应用。人车协同是指行人可以利用手提电脑、智能手机等移动通信设备,与车载通信设备之间进行实时通信,重要应用场景是车辆向道路上行人或非机动车发送防碰撞预警等行人安全类应用。

实现智慧冷链运输场景"人、车、货、路"一体化的目标,还需要灵活运用三大技术:一是移动制冷技术,包括制冷剂、制冷系统、控温系统及干冰、冰块等辅助保冷措施;二是保温技术,包括冷藏集装箱、保温箱、保温袋、冷藏箱及各类保温包装手段及密封措施;三是智能监控系统,主要用于对冷链运输过程进行实时监控管理,包括温湿度传感器、RFID、GPS及软件管理系统。

3. 智慧冷链运输场景的特点

智慧冷链运输场景的特点包括动态性、开放性、可追溯性、协同性、系统性。动态性是指智慧冷链运输场景主要发生在货物运输途中,在途货物始终处于运动状态;开放性是指发生在智慧冷链运输场景中的所有事件不仅仅对运输企业开放,货主企业、客户、监管方均有知情权和参与权;可追溯性是指智慧冷链运输场景的全部作业过程均可监控、可追溯;协同性是指智慧冷链运输场景的设计需要冷链系统的各个参与方分工协作、协同运作;系统性是指智慧冷链运输场景是由车、人、货、路四大要素组成的相互影响、相互制约的功能有机体。

3.1.2 智慧冷链仓储场景

1. 智慧冷链仓储场景的基本概念

智慧冷链仓储场景是冷链仓储发展的高级阶段,是智慧冷链物流场景中的重要节点,在智慧冷链仓储场景中,可以实现非接触式货物出入库检验,问题货物标签信息写入,检验信息与后台数据库联动,从而显著提高货物出入库效率,改善冷库管理水平。仓库作业人员在智慧冷链仓储场景下可以手持移动式阅读器完成非接触式货物盘点作业,可以缩短盘点周期、降低人工成本、提高盘点准确度;同时,盘点信息与后台数据库联动可以实现自动校验,提高货物移库效率,实现库存货品在调拨过程中的全方位实时管理,准确快速定位移库货品,提高移库工作的灵活性;通过对不同货品的移库分析,可以找到指定货品的最佳存放位置,实现仓储管理智能化。

2. 主要技术

智慧冷链仓储场景需要用到以下新型技术:首先是物联网技术,依托物联网技术设计的智慧冷链仓储场景,能够有效提高仓储管理效率和安全性,促进冷链物流的高质量发展,体现智慧冷链仓储服务的先进性和实用性。其次是云概念与云仓储,云仓储是基于大数据平台的仓库储存。在云仓储环境下,冷链物流系统内所有仓库节点共享企业所有客户信息,包括客户的资源流通、货物进出、财务进账等信息,并且可以通过大数据计算分析得出客户货物的进出仓规律、销售规律、现金流规律等,进而推算出产品市场行情走势和行业发展规律。最后是仓储机器人,可以完成自动搬运和存取任务,提高冷库作业效率,降低人工成本。

3. 智慧冷链仓储场景的特点

智慧冷链仓储场景的特点包括:实现无人化作业、节省人工;实现精确分仓、合理调拨;信息化管理、避免损失;账实同步相符、节约资金;自动控制、提高效率;系统管理、提升竞争力。

3.1.3 智慧冷链配送场景

1. 智慧冷链配送场景的基本概念

智慧冷链配送场景是指以互联网、物联网、大数据、云计算、区块链等先进信息技术为支撑,能够在冷链配送各个作业环节实现系统感知、自动运行、全面分析、及时处理和自我调整等功能的,具备敏捷性、协同性、开放性、安全性、经济性、生态性等特点的现代化冷链配送场景。

智慧冷链配送旨在冷链配送业务流程再造的基础上,进一步强化信息流在冷链配送作业过程中的指挥和控制作用,充分利用感知识别、网络通信、GPS、GIS等信息化技术及先进的管理方法,实现备货、分拣配货、送货、退货、回收管理等作业的智能化管理,有效降低配送成本,提高配送效率,为客户提供灵活便利的"最后一公里"场景服务。智能化、自动化、可视化、网络化、柔性化嵌入冷链配送服务中,使其更加便利、高效,满足消费者多场景配送需求。

2. 主要技术

服务于智慧冷链配送场景的主要技术包括传感器技术、物联网技术、大数据技术、GPS、GIS、智能仓储技术、自动分拣技术、智能包装技术、智能搬运技术等。

3. 智慧冷链配送场景的特点

(1)自动感知。利用感知技术获取冷链配送流程中产生的各种信息,包括消费者订单、库存信息、货物属性、分拣配货信息、运输车辆状态、物品载荷程度等,将信息数字化处理,以作为协调各项配送活动的决策依据。

（2）整体规划。信息产生于冷链配送流程中较为分散的作业活动中,智慧冷链配送具有信息收纳功能,构建基于互联网平台的数据处理中心,分散的信息在此处进行集中、分类、规整,实现配送流程协同一体化运作。

（3）智能分析。利用智能学习系统来模拟冷链配送活动实际出现的难题,冷链物流企业可以根据具体问题提出假设,并在模拟环境下进行问题的分析及对策的实施,从而为系统提供相关类似问题的解决范式,系统能够自行调用已有的经验数据,实现智慧化决策。

（4）决策优化。随着市场需求的变化以及冷链物流企业追求目标的改变,智慧冷链配送能够根据配送成本、配送时间、配送距离以及车辆数目等对特定需求进行评估,基于确定型、非确定型以及风险型的决策条件比较决策方案,找出最合理、最有效的解决方案。

（5）修正与反馈。智慧冷链配送的智慧化还体现在业务流程柔性化操作方面。系统不仅可以自动按照最佳问题解决方案、最快捷的路线运行,还能够依据条件和目标的改变随时修正决策方案；对于修正的内容自动备份并及时反馈给配送相关环节,使业务操作人员对作业运行情况进行实时了解,使管理人员对各环节进行严格把控。

4. 智慧冷链配送场景的主要功能要素

智慧冷链配送场景的主要功能要素包括备货、储存、分拣及配货、配装、配送运输、送达等,如表3-1所示。

表3-1 智慧冷链配送场景的主要功能要素

功能要素	关键活动	关联活动	协同要素
备货	准备货源、订货、集货、进货、质检、结算	库存查询、补货管理、订单管理、仓库入库	订单信息、库存信息、采购信息
储存	确定周转储备数量、保险储备数量、暂存储备数量	需求预测、订单管理、分拣配货	订单信息、需求预测信息、分拣配货信息
分拣及配货	订单信息分类、制定货物配送清单、安排拣货、分拣查验	订单确认与审核、库存管理、集货管理、运输路线规划	订单信息、储存信息、出库规划信息
配装	集中和搭配不同用户的配送货物	订单整合、车辆调度、车辆额载查询	货物配送清单
配送运输	末端运输	配货计划、车辆调度、路线规划	订单信息、配货及配装信息
送达	货物运抵、交接手续、卸货地点选择、卸货方式选择	运输、客户需求匹配	客户需求信息

3.2 智慧冷链场景的设计方案

3.2.1 农产品智慧冷链场景

根据《国民经济行业分类》(GB/T 4754—2017),农产品分类是农、林、牧、渔业产品。农产品物流是物流行业的一个重要分支,与老百姓的日常生活紧密相关,是为了满足消费者需求而进行的农产品物质实体及相关信息在生产商、批发商、零售商及消费者之间的物理性流动,是以农业产出物为对象,通过农产品产后加工、包装、储存、运输和配送等作业环节,做到降低损耗、保证农产品品质、节约流通成本、提高流通效率,按照消费者需求送达的整个过程。

1. 农产品智慧冷链的产品场景

根据生物特性和物流特性对农产品的种类进行划分,这就是农产品的不同产品场景。农产品智慧冷链主要是以生鲜农产品为中心,按照不同的分类方式,主要包括以下几类产品场景。

1) 生鲜食品

按照对食品加工的程度及保存方式,可以将生鲜食品分为初级生鲜食品、冷冻冷藏食品和自制食品三类。

(1) 初级生鲜食品:新鲜的、未经过任何加工处理的蔬菜和水果;家畜和家禽肉制品;水产品中的鱼类、虾类和贝类等,经过简单的处理后在冷冻、冷藏或常温下在货架上贩卖的食品。

(2) 冷冻冷藏食品:主要包括冷冻食品和冷藏食品两大类。冷冻食品又可以分为冷却食品和冻结食品,其易于保藏的特性使其可以广泛应用于生鲜农产品的生产运输;一般急速冷冻在 $-18\ ℃$ 以下储存并出售。而冷藏食品一般是急速冷却在 $4\ ℃$ 以下储存并出售的食品。冷冻冷藏食品因为其营养、方便、卫生、经济,并且市场需求量大,在消费者市场发展迅速。

(3) 自制食品:经过简单的加工处理后(烹饪、腌制等)的熟食,如面包、蛋糕、点心和其他一些可以即食的食品。

2) 生鲜农产品

生鲜农产品是指肉类、水产品、果蔬这"生鲜三品",它们是经过简单加工,与一般其他工业品相比不能在常温下长期保存的初级食品。经过简单加工后,生鲜农产品一般可以在市场上直接出售供消费者食用,其自身的生物特性也使生鲜农产品对冷链技术要求更高,尤其是在运输和仓储、配送环节。目前,对中国消费者而言,生鲜农产品已经是仅次于粮食的食物营养获取的主要来源,成为居民日常生活消费的必需品。

(1) 肉类。肉的分类方法很多,按肉的冷藏保鲜程度可以分成热鲜肉、冻结肉和冷却肉三大类。热鲜肉是指清晨宰杀、清早上市,还保持一定温度的畜肉。冻结肉是指采用 $-25\ ℃$ 以下的低温使肉快速降温并完全冻结,然后保存在稳定的 $-18\ ℃$ 条件下,以冻结状态销售的肉。冷却肉是国外消费者广泛食用的肉类制品,近年也出现在国内市场,是指在严格执行兽医卫生检疫制度屠宰后,将畜体迅速进行冷却处理使胴体温度(以后腿肉中心为测量点)在 24 小时内降为 $0\sim4\ ℃$,并在后续加工、流通和销售过程中始终保持在 $0\sim4\ ℃$ 生产的肉制品,也有人称为排酸肉、预冷肉。冷却肉是根据肉类生物化学的变化规律,将当代科学的管理思想和方式,先进的技术与设备有机结合为一体,从原料到销售的全过程被置于 HACCP 全面品质管理体系的严格监控之下,保证了产品的高品质和标准化,也实现了生产的规模化和现代化,代表了肉类加工工业的发展方向。

这三种肉类产品在卫生安全性、营养特性和感官特性方面具有明显区别,如表 3-2 所示,在冷链运作过程中应该区别处理。

表 3-2 肉制品的分类及特性

肉类品种	卫生安全性	营养特性	感官特性
热鲜肉	热鲜肉经宰杀放血和简单处理后就直接上市,在储存中一旦通过尸僵期,其组织中各种自身的降解作用增强,此时组织中酸性成分减少、pH 值上升,加之畜肉表面潮湿,细菌很容易大量繁殖(常见的有四联球菌、葡萄球菌等),造成肉表面腐败,形成黏液或变质。一般认为,热鲜肉的货架期不超过 1 天。货架期极短,易被生物污染,自然带菌量大	其肌肉纤维呈僵直状态,只有经过解僵、成熟过程后,氨基酸、肽类等风味物质才能形成,肉的味道才会鲜美。最好放在低温环境中保存,隔天食用	热鲜肉由于一般未能完成屠宰放血→僵直变硬→解僵自溶→成熟这一自身固有的变化过程,因而可能导致感官特性的主体指标色泽、风味、质地、香气的正常形成过程中止,尤其是风味质地所受影响最大
冻结肉	由于低温,冻结肉的组织呈冻结状态,大量微生物被冻死,其余部分的生长繁殖受到明显抑制,肉的带菌状况得到明显改善,消除了常温下肉类极易被微生物污染的弊端,因而更为卫生、安全,有利于肉制品的长期保存	冻结使蛋白质结构破坏后,对水的亲和力也下降,会影响到解冻后蛋白质的持水力,同时还会使缓冲能力减弱,酸性物质的增减会使 H^+ 浓度出现较大波动,由此促进蛋白质的变性,肉的品质下降	在冻结储存中,冻结方式存在的种种问题,可能造成肉块表面失水、组织干缩、肉纤维变粗、肉色变暗等不良变化。脂质的缓慢氧化有异味产生
冷却肉	从动物检疫、屠宰、快冷分割、剔骨、物流到销售的全过程冷链,迅速排除肉体热量,降低深层温度,并在肉的表面形成一层干燥膜,减缓肉体内部水分的蒸发,延长肉的保藏期限,并阻碍微生物的生长和繁殖,使大多数微生物(尤其是腐败菌和致病菌)被抑制。肌糖酵解生成的乳酸也可抑制或杀死肉中的部分微生物,卫生安全性得到一定保障,且减缓肉体内部水分的蒸发,延长了肉的保藏期限	遵循肉类生物化学基本规律,完成了自然成熟的全过程,因此柔嫩多汁、口感细腻、滋味鲜美,其营养成分得到充分保持,非常有利于人体的消化吸收	冷却肉在规定的保质期内色泽鲜艳,肌红蛋白不会褐变,因此与热鲜肉无异,且肉质更为柔软

(2) 水产品。水产品是指鱼类、甲壳类、贝壳类、海藻类等鲜品及其加工制品。水产品流通过程中,除活鱼运输外,要用物理或化学的方法延缓或抑制其腐败变质,保持其新鲜状态和品质。保鲜的方法有低温保鲜、气调保鲜、电离辐射保鲜、化学保鲜等。其中低温保鲜使用最早、应用最广。鱼的腐败变质是体内所含酶及体上附着的细菌共同作用的结果。无论是酶的作用或细菌的繁殖,其生理生化作用都要求适宜的温度和水分,在低温和不适宜的环境下就难以进行。鱼体上附着的腐败细菌主要是嗜冷性微生物,在0 ℃左右生长缓慢;0 ℃以下,温度稍有下降,即可显著抑制细菌生长、繁殖;温度降至－10 ℃以下,则细菌繁殖完全停止。

为了保证冷却鱼的质量,除了采用快速冷却的方法以外,还应该尽量避免一切对保藏鱼体鲜度不利的因素。首先,必须从鱼类开始捕获时就重视保鲜问题。实验证明,在鱼类离开水面时立即设法使它死亡,它的僵硬时间要比经过长期挣扎后死亡的鱼要迟,有利于鱼体鲜度的保持。为了更大限度地限制微生物对鱼体的污染,鱼类捕上来后要用清洁的水清洗鱼体表面。其次,为了减缓生化过程和微生物的活动,鱼类的冷却应立即进行,采取快速冷却,使鱼体中液汁温度迅速接近冰点。由于鱼类生活在较低的温度环境内,因此鱼体中的酶在低温下的活性比温血动物强。在同样的低温下,刚死的鱼体内生物化学过程比温血动物的速度要快。为了保证鱼的质量,应将温度快速地降低到接近0 ℃。当然,还要十分重视和鱼体接触的各个环节,使其符合卫生条件,防止细菌对鱼体的污染。例如,储藏和运输场所、容器和工具等都要求清洁、卫生。

(3) 果蔬。果蔬是指水果和蔬菜。果蔬的化学成分十分复杂,按在水中的溶解性质可分为两大类:其一是水溶性成分,包括糖类、有机酸、果胶、水溶性维生素、部分含氮物质、酶、部分矿物质等;其二是非水溶性成分,包括半纤维素、纤维素、淀粉、原果胶、脂肪、脂溶性维生素和色素、部分含氮物质、部分矿物质和有机酸盐等。

由于果蔬产品保鲜期短、极易腐烂变质,因此对流通作业各环节提出了很高的要求。果蔬冷链物流有着行业的特殊性,主要体现在质量安全、时效性和成本三个方面。首先,质量安全要求高。食品的质量与安全一直是人们关注的焦点,果蔬产品自然也不例外。果蔬冷链物流是一项复杂的低温系统工程,包含采摘、加工、储藏运输等多个环节,确保果蔬冷链各环节的质量安全也是最基本、最核心的问题。其次,时效性强。果蔬产品保鲜期短,要想最大限度地保持其原有的新鲜程度、色泽以及营养,就必须快速、准确地送到消费者手中。如果运送时间增加,产品新鲜度将下降,虽仍能食用,但是被销售出去的概率会降低,销售量减少,从而造成损失。最后,成本高。果蔬冷链物流体系建设的投入较大,保温、保鲜、节能、环保等技术应用于库房规划设计、进出库作业、在途运输、商品交接的各个环节,而且运作成本较普通商品也要高许多。

3) 鲜活农产品

根据我国高效率鲜活农产品流通"绿色通道"对鲜活农产品的定义,享受"绿色通道"政策的鲜活农产品是指新鲜蔬菜、水果、鲜活水产品、活的畜禽,以及新鲜的肉、蛋、奶,2010年年底又将马铃薯、甘薯(红薯、白薯、山药、芋头)、鲜玉米、鲜花生列入目录。不过,畜禽、水产品、瓜果、蔬菜、肉、蛋、奶等的深加工产品,以及花、草、苗木、粮食等不属于鲜活农产品范围,不适用"绿色通道"运输政策。

2. 农产品智慧冷链的流通场景

1) 传统模式

传统模式是指农产品从田间地头到百姓餐桌,中间要经过农户、产地中间商、市场批发商、市场中间商、零售商、消费者等多道环节,如图 3-5 所示;需要经过多次改换包装和装卸搬运,其间的损耗率非常高。目前我国传统模式下的农产品损耗率高达 25%～30%,是发达国家损耗率的 5～6 倍。

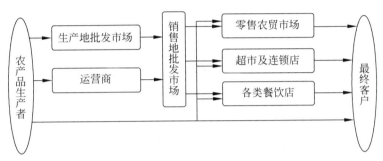

图 3-5　农产品流通传统模式

2) 农超对接模式

农超对接模式是通过合作对接的方式将传统模式下的实物农产品的输运汇集改为信息的汇集调配,再经由订单需求将自己手中的农产品直接运输至终端零售点,实现销售,如图 3-6 所示。该模式可以分为两种流通场景。

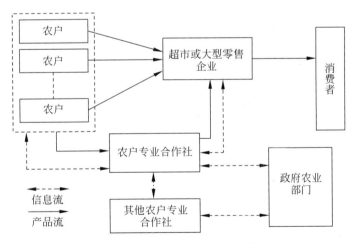

图 3-6　农产品流通农超对接模式

(1) 超市或大型零售企业与农户直接对接。此模式可视为产业链一体化,将生产起始端和销售末尾端紧密地联合到一起,形成一个契约合作机制,用合同或契约的方式将两个部门联合,形成一个内部合作的形式,以信息合作的内部传输大大降低农产品的流通成本,从而提升农户和超市的盈利能力,保证了农户的利益,同时为消费者提供了价格实惠的商品。此模式在流程上是最简单的,但是在运作时有很强的制约性。

（2）农户、农协、超市合作对接。此模式主要借鉴日本农协合作的模式，在此模式的运营中，农协扮演很重要的角色。农协需要根据市场信息和国家调控政策建议，进行有效的农户生产计划指导和生产技术辅助，帮助农户在市场信息缺失时规划自己种植生产的产品种类和产量，以防"谷贱伤农"的现象发生。同时由于农协的参与和指导，农户所种植的农产品的质量将会受到农协的管理和记录，于是农协手中就拥有农户农产品的最直接的信息。超市或大型的零售企业需要订购农产品则可以直接将订单信息发给农协，农协对手中的信息进行配比就能完全知道是否能完成订单及如何组织货物。

3）电商模式

电商模式是以电商平台（企业）作为桥梁，连接农产品供应链的两端，即农户和消费者。电商平台可以使农产品交易变得更加透明；电商平台还可以为农产品交易提供虚拟化的交易市场平台，买卖双方无须见面，缩短交易时间，扩展市场空间范围；电商平台作为农产品供应链的信息枢纽，可以充分利用各类农产品信息，优化资源配置，提高企业运营效率，降低库存成本，进一步缩短生产周期、提高企业竞争力。

农产品流通电商模式的具体场景主要包括综合电商平台、物流电商、食品供应商、垂直电商、农场直销、社区O2O等，如表3-3所示。

表3-3 农产品流通电商模式的具体场景

电商模式的具体场景	内　涵	优　势	劣　势
综合电商平台	是指运营互联网平台的企业，农产品是其众多产品中的一类，有完整的供应链对接服务。例如，天猫、京东、苏宁易购、一号店、亚马逊等	强大的用户流量、良好的购物习惯、大品牌优势、诚信力强、完善便利的支付系统	商品标准不统一、生鲜农产品质量很难监控、商品损耗高、交货时间无法保证、物流成本高
物流电商	是指物流企业涉足农产品电子商务业务。例如，顺丰优选	专业化的物流团队；专业化的仓储、运输及配送服务	前期市场推广成本较高；对农产品整条供应链的管理能力挑战比较大
食品供应商	是指食品企业经营食品电商的模式。例如，中粮我买网、光明菜管家等	专业化的食品供应链、食品仓储能力强大、食品安全性容易获得市场信任、价格优势明显，具备食品定价权	物流服务专业化水平较低、流通损耗率比较高、难以保证到货新鲜度、前期运营成本较高
垂直电商	是指企业在某一个农产品行业或细分市场深入细化运营的电商模式。例如，优菜网、本来生活网等	更关注细分领域、更了解客户需求	缺乏食品供应链管理能力、物流配送水平要求较高、前期市场推广难度较大、缺乏品牌知名度、市场信任度不够、缺乏专业化的冷链物流服务

续表

电商模式的具体场景	内涵	优势	劣势
农场直销	是指农场将自己生产的农产品在网上直接销售的电商模式。例如,沱沱工社等	保证食品安全、生态果蔬产品很受消费者喜欢,以自产自销保证可靠的产品供应、农产品新鲜度很高	快递取送货距离较远、时间较长;产品种类单一,无法满足多样化需求的客户;风险较大
社区O2O	是指社区垂直行业利用互联网更好地为业主(顾客)服务,这种虚拟商品的服务称为本地服务。例如,淘宝、京东、顺丰优选以及部分垂直电商等都已经涉及社区生鲜O2O,试图以此作为生鲜电商的突破口	送货上门十分方便、能够保证菜品的新鲜度、降低损耗率;可实现现货到付款,保障消费者权益;送货时间很短、服务迅速;无须大规模仓储、成本低、浪费少	前期推广难度大、扩张成本较高、扩张速度缓慢

3. 生鲜农产品智慧冷链场景方案的设计

1)梳理目前生鲜农产品的需求特性及主要痛点,抓住关键环节,构建需求拉动型的O2O场景

目前,我国生鲜农产品的消费需求特性和供给配送能力存在显著矛盾。一方面,我国城乡居民对生鲜农产品的消费需求表现出明显的个性化、差异化、多样化特性,不同的消费者其膳食结构和饮食习惯不同,对生鲜农产品的需求具有不同偏好。另一方面,生鲜农产品具有不易保存、快速流通的特点,而我国现有生鲜配送物流体系不完善、配送技术落后、信息不对称,导致高档、个性化生鲜农产品无法快速送达消费者,而相对低档的生鲜农产品又存在过剩问题。以生鲜电商模式为例,由于供给方与消费方之间信息不对等,所提供的生鲜农产品无法满足"鲜活度"的要求,在配送过程中货损过大,或者冷链体系不完善,配送成本高居不下。此外,生鲜农产品来源不明晰,缺乏相应规范认证,降低了生鲜农产品的食品安全等级,使消费者很难放心下单。

因此,在设计生鲜农产品智慧冷链场景方案时,关键是要寻找途径解决上述矛盾,具体方法是:引入现代信息网络技术手段,设计需求拉动型线上线下相衔接的生鲜农产品智慧冷链运营平台,形成生鲜农产品的全新销售场景和业务场景。消费者订单是驱动智慧冷链物流系统的源动力,首先要及时准确地获取消费者对生鲜农产品的多样化需求信息,然后构建与需求相适应的智能化、网络化生鲜配送与供给体系。

生鲜农产品智慧冷链场景方案的总体框架由线上(online)软件平台和线下(offline)硬件平台两部分构成。

对于线上服务,主要通过智慧推荐电商平台、基于众包的冷链速递平台和智能冷库监控系统提供相应服务。首先,智慧推荐电商平台能够与消费者需求相对接,通过互联网、智能终端来收集消费者对生鲜农产品的需求信息。同时,充分利用用户网上生鲜产品消费历史数据、穿戴设备提供商实时采集的用户数据以及用户的电子病历等健康数据,运用

互联网、云计算、大数据技术,科学评估消费者的购物习惯,了解消费者的具体信息,如身体状态,为消费者推荐科学的生鲜农产品购买计划,并定期为用户推送营养报告及健康指导;用户可以利用 App、微信公众号、小程序等,查阅生鲜农产品信息,结合自身实际,提交生鲜订单。对于不同用户,可以对接厨房智能设备,植入远程终端程序,为用户提供特殊的生鲜服务。其次,基于众包的冷链速递平台采用"轻资产"模式运营,通过"众包"模式极大地盘活闲散的社会冷链资源,使得社会冷链资源进行最大效用的优化配置,更好地实现生鲜农产品全程冷链;同时确保在前端采集的"最先一公里"和末端配送的"最后一公里"的生鲜农产品质量与安全效用的最大化。最后,运用智能冷库监控系统,对照生鲜农产品储存质量规范要求,遵照相关标准,确保生鲜农产品的品质和安全。

  对于线下服务,利用目前最先进的管理手段,以信息技术、物联网技术及智能计算与控制技术为核心,实现对生鲜农产品的全程可追溯管理,并结合不同农产品的品质标准要求,分门别类地进行加工和包装,为消费者提供安全、可靠、及时、高效的生鲜农产品配送服务。首先,科学进行冷库布局选址,形成全面覆盖、高效配送的冷链物流网络;其次,对生鲜冷链配送中心的冷库节点进行智能化设计,搭配先进冷库设备及智能监控系统,形成温度可控、全环节智能化的现代冷库配送节点;再次,在冷链配送的送货环节,利用 VRP/VSP(车辆路径问题/车辆调度问题)等智能优化算法,实时规划冷链配送路径,采用 VR/AR 可视化技术,对全程冷链进行实时监控;最后,针对冷藏运输车辆、智能配送箱以及社区智能自提柜等冷链配送装备进行创新设计和智能化升级改造,打造出高效率、智能化、自动化的生鲜智慧冷链物流配送系统,如图 3-7 所示。

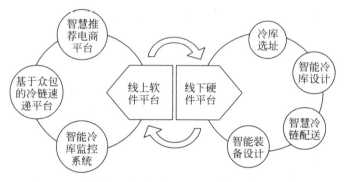

图 3-7　生鲜农产品智慧冷链——需求拉动型 O2O 场景

  2)建设智慧信息服务平台,实现生鲜农产品冷链场景智慧化运行的信息共享

  依托供应链管理思想,引入互联网等网络化技术,整合冷链上游生鲜农产品资源。通过构建信息化平台,将上游种植散户、大户、种植基地、海外生鲜农产品供应商等集聚起来;中间协同冷链资源拥有者,与冷库、冷链配送中心、其他冷链资源拥有者、冷链运输服务企业、医疗机构、第三方云健康平台等建立共享数据库;在下游环节,按照消费者对生鲜农产品的需求,进行分类管理,并参考消费者健康饮食习惯、科学膳食方案,为消费者提供增值服务,如图 3-8 所示。

  3)生鲜农产品智慧冷链服务信息平台面向用户的功能设计

  面向用户的功能设计主要包括:产品类别服务,可实现产品数据库的建立、类目更新、价格更新等;用户服务功能,可完成查询、下单等操作的用户网站界面,用户可在此享

第 3 章 智慧冷链场景的设计

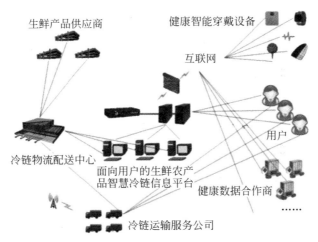

图 3-8　生鲜农产品智慧冷链服务信息平台架构

受基本推荐服务和智慧推荐服务；呼叫中心，通过与客服中心联络完成咨询或下单、售后及其他服务；云健康管理功能，包括云医疗、营养报告、健康测评及云设备关联等，是完成智慧推荐的核心功能区；后台管理功能，主要包括客户管理、订单管理、客户分析及数据分析等；第三方合作功能，主要与医疗机构、健康设备平台运营商、专家咨询单位等建立关联的接口，如图 3-9 所示。用户可以利用手机 App、微信公众号、小程序等访问面向用

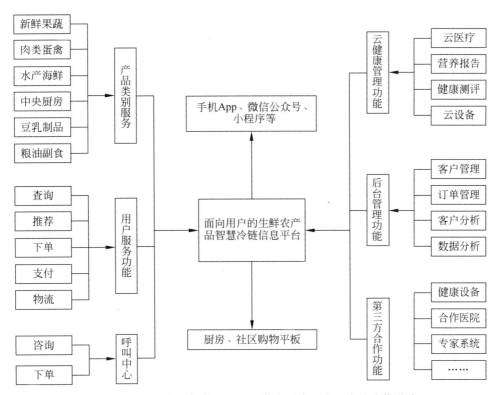

图 3-9　生鲜农产品智慧冷链服务信息平台面向用户的功能设计

户的生鲜农产品智慧冷链信息平台，根据系统菜单享受有关生鲜农产品的智慧冷链商务服务。考虑到用户覆盖的广泛性以及使用的便捷性，可以考虑与厨房设备提供商合作植入终端程序以及和小区物业合作安装社区平板，便于家庭主妇和老人等特殊人群享受有关服务。

 3-1

欲做生鲜版阿里，易果生鲜探索出了哪些经验？

"我们更像一个生鲜领域的阿里，如果说有潜在的友商，应该是京东"，易果生鲜联席董事长金光磊如此认为。生鲜电商的风吹了多年，渗透率仍只有3.4%（艾瑞数据），但伴随着中产阶级消费升级、农业热等原因，资本纷纷在2016年再次押注。易果生鲜、天天果园、本来生活等公司接连输血，金额皆不在少数，京东也成立生鲜事业部发力生鲜采销及冷链物流。但不得不承认的是，行业仍远远没到"收割期"，各个玩家仍在不断进行巨额投入以图扩大规模（表3-4）。

表3-4 典型生鲜企业融资规模及经营模式

企业名称	融资总金额/亿元人民币	运营模式			物流模式
易果生鲜（不含B轮）	20.2	B2C	自营	垂直全品类	自建
天天果园	14.7	B2C	自营	垂直多品类	自建+第三方
本来生活	14.1	B2C	自营	垂直全品类	自建
爱鲜蜂	7.3	O2O	平台	垂直多品类	众包
许鲜	3.6	O2O+C2B	自营	垂直单品类	用户自提
拼好货	3.6	C2B	自营	垂直单品类	第三方
一米鲜（不含B轮）	1.3	C2B+O2O	自营+平台	垂直单品类	第三方

在竞争如此白热化的情况下，花了11年做到3 600个SKU的易果生鲜发布了"联营模式"，意在从垂直自营电商转向开放平台、加快发展速度，也透出了浓浓的"阿里味"。众所周知，天猫喵鲜生频道的生鲜品类全部由易果生鲜运营，其与阿里生态圈内村淘农产品上行、农村金融等业务的结合，也是试图再造一个"生鲜版阿里"的过程。

但事情远非"开放平台就能做得更大"那么简单，在产品标准化和冷链物流两大制约因素面前，做得太重，烧钱像无底洞；做得太轻，则触碰不到产业核心，易果生鲜试图探索一条更平衡的路。时隔半年之后，36氪再次专访易果生鲜联席董事长金光磊，据其几个关键策略见微知著，以供行业参考。

1. 易果生鲜的三大块业务

金光磊将易果生鲜的业务分为三大块。第一块是供应链管理：如何在世界范围内为各个地区的不同消费者挑选商品，以及供应商选择、采购时间、价格、品控、交付时间等。第二块是物流：冷链物流在生鲜行业尤为重要，对商品新鲜程度直接负责，少有第三方物流能满足需求。第三块是渠道运营与营销：易果生鲜渠道包括天猫超市生鲜板块、易果官网、App,还有一些分散渠道(如下厨房),每个渠道的用户有不同的需求,需要专门运营。三者串联起来形成业务闭环,缺一不可,同时易果生鲜又试图将每一块都定性为开放平台,下面一一拆解。

2. 任谁都头疼的供应链上游,可能还得靠"别人的力量"

易果生鲜2009年从水果甚至是进口水果一个品类扩展到国产水果、蔬菜、禽蛋、肉类、水产、烘焙等生鲜全品类,由于后端的操作管理难度非常大,涉及采购、仓储、物流各个环节的重新改造,做到3 600个SKU花了11年。

而随着对增速的渴望,易果生鲜祭出了"联营"这一大旗,将客户、系统、数据、供应链分享给上游合作伙伴,希望借助在各个品类有专业水准的供应商来共建平台,也与其投资过的"优配良品"达成战略合作,由后者作为蔬菜品类供应商。而未来第三方和自营产品的比重各自会是多少,金光磊并没有设立具体目标。其实,以往的自营商品大多数都有品牌并以此示人(且进口居多),真正从产业链最上游(田地)采购的商品比例很低。联营模式看起来只是为了消除采购资金和库存压力,但其实不止如此。"原本是我们面向客户,供应商面向我们,这中间两层关系使得信息和价值链的传递过程中有很多损耗。现在变成我们和客户一起面向客户,缩短了价值传递;另外,也把合作方的力量扩大了,原本是串联,现在是并联。另外,易果生鲜也会利用不同渠道来帮助品牌商定制产品",金光磊说道。

由此看来,"阿里系"的易果生鲜也开始讲数据的故事,希望构建一个共享数据的生态系统,让合作伙伴在生产、营销、物流环节实现数据化。不过平台最难管的还是品控。金光磊认为,首先要输出标准和共识,如App内的一根装菲律宾香蕉,甜度、重量、尺寸、色泽、客户收到以后保存期等,这些标准必须和供应商达成共识。如此,易果生鲜便按这个标准收货。其次,在实体流动方面,任何给到客户的产品必须进仓,经过易果生鲜的入库自检、出库自检再到达客户。这让人想起了天天果园为了将标准化做到源头,建设包装厂的做法。金光磊同样希望将品控做到"离源头足够近"的地方,不过他认为电商不应该延伸到生产环节,易果生鲜只输出软性标准和采购人员协助,但不会投入工厂建设。此外,易果生鲜注重物流链条提供的质检、分拣、包装等职能,希望能以自身的物流网络连接供应商,这是易果生鲜一大重资产投入。

"目前从整个生鲜行业来看,专业一站式的冷链供应链平台不多",金光磊说。而作为易果多年来的"幕后英雄",安鲜达已经从物流部门拓展成独立公司,并将逐渐开放。

3. 安鲜达物流,试图成为生鲜版的日日顺

安鲜达是易果生鲜旗下的子公司,脱胎于易果物流部门,业务涉及冷库、冷链干线运输、冷链短驳、质检、包装、分拣加工、冷链宅配、门店销售等。2016年,安鲜达已经在上海、北京、广州、成都、武汉、济南建立了7个仓库,覆盖310个城市,日均产能10万单。安鲜达具有重要作用,而如金光磊所言,市场上能提供全链条冷链服务的3PL(第三方物流)不多。普通的物流公司只是把东西从A送到B,安鲜达需要在A点收货时检查商品是否符合标准,如香蕉要保证客户在冰箱里保存3~5天,这需要专业度的摄入。

由于易果生鲜经营品类多,从接收到分箱组单都需要考虑温区。安鲜达根据6个温度范围划分温区来存放,而不同温区的商品组合在一起时,什么东西和什么东西不能放在一起,也有讲究;当商品配送到客户家门口时,还需要打开验货,告诉用户如何判定商品符合标准。再加上客服售前、售后,提醒用户如何存放产品(比如葡萄千万不能进冰箱,否则表面果粉湿了以后很容易烂),物流人员也需要传递此类信息。"这显然不是传统物流企业做的,我们将品控服务从头到尾(仓储、质检、包装、运输配送)一直延伸到底",金光磊说。

目前安鲜达的物流网络分成三层:产地仓、区域配送中心、末端配送站点。前面提到,截至2016年,安鲜达已有7个大型配送中心,而仅上海一城就有40个站点(平均每个75平方米,会根据运营情况而调整位置、数量),易果生鲜已经在15个城市选择了自建配送队伍。而为了让商品尽早进入品控体系,易果生鲜正在拓展产地仓的建设。很多供应商在当地有很好的供应水平,也有劳动力对产品进行初级加工或者分级,但是没有专业化的仓,这时安鲜达便会延伸去做产地仓。不过这并不意味着可以实现"产地直发"来降低损耗,前端对每个产品售卖的方式不同,如橙子分6个、12个、24个装,包装变小时,运输成本会变高,这很难权衡;另外,用户下单时又涉及多种商品,不一定都在同一产地,不可能在产地仓组单。

有的SKU可以在上游做好包装,有些则必须翻箱或者需要二次品控,所以产地仓更多的是起周转作用。但总体而言,更靠近供应商还是希望少倒手、尽可能地减少损耗。"损耗主要发生在颠簸和温湿度控制过程,前面需要防撞,后者需要做好温控或者用辅料装置吸水吸潮。我们需要从仓储、加工作业区域的控制、包装三方面着手,而包装的作用在后面的物流部分会凸显出来。比如杧果怎么割开、猕猴桃里面要放很多的填充物避免翻滚等",金光磊说道。不过他没有提供目前的损耗率数据,并称损耗率因产品而异,即使同一SKU也因季节不同、品种不同、产区不同导致损耗率不同。同时,有的商品达到标准损耗会变高,有的则不受影响。

易果生鲜也在探索距离用户足够近的前置仓,初期对站点进行改造符合前置仓的模式。不过究竟前到多前?规模多大?SKU多少?周转方式怎么做?这些问题都需要数据支持,金光磊称仍在尝试阶段。通过"服务",易果生鲜把业务、流程跑通后,安鲜达已经成为开放性的第三方物流,同时也为淘宝、天猫、聚划算、天猫超市和农村淘宝的商家提供冷链物流服务,又接入阿里的菜鸟网络。此外,它可以将服务拆成模块化来满足客户不同需求。

4. 安鲜达有可能已经成为易果生鲜的核心?

"假以时日你会知道的",金光磊说。围绕计划性需求扩展多渠道,O2O谨慎尝试。目前易果生鲜的主要销售渠道是天猫超市生鲜板块、易果官网、App,以及优配良品、海尔互联网冰箱、下厨房等分散渠道。每个渠道有特定的需求,如易果生鲜的官网像精品店,天猫生鲜板块像一个大型的商超,下厨房的用户是爱做菜的人,可能要和菜谱相结合,而海尔互联网冰箱则是尝试周期配。金光磊表示,天猫渠道占易果整体销量逾50%,在易果自营渠道中,App则占了70%;而在客单价方面,官网要比猫超的高,但一般通常来说就是填满冰箱所需的金额。

另外,肉类、水产等生鲜产品的销售已经超过水果,肉类对冷链的要求比水果更高(需要冷冻在−18℃以下),肉、禽类的品种和地区不同、切割方式不同也会带来供应链管理难题;而海鲜则因为品种太多导致复杂化程度高,不易管理。

总的来说,易果生鲜更偏向于面向家庭的计划性需求。而在针对即时性需求的O2O上,前有京东到家与天天果园,一米鲜也和百果园达成合作,但易果生鲜"只做了有限的尝试"。目前生鲜到家O2O的客单价在50元左右,而金光磊认为如果找不到变成60、100、120、140元的方式,还是会谨慎对待。

5. 与蚂蚁金服探索供应链金融

许多农村金融领域的创业公司,都试图靠订单农业来降低风险,而掌控电商渠道又与供应商密切接触的易果生鲜也希望有所建树。易果生鲜已与蚂蚁金服达成合作,将信贷、保险等金融产品推向农业经营主体,官方称贷款通过定向支付工具专项用于从"农村淘宝"(及淘宝农资类目)购买易果生鲜指定的农资,并将合作社的采购信息线上传输给易果生鲜,从而实现果品生产过程的全程把控。

6. 到底何时能盈利?

目前市场上颇具规模的生鲜电商仍然都在亏损。但金光磊认为,生鲜电商本质上是可以盈利的,根本在于客户价值跟你的商业价值之间匹配得怎么样,专业程度不高、品质有问题、商品选择有问题,怎么可能盈利?

要想赚钱必须靠高GMV(商品交易总额)带来规模效应,形成边际成本递减。目前易果生鲜在一些规模成熟的商品和地区能够盈利,但新型地区或新型商品则"肯定不是好的数字"。开放平台的好处在于,在GMV增长的同时不必投入过多采购人力、承担库存风险,避免形成规模不经济。但易果生鲜亏损最大的来源是基础设施的扩建,安鲜达的重资产投入巨大,且上文提到的日10万单产能并不饱和。目前易果生鲜的资金投入主要有三块:一是扩充商品品类;二是建设区域分公司,在当地重新运营、抓客户;三是安鲜达的重资产投入。

"现在肯定是不盈利的,但是作为一家商业企业盈利是必需的,只是什么时间、效率、方式、规模来实现盈利的问题,易果在之前好多年一直盈利,但是那个规模不用提",金光磊说,"在花钱时需要考虑相互匹配效能,商业是很多因素的平衡,在数字相互的调配过程中,你的投入和产出要匹配到一个收益最佳点,这个点最好不要动。如果这里动一动、那里没动,就亏了。"

资料来源:中国物流与采购网,http://www.chinawuliu.com.cn/xsyj/201607/08/313495.shtml.

3.2.2 药品智慧冷链场景

药品冷链物流是冷藏冷冻类、易腐类的医药产品,在生产、加工、储藏、运输、配送、销售等过程,一直到病人、消费者使用的各个环节,以不产生污染变质、保证冷链医药品的质量,同时降低储运损耗,控制运送时间,节约整体冷链物流成本的一项复杂的、多环节的系统工程。药品冷链物流的特点如表3-5所示。其中运输环节是药品质量出现缺陷的多发区,而现有行业现状是:从业人员规模大、劳动密集,从业人员的基本素质参差不齐,配送车辆和营销单位的仓储设备在管理中存在"黑箱"和"盲区"。因此,在药品运输环节,亟待通过管理解决整个药品冷链的实时保存温度控制,一旦发现异常,及时发出警报,通知相关工作人员采取相应措施,从而减少药品质量受损。一旦有药品质量事故出现,能够立即判定药品是否变质,将失效药品检出并销毁,从而避免事故的发生;同时,通过应用先进的信息技术,收集实时数据事实界定问题环节,以便认定事故责任方与追究法律和经济责任;甚至可以通过数据分析,使药品生产企业找出发生事故的时间、地点、车辆,以及工作人员的职责缺陷。

表 3-5　药品冷链物流的特点

特　点	具　体　内　容
运输特点	(1) 封闭货物箱的作用:避免因恶劣天气导致药物泄漏、损伤、丢失或污染 (2) 交通工具的要求:温度、湿度、卫生、安全等方面的要求,且按期保养车辆 (3) 运输中的要求:温度要符合药品运输条件要求,运输人员要符合要求
仓储特点	(1) 分设不同库区且有明显的标志 (2) 特殊药品需要实行专人、专账记录保存 (3) 搬运或堆放药品时,必须按照包装的标识要求标准操作
配送特点	(1) 小批量、多批次运输配送 (2) 配送对于送达时间要求较高 (3) 配送过程需符合药品不同特性

可见,实现药品冷链作业的智慧化,首先应采用信息技术和设施,提供温度监控记录,确保冷藏药品在物流过程中温度的可跟踪和可追溯,保证需冷藏的药品从生产企业成品库到使用部门药品库的温度始终控制在规定范围内。其次,应制定确保温度要求的标准工作流程及温度异常应急处理预案。最后,应用大数据平台对专业第三方药品冷链企业的资质进行严格审核及动态评估,保证药品冷链企业的服务质量。

我国商务部在 2016 年 12 月 26 日出台了《全国药品流通行业发展规划纲要(2016—2020 年)》,指出我国医药行业普遍存在流通现代化水平不高、现代医药物流技术尚未广泛采用、流通成本较高,中药材现代流通仓储设施缺乏、流通方式落后,药品供应链管理和信息化水平不高等一系列突出问题。随着医药冷链物流标准体系的进一步完善,药品流通行业将重新洗牌。目前我国医药物流的市场参与企业大致可以分为三类:第一类是大型医药流通企业直属的物流子公司,如国药物流、上药物流、九州通物流等;第二类是服务于医药行业的专业第三方物流公司,如北京华欣物流有限公司、上海康展物流有限公司等;第三类是社会化物流企业,如中国邮政、顺丰、京东等。

1. 药品智慧冷链的产品场景

根据药品特性和物流特性对药品的种类进行划分,这就是药品的不同产品场景。药品智慧冷链主要是以冷藏药品为中心,按照不同的分类方式,主要包括以下两类产品场景。

1) 冷藏药品

冷藏药品是指对储藏、运输条件有冷处(2～10 ℃)或冷冻(−25～−10 ℃)等温度要求的药品,具有批量小、批次多、安全条件要求苛刻的特点。由于冷藏药品对温度具有敏感性,从生产企业成品库到使用前的整个储存、流通过程都必须处于规定的温度环境(控温系统)下。

2）生物制品

生物制品是通过刺激机体免疫系统而产生免疫物质（如抗体）在人体内出现体液免疫、细胞免疫或细胞介导免疫，用于人类疾病预防、治疗和诊断的药品制剂；主要应用普通或以生物技术获得的微生物细胞及各种动物和人源的组织与液体等生物材料制备而成。生物制品是特殊的药品，其物流过程也有严格的冷藏保温要求。

疫苗是典型的生物制品。它是否保存在一定的温度环境下、是否处于疫苗有效期内、疫苗的交接记录是否完整等，这一系列操作是保证疫苗质量、保障预防接种工作的安全性和有效性，从而减少疫苗损耗的关键环节。由于疫苗产品对温度极为敏感，从疫苗生产企业到疫苗使用部门之间的每一个环节，都可能因温度过高而使疫苗失效或产生毒副作用。因此，为了保证计划免疫所用的疫苗质量不受影响，从生产企业、贮存单位、运输部门，再到分发和使用的整个过程，都要配备科学的冷藏设备及温控设备，使疫苗始终置于规定的温度范围之内，保证疫苗不受损害。

2. 药品智慧冷链的流通场景——"互联网＋药品流通"新场景

商务部市场运行和消费促进司于 2021 年 7 月 30 日发布《2020 年药品流通行业运行统计分析报告》（以下简称"报告"），对我国药品流通行业运行特点展开分析。报告指出，随着医药卫生体制改革不断深化，药品流通行业转型升级步伐加快，医药供应链加速协同发展，药品零售与服务模式持续创新，行业销售总额稳中有升，集约化程度继续提升，显现出长期向好的态势。报告还对我国药品流通行业的发展趋势进行了预测，在新发展格局下，药品批发企业网络结构优化的步伐将进一步加快，零售药店健康服务功能将积极拓展，现代智慧医药物流体系将会持续完善，药品流通行业向高质量发展转变态势更加明显。同时，受新型冠状病毒感染疫情影响，互联网医疗健康市场加速发展。2020 年 2 月 7 日，《国家卫生健康委办公厅关于在疫情防控中做好互联网诊疗咨询服务工作的通知》（国卫办医函〔2020〕112 号）强调，把疫情防控工作作为当前最重要的工作来抓，要充分发挥互联网医疗服务优势，大力开展互联网诊疗服务，特别是对发热患者的互联网诊疗咨询服务，进一步完善"互联网＋医疗健康"服务功能，包括但不限于线上健康评估、健康指导、健康宣教、就诊指导、慢病复诊、心理疏导等服务场景，推动互联网诊疗咨询服务在疫情防控中发挥更为重要的作用。

据国家卫生健康委员会不完全统计，截至 2021 年 3 月，全国已建成互联网医院超过 1 100 家。越来越多的实体医院选择开发线上医疗模式，通过互联网医院的方式向更多患者提供服务。互联网医疗对接医保支付政策也率先在杭州、上海试点。另外，线上处方流转带动了线上药品销售业绩的快速提高，电商企业纷纷与线下实体药店开展合作，实现了"网订店取""网订店送"的运营模式。

"两票制""4＋7"带量采购和药品零加成等医药改革政策的频繁出台，这些政策的不断推进与落实，给医药冷链带来深刻影响。其中最为突出的就是流通环节链条进一步压缩，导致医药供应链扁平化，而这一变化倒逼药品流通企业直面医药物流配送服务价值，医药商业公司更加关注医药物流网络布局优化和终端配送保障，并在满足上下游客户物流配送服务需求的基础上尽可能降本增效，提升专业化医药物流服务能力，实现药品配送全程质量控制,促进医药物流企业服务向专业化方向发展。医药工业企业进入医药商业流通领域;医药商业企业打造医院"云药房",深度连接 C 端,配送入户;医院药房逐步实现低库存、零库存,特别是长慢病,最终仅保留急诊、临床用药;终端药店共享线上电子处方资源,加大处方药销售比例,开展送药入户配送服务。而这其中的一个共同点就是 B2C 业务的增加。随之而来的,将是更敏捷的供应链和响应速度更快的物流服务需求,店仓一体化、仓配一体化、C 端配送等三方物流服务需求场景快速发展。例如,我国一些药厂对于未进入医保目录清单的药品品种,纷纷寻求新渠道,构建新的供应链。2019 年底,浙江施强制药有限公司投资 1 亿元,建设了桐庐施强互联网医院,该项目通过与浙江施强制药有限公司建立长期合作关系,10 万名医生多点执业,建设实体综合医院及互联网医院,开展互联网医疗服务;2020 年 4 月 22 日,复星医药(集团)旗下江苏万邦生化医药集团有限责任公司成立安徽星邦互联网医院。外资药企中,阿斯利康、辉瑞等也在筹备落地互联网医院项目。

据了解,目前我国互联网医院的就诊流程是患者到"在线诊室"中运用文字、图片等方式向专科医生问诊,医生在线调研患者既往病史,给出诊断意见,书写网络门诊电子病历并开出电子处方。通过电子审方后,患者可凭相应的就诊卡或电子健康卡直接到医院门诊指定窗口取药,或选择药品快递到家的服务,并实现医药实时结算。除了传统药品批发业务的仓储、运输、配送服务,互联网医疗的快速发展带动并催生了 C 端医药物流(特别是医药冷链物流)配送需求。例如,针对这类需求,顺丰为天津微医互联网医院、海南省人民医院、中南大学湘雅医学院附属海口医院、海南医学院第一附属医院、深圳市慢病防治中心、深圳市宝安人民医院(集团)等提供互联网医院"着陆"方案:通过设立服务点、线上平台搭建、派驻服务团队等手段,帮助互联网医院打通药品(含中药)、器械线下物流配送。同时,顺丰旗下的顺丰医药于 2021 年 4 月 22 日与赛生药业控股有限公司开启战略合作,成为其认证 GTP(go-to-patient,直达患者)供应链服务商,双方合作打造生命健康企业至 C 端患者用户的更高效的供应链服务方案,提供专业、安全、可追溯的端到端服务,打造高品质 C 端医药冷链配送标准。此外,国药、上药、华润等企业也早已在 C 端医药物流市场尝试开展相关业务。2020 年国药股份的年报显示,国药股份在巩固传统存量业务发展的基础上积极拓展创新模式,其中包括开展送药到家服务项目,并结合医院开展互联网医疗、设置医院外置药库。疫情期间,国药股份主动配合北京的部分三甲医院开展互联网医疗业务,并推出送药到家项目,该项目为公司增加了互联网医疗药品的配送模式。上药下属的上药科园则与多家互联网医疗平台实现业务对接,建立了线上处方流转处理模式;在多个省份完成电商平台建设,并与药店、诊所进行电商业务合作;完成博医上药互联网技术平台搭建,上线超 10 家 DTP(direct to patient,直接面向患者)药房。DTP 药房业务领域的佼佼者华润更是拥有多年的 C 端冷链药品配送经验,2020 年实现 DTP 业务收益约 38 亿元,同比增长约 9.4%。

 3-2

海尔中央空调破局医药全场景

2020 年突如其来的新型冠状病毒感染疫情,使生物医药与健康产业在保障人民生命健康安全中的重要价值进一步凸显。医药生产对环境的要求极为严苛,故对于医药行业而言,中央空调系统的稳定性至关重要。中央空调系统不仅要实现节能降耗的目标,还需符合医药行业的环境质量要求。随着医药产业的发展,中央空调企业逐渐把目光投放到医药行业的环境建设中来。

在第60届全国制药机械博览会暨2021(春季)中国国际制药机械博览会上,海尔中央空调作为节能健康中央空调的领导品牌,积极响应国家号召,为医药行业呈现了其个性化的解决方案。

作为国家"十四五"规划中的重点产业,生物医药产业日渐发展成为支撑中国未来经济发展的主导产业之一。随着药品生产质量管理规范(GMP)、药品经营质量管理规范(GSP)的不断完善,药品生产对环境的温度、湿度、洁净度等指标的要求越发严苛。

然而,医药生产车间和生物实验室的功能及安全等级不同,对洁净度的要求也有所差异——医药生产车间需要A级净化,实验室需要C级净化。药品在生产和保存过程中,经常因空气湿度过高而变质失效,因此在药品尤其是疫苗这类高科技药品的生产制造与保存环节,车间必须常年保持恒温恒湿状态。基于此,暖通空调在药品生产和保存的过程中发挥着十分重要的作用。中国建筑科学研究院曹国庆主任表示:"暖通空调的设计是医药生产制造的重要环节,新时期做好医药行业厂房的暖通空调设计,必须在降低能耗、节约能源的同时,达到医药行业高标准的环境质量要求。"

作为物联网中央空调创领者,海尔中央空调坚持以用户需求为导向,围绕医药行业的不同应用场景进行深入研究,定制化推出了医药行业场景智慧空气生态解决方案,为医药行业绿色、健康、可持续发展注入了新动力。在江苏恩华药业股份有限公司项目中,原有设备机组面临着使用年限长、能效衰减严重、维护成本高等一系列问题。通过数据比对和反复沟通,项目方最终选用了海尔磁悬浮离心式冷水机组替换原有设备。项目改造完成后,空调设备的能效比大幅提升,为项目省了用电能耗。除该项目外,海尔中央空调还为江西江中制药有限责任公司、北京万泰生物药业股份有限公司、江西珍视明药业有限公司、江苏豪森药业集团有限公司、大亚湾制药厂等1 000余家优秀医药公司提供了产品解决方案,并获得了项目方的高度认可。

立足行业,以满足用户需求为出发点,海尔中央空调坚持创新,为医药行业配套定制了全生命周期节能解决方案,加速推进医药行业转型升级。在中国国际制药机械博览会上,海尔中央空调针对制药行业对空气质要求高、运行管理复杂、能耗高等痛点,创新性地推出了多场景个性化空气解决方案。

1. 车间场景解决方案

针对净化车间场景,海尔中央空调推出了满足GMP要求的节能净化解决方案。该方案搭配使用了风量2 000～200 000立方米/小时的净化型组合式空调箱和冷量125～2 200 RT的物联磁悬浮高效机房。净化型组合式空调箱采用洁净箱体H13进行高效过滤,可实现百级净化,控制精度±1 ℃/5%RH,可实现恒温恒湿,综合节能30%。

针对常规生产车间场景,海尔中央空调可提供风量340～2 380立方米/小时的风机盘管、风量2 000～200 000立方米/小时的净化型组合式空调和风量2 000～50 000立方米/小时的空气处理机组(吊柜式风量2 000～15 000立方米/小时)组合而成的舒适送风解决方案。该方案可以实现舒适送风、静音运行、远程控制等功能。

针对生物安全实验室场景,海尔中央空调可提供变频直膨式全新风净化方案。该方案配置的产品风量为1 500~50 000立方米/小时,冷量为5~84 HP,可快速正负压、升降温,高效过滤送排风、无害化排风,实现净化杀菌。此外,该方案还具有集成控制、节能定制、安装简单的特点,可有效满足狭小空间场景对环境的洁净度、温度等要求。

针对面积小且制冷和采暖需求高的中小型车间场景,海尔集成式物联高效解决方案(冷量125~1 200 RT)有效减少了机房的占地面积,且具有运行维护简单、可靠性高的优点。此外,该方案还可实现物联控制、无人值守的功能,从设计到安装、维保,都能通过云平台进行线上处理,实现系统节能50%。

2. 工艺冷却与工艺加热、冷冻站场景解决方案

在工艺冷却与工艺加热场景中,中央空调系统需要具备同时冷热功能,因此冷机在运行过程中存在能耗高、控制复杂的问题。海尔中央空调可提供全热回收螺杆机组(中温:冷量382~4 109千瓦/热量399~4 390千瓦;高温:冷量271~2 903千瓦/热量306~3 126千瓦)搭配全热回收磁悬浮机组(冷量445~1 789千瓦/热量541~2 175千瓦)的双温双控解决方案。该方案具有一机两用、高效节能等特点,适用于中药提取、生物发酵等工艺冷却场景以及纯水加热、干燥灭菌等工艺加热场景。

针对冷冻站场景,海尔中央空调可提供物联高效机房解决方案。该方案包括物联高效磁悬浮机组(冷量125~2 200 RT)、物联高效群控系统以及阀门、水处理等附属设备,可有效满足项目方对设备节能的需求和安全运行需求。

3. 办公研发及宿舍、公寓楼场景解决方案

针对办公研发场景,海尔物联多联机解决方案具有物联集控、节能舒适、大范围运行等优势,可有效应对办公楼、展厅等不同场景的需求。

针对宿舍楼、公寓楼等场景,海尔中央空调可提供空调热水解决方案。该方案包括空气源热泵热水机组(热量3~60 HP)和自清洁空调(冷量1~10 HP),具有一机两用、高效节能的特点。

4. 医药仓库场景解决方案

针对医药存储场景,海尔中央空调可提供适用于大中型阴凉库、常温库、物流仓库的磁悬浮中央空调解决方案。该方案包括集成式物联高效机房(冷量150~1 200 RT)、模块式风冷热泵机组(冷量30~1 040千瓦/热量33~1 120千瓦)以及组合式空调(风量2 000~200 000立方米/小时),可有效解决3 000平方米以上物流仓库的大冷量需求痛点,满足阴凉库≤20 ℃、常温库≤30 ℃,相对湿度45%~75%的要求,并且该方案还具有运行费用低、投资回收期短、维护管理便捷的优点。

针对小于3 000平方米的中小阴凉库、常温库、物流仓库,海尔单元式恒温控湿解决方案可运用恒温控湿仓储机组,满足0~10 ℃或2~8 ℃的温度需求,机组运行节能,运行费用低。

未来,海尔中央空调将继续践行集团战略,持续履行绿色承诺,以满足用户需求为中心,为全球用户提供更加智慧节能的行业解决方案。

资料来源:李国梁.破局医药全场景,缔造节能新体验[J].现代制造,2021(16):48-50.

3. 药品智慧冷链场景方案的设计

药品智慧冷链场景方案的设计采用传感器技术、RFID 技术、AI 技术、互联网技术、大数据技术，涵盖药品从生产、仓储、运输直到销售的全场景设计，以便实现药品冷链供应链整个温度"生命周期"的信息化，保证药品质量。以疫苗为例，可以构建基于 RFID 技术的智慧冷链监控平台，加持药品冷链全场景，如图 3-10 所示。

1) 设计药品智慧冷链场景方案的关键点

设计药品智慧冷链场景方案的关键点主要包括：首先，优化药品物流服务，进一步降本增效。中国物流与采购联合会医药物流分会发布的《2020 医药物流智慧化现状及发展趋势》报告指出：在整个物流运营过程中，物流运输成本约占总成本的 35%，2019 年我国医药物流总费用较 2018 年增长 10.39%，如何通过智慧化、数字化转型来提高效率、节约成本是构建药品智慧冷链体系要考虑的首要问题。其次，建设数字化平台，实现信息共享。GSP、GMP 认证的取消，预示着未来动态飞行检查将取代静态监管，系统化、信息化、可视化的系统更能适应动态检查要求，药品智慧冷链体系可支撑企业构建端到端透明可视的物流全流程，解决信息无法实时共享的问题。如仓库、储运部、承运商之间缺乏信息共享和协同，不便于实时沟通管理；因第三方物流运输企业提供产品运输服务，物流干线至末端环节的运输监控力度薄弱等问题，这些都需要一个数字化平台使企业来共享实时数据，提前发现问题，避免风险隐患。再次，推广云服务，满足多样化需求。医药物流中心往往需要支持企业批发、零售、电商等多种不同业务模式的多样化需求，以及面对未来政府监管新政策带来的挑战，因此需要一个比传统软件更灵活、可方便扩展、按需付费及使用的云服务来满足医药行业业务多样化及不确定性可能带来的挑战。最后，构建智慧决策支持平台，实现科学决策。如何利用 AI 调度及线路规划，用更低的成本更高效地完成订单配送是不少药企开始思考的问题。在决策层面，通过 BI（商务智能）、数据大屏，如何让繁杂的数据更有价值，让企业在物流网络布局、供应链协同可视、业务趋势数据等方面决策时更有据可依，也成为企业决策层的刚需。

2) 药品智慧冷链场景方案的架构

药品智慧冷链场景方案的架构主要分为两个维度：药品智慧流通体系和药品智慧物流体系。

（1）药品智慧流通体系。药品智慧流通体系包括物流企业总代理模式、跨区域集团型分销企业、三方智慧就诊平台。

① 建立物流企业总代理模式。制药企业委托第三方医药物流企业对药品进行存储、运输与代销，提高产品周转频率，降低成本损耗。第三方医药物流企业利用大数据、云计算等现代技术，准确定位最优仓库选址和规划配送路径，从而降低物流成本、提高运输配送效率。同时，有实力的第三方医药物流企业（如顺丰冷链、京东快递）具备高效的仓储管理技术和先进的冷链设备，还能够切实保障药品质量安全。

② 设立跨区域集团型分销企业。发展以跨区域集团型分销企业为主的分销模式，淘汰生产效益低下、管理方式落后和运作模式原始的传统分销模式。跨区域分销体系依托大数据平台不断完善其集团自身的物流运输网络和信息化平台，将人工智能运用于自动化

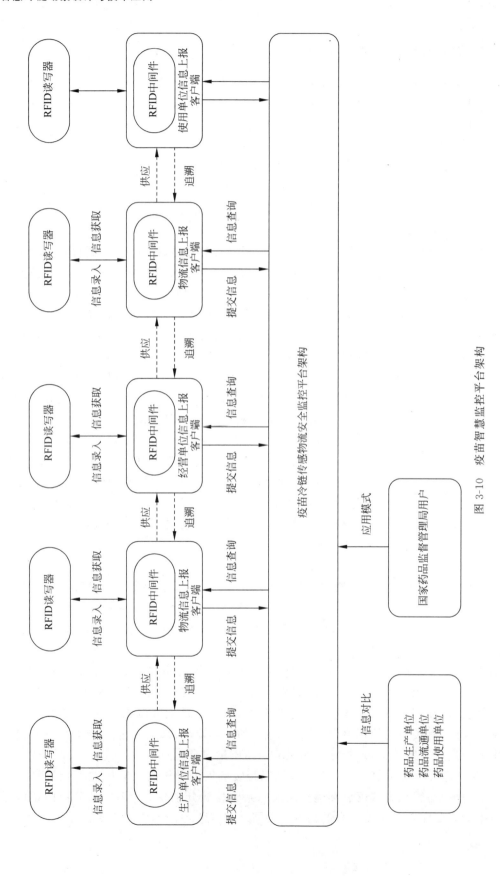

图 3-10 疫苗智慧监控平台架构

仓储建设,可有效实现规模化发展、集约化仓储和统一化管理三者有机结合,从而实现上游供应商和下游需求方的合理对接,减少批发商产品过剩或供应商产能不足的现象。同时,多品种、小批量、宽行销区的分销模式将有效降低物流配送成本。

③ 搭建三方智慧就诊平台。搭建由医院、零售药店和患者三方构成的智慧就诊平台,升级优化传统 DTP 药房,有效缓解患者就医压力、简化药品运输过程。新型 DTP 药房将选址巧妙地安排在医院 1 千米范围内,充分利用互联网优势延展线下服务半径,并结合大数据和 AI 技术为患者提供服务。首先,合理对接 HIS(医院信息系统)。患者在医院的历史处方通过平台引流至新型 DTP 药店,同时建立审核机制、药品可溯源机制和多方联合监控机制对 DTP 开具的诊断处方进行严格把控。其次,引入 AI 辅助患者就医。患者可通过 AI 技术享受远程辅助医药服务,获得专属诊疗方案。问诊结束后,机器人依据处方匹配药品货架号、价格和服用方法。药房设有小型仓库,并配备 USP(不间断电源)保障的全程冷链配送系统,将特殊药品运送至患者家中。智慧就诊平台建设有效缩短了药品在医院、零售商与患者之间的周转时间,降低了配送成本。打造医院以外的"第三方生存空间",利用大数据和 AI 技术,为医药物流体系构建提供创新思路。

(2) 药品智慧物流体系。药品智慧物流体系包括物流成本控制模块、仓储管理模块、库存管理模块和运输配送模块,如图 3-11 所示。

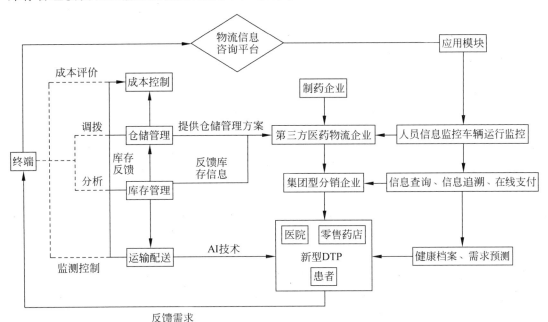

图 3-11 基于大数据和 AI 的药品智慧物流体系

① 物流成本控制模块。医药物流成本主要包括人工成本、财务成本、营运成本等。控制人工成本最有效的途径是缩减各物流环节上的劳务支出,以 AI 代替劳务人员能够节省近 60% 的人工成本。如建设无人仓库及无人运送车,通过 WMS 将指令发送至对应仓库或车辆,对其进行调拨和全程监控。通过大数据和云计算采集下游药品需求并上传至上游制造商和物流企业,以便进行需求预测。尽量实现"供求平衡"的"零库存"目标,降低因库存过量引起的损耗或失效风险和因供货不及时产生的惩罚成本,从而有效控制财

务成本及营运成本。相关成本计算完成后,通过物流大数据平台统一反馈至各主体,以便进行成本溯源和有效控制。

② 仓储管理模块。推动物流仓储操作的机械化、药品管理的自动化是提高物流仓储工作效率和管理质量的要求。首先,将AI技术整合至仓储自动化工具中,准确预测各类药品的存储周期,并判定其最佳的放置位置,简化药品拣选过程,提高半自动化仓库运行效率。其次,在半自动化仓储基础上,进一步提升仓储智能化,以通过大数据平台调拨的机器人代替人工作业,负责仓库内的拣货、复核、理货、补货和下架。如仓库中的药品出库后,机器人监测到库存不足,将自动上传库存信息至库存管理层联系补货。AGV作为自动化仓库重要基础设施之一,通过库内搬运、分拣等作业实现仓储管理自动化。其中,拣选AGV依据仓储管理层为其设定的程序,精确匹配货物条形码和货架号,按照预定程序将货物搬运至指定地点,从而实现"货到人"全自动化仓储管理模式。另外,利用物联网技术创建仓库药品数据库,搭建基于仓储管理层的智能物流信息查询平台,以便上游供应商与下游批发商全程监测把控采购药品的在库情况、所在仓库及出入库时间。

③ 库存管理模块。药品物流过程中,库存管理水平直接关系到成本控制效益和仓储管理水平,在医药物流体系建设中起到重要的辅助作用。本体系中,库存管理层借助大数据平台收集下游批发商的药品需求,分析、确定使用频率相对较高的药品并报送至供应商,以防在突发公共卫生事件下出现药品供不应求的情况。同时,实时跟踪药品出库后物流情况,提供交付时间并制订备选方案,确保药品运输在遭遇突发状况的1小时内快速找到替代性交付通道。此外,结合大数据提供的医药产品出入库情况,分析测算其周转率。对周转率较高的药品进行集中采购、集中存储;而对于周转率相对较低的药品,则采取定期、定量采购的方式,以此减少药品仓库积压、质量效用降低的情况。

④ 运输配送模块。AI结合大数据推动医药物流配送不断向智能化、信息化方向发展。将AI技术赋能基础设施建设,为所有冷链车辆配备智能车载、智能调度系统,由大数据平台统一监控药品从出库至患者手中的运输全过程。实时监测路况,及时测算更改最佳路径,从而实现冷链过程的安全管控和成本优化。采用AI技术支持下的创新型冷链方案,即通过无人驾驶设备对药品进行冷链运输。在无人车或无人机上配备传感器和GPS,对于冷链过程中出现的温湿度异常或不可抗力因素影响,直接向医药物流大数据平台进行信息反馈,由大数据平台下达调拨指令后采取应急措施。配送无人机在有效控制人力成本的同时,解决了偏远地区的物流"盲区"问题,完善了医药物流配送网络,对于药品物流体系优化升级具有深远意义。此外,智能客服机器人为患者提供售前、售后咨询服务,凭借其迅速响应特点,快速收集下游批发商和患者的诉求并反馈给上游供应商,完善药品溯源机制。

【扩展阅读】 "十四五"时期医药物流变化与趋势展望

医药冷链六大痛点，顺丰怎样应对

还记得山东疫苗事件吗？2016年3月，山东警方破获案值5.7亿元的非法疫苗案，疫苗未经严格冷链存储运输销往24个省市。事件之后，国家出台了更加严格的药品冷链运输标准，药品冷链物流发展速度有望加快。2016年7月，修改后的《药品经营质量管理规范》施行，对药品冷链运输提出了更高要求。

第四十九条　储存、运输冷藏、冷冻药品的，应当配备以下设施设备：

（一）与其经营规模和品种相适应的冷库，储存疫苗的应当配备两个以上独立冷库；

（二）用于冷库温度自动监测、显示、记录、调控、报警的设备；

（三）冷库制冷设备的备用发电机组或者双回路供电系统；

（四）对有特殊低温要求的药品，应当配备符合其储存要求的设施设备；

（五）冷藏车及车载冷藏箱或者保温箱等设备。

第五十一条　运输冷藏、冷冻药品的冷藏车及车载冷藏箱、保温箱应当符合药品运输过程中对温度控制的要求。冷藏车具有自动调控温度、显示温度、存储和读取温度监测数据的功能；冷藏箱及保温箱具有外部显示和采集箱体内温度数据的功能。

第九十九条　冷藏、冷冻药品的装箱、装车等项作业，应当由专人负责并符合以下要求：

（一）车载冷藏箱或者保温箱在使用前应当达到相应的温度要求；

（二）应当在冷藏环境下完成冷藏、冷冻药品的装箱、封箱工作；

（三）装车前应当检查冷藏车辆的启动、运行状态，达到规定温度后方可装车；

（四）启运时应当做好运输记录，内容包括运输工具和启运时间等。

第一百零四条　运输过程中，药品不得直接接触冰袋、冰排等蓄冷剂，防止对药品质量造成影响。

第一百零五条　在冷藏、冷冻药品运输途中，应当实时监测并记录冷藏车、冷藏箱或者保温箱内的温度数据。

2017年，顺丰冷运在医药冷链客户推介会上发布了医药冷链产品，为快递企业进军相关市场提供了借鉴。

我国的医药冷链物流发展，除存在地区发展不均衡、供应链前端医药生产企业冷链水平强于后端、终端配送企业的差异外，还存在着设施、技术基础薄弱，标准不统一，信息化水平低，运营效率低，专业人才短缺，社会化程度低等众多问题。

1. 设施、技术基础薄弱

2016年，我国冷库总容量为4 015万吨，但东多西少、冷冻库多、冷藏库少；2016年冷藏车保有量已达到100 500台，但存在非法改装、二手横行的不良现象。

顺丰早在2014年3月便单独成立了医药物流事业部；两年后，顺丰正式成立了冷运事业部，分离医药冷链和生鲜冷链资源。据顺丰透露，顺丰医药供应链有限公司注册资金5 000万元，截至2016年年底，拥有冷藏车辆227辆、仓储面积27 666平方米，下设四个子公司：四川成都子公司、黑龙江子公司、北京子公司和江苏南京子公司(表3-6)。

表3-6 顺丰医药架构及规划

公司名称	顺丰医药供应链有限公司	江苏南京子公司	黑龙江子公司	北京子公司	四川成都子公司
服务区域	华南大部	华东大部 华中部分	东北大部	华北大部	西南部分
仓储/平方米	6 666	15 000			6 000
冷藏车辆/辆	54	34	43	54	42
主要合作客户	香港培力、博雅生物、成大疫苗	奥赛康、葛兰素史克、赛诺菲、新百	哈药集团、辽宁成大、百克生物	重庆智飞、科兴生物、中科生物	

据了解，顺丰医药干线运输网络截至2016年年底，覆盖全国26个主要城市，支线配送覆盖26个主要城市周边200千米范围区域，基本覆盖了全国75%以上重点地区。顺丰自有39架全货机，也将为医药供应链提供航空运力支持。

2. 标准不统一

目前，GSP对冷链有明确规定，但各省份的解读不一，企业自律性差，没有完全按照法规来执行。涉及冷链的国家标准、地方标准政出多口，药品、器械冷链标准各自出台，互相衔接不足，从而加剧了标准的不统一。

据了解，顺丰医药制定了医药冷链物流的运输标准操作流程，包括订单管理、收件、运输、中转和派件5个环节、31个步骤、65个动作。

3. 信息化水平低

受技术条件限制，医药产品在各流通节点并没有实现完全联网，难以实现信息共享，无法对产品温度进行实时监控。

2017—2019年，顺丰医药供应链通过6~7个核心物流中心，打造了全国覆盖的仓储能力。全程温控方面，顺丰提供中转场分区实时温度监控，运输环节提供车载实时温度监控，包装环节提供箱体运输全过程温度监控，并出具数据报告。客户可通过网页查询、App查询、系统对接、邮件提醒、短信通知等方式获得所有监控数据。

4. 运营效率低

在医药领域，大多冷链需求和资源都是碎片化的，加之医药产品在储存、分拣、包装、运输等物流环节缺乏标准化，使得物流效率不高，造成仓储作业效率下降、运输车辆空载率增加等间接成本的上升。

为了提供专业服务，顺丰推出了医药供应链服务平台，平台包括四大板块——枢纽物流中心、医药干线、城市配送、城市宅配服务。枢纽物流中心采取"自建+合作"模式，在顺丰品牌下与分销商合资共建，其他三大板块都采取顺丰自建模式。

5. 专业人才短缺

医药物流人才缺口大，医药冷链物流人才缺口则更加严重。医药冷藏品要求员工既要懂物流又要懂医药。

顺丰除基础设施、网络布局投入外,已经拥有专业执业药师和来自国内外知名医药生产流通企业的专业药品质量管理团队。依据GSP要求,针对涉及医药物流的操作人员、质量人员、营运人员等进行相关的质量培训和考核。此外,顺丰已经与哈药集团、赛诺菲、广药集团、华润医药等多家知名药企展开物流合作。此前有媒体报道,顺丰频频从医药行业挖人,可见其无论是在冷链还是在医药,正在全盘布局。

6. 社会化程度低

医药冷链物流行业未形成统一的仓、干、支线及配送社会化协同体系。

对于快递企业而言,医药冷链已经成为顺丰的又一大竞争优势。但现实情况是,顺丰在医药冷链的布局还不足以改变我国医药冷链行业诸多方面的问题。医药冷链物流的种种难题,还需要有关各方继续做出努力和探索。

商务部发布的《2016年药品流通行业运行统计分析报告》数据显示,2016年我国医药物流市场容量总计600亿元。其中,温控运输服务和临床、临检运输业务代表的高端市场占据9.2%,为55亿元;25℃以下温控运输和医药产品仓储代表的中端市场占据13.3%,为80亿元;常温药品和原料药材运输以及城市配送、医院配送、电商宅配代表的潜力市场占据77.5%,为465亿元(图3-12)。

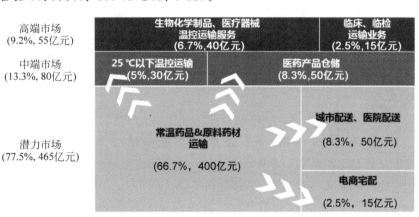

图3-12 2016年医药物流市场合计

巨大的市场需求下却面临着标准化物流资源稀缺、流通效率低的痛点,医药流通行业的内驱力和新业态需要流通模式不断变化与革新,快递企业代表顺丰积极响应市场需求,参与到医药流通行业变革中,其大胆尝试为快递业服务医药行业提供了借鉴。

资料来源:中国物流与采购网,http://www.chinawuliu.com.cn/zixun/201704/24/320746.shtml.

案例思考题:

针对我国医药冷链物流的六大痛点,有哪些应对策略?

【即测即练】

第 4 章

智慧冷链物流系统

【本章导航】

本章主要介绍智慧冷链物流系统的概念、组成要素和结构；介绍智慧冷链物流作业系统中运输、仓储、配送、包装、装卸搬运、流通加工系统概念、特点；介绍智慧冷链信息系统中运输管理、仓储管理和配送管理系统主要功能模块。

【关键概念】

智慧冷链信息系统　智慧冷链运输系统　智慧冷链仓储系统　智慧冷链配送系统　智慧冷链包装系统　智慧冷链装卸搬运系统　智慧冷链流通加工系统　智慧冷链运输管理系统　智慧冷链仓储管理系统　智慧冷链配送管理系统

冷链不掉链，以数据力量赋能冷链物流系统

以数据的力量打造现代化的冷链物流体系，提升物流管理能力，已经成为新的行业趋势。针对冷链物流企业面临的需求，宇视科技有限公司搭建了契合现代化冷链物流体系的解决方案——宇视云，它作为一个"收放"自如的数据集散中心，将数据收集、汇聚、处理，然后再散发到各个应用端。

"收"，就是将数以千计的摄像头、车辆卡口抓拍机及智能核验终端等前端设施接入，收集这些设施带来的数据，经过NVR（网络视频录像机）以及AI BOX等边缘设施的处理，最终百川入海般汇入云端数据池；在云端数据池，对海量的数据进行深度的分析整理，从而得到视图数据、报警信息以及包括哪些车和人出入、是否佩戴口罩及是否操作规范等各类识别结果。

"放"，即通过Open API，将分析整理后的数据给到SaaS合作伙伴，随后数据流入企业端、监管端以及用户端，供他们实时查看操作流程或者运输动态。系统对数据"收放"自如，行云流水，保障冷链物流处于合理监管、安全管理的状态，也方便了多端用户随时随地地查看访问。

作为一个数据"集散中心"，宇视云冷链物流系统的解决方案中配备了希捷酷鹰人工智能（SkyHawk AI）18 TB硬盘作为NVR以及AI BOX等边缘端数据存储设备，完美契合物流系统AI BOX等边缘应用中的深度学习和机器学习工作负载的需求，能同时传输

32路AI流和64路视频流,并支持多盘位NVR和人工智能NVR,实现海量接入。同时在云端存储系统,采用希捷银河(Exos)X20企业级硬盘来容纳海量的数据。通过部署不同的存储产品,赋能宇视云冷链系统不同位置的差异化需求。

科技创新和数字化转型为冷链物流的发展带来新潜能,数据能够赋能冷链物流的各领域、各环节,提升管理能力以及安全性。

资料来源:冷链不掉链,希捷携手宇视以数据力量赋能冷链物流系统。IT168网,https://server.IT168.com/a2022/0316/6638/000006638628.shtml.

4.1 智慧冷链物流系统概述

4.1.1 智慧冷链物流系统的概念

1. 物流系统

1) 物流系统的概念

物流系统是指在一定的时间和空间里,由所需位移的物资与包装设备、装卸搬运机械、运输工具、仓储设施、人员和通信联系等若干相互制约、互相依赖的动态要素所构成的具有特定功能的有机整体。

2) 物流系统的模式

物流系统由输入、处理(转化)、输出、限制(制约)、反馈等内容组成,如图4-1所示。

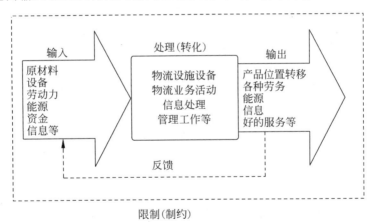

图4-1 物流系统的模式

(1)输入:主要为外部环境对物流系统的输入,包括原材料、设备、劳动力、能源等。通过提供资源、能源、设备、劳动力等手段对某一系统发生作用。

(2)处理(转化):指物流系统中从输入到输出之间所进行的生产、供应、销售、服务等活动中的物流业务活动,具体内容有:物流设施设备的建设;物流业务活动,如运输、储存、包装、装卸、搬运等;信息处理及管理工作。

(3)输出:指物流系统与其本身所具有的各种手段和功能,对环境的输入进行各种处理后所提供的物流服务,具体内容有:产品位置转移;各种劳务,如合同的履行及其他服务等;信息收集、处理和传递。

(4) 限制(制约):指外部环境对物流系统施加一定的约束,具体有:资源条件、能源限制、资金与生产能力的限制;价格影响,需求变化;仓库容量;装卸与运输的能力;政策的变化等。

(5) 反馈:指物流系统在把输入转化为输出的过程中,由于受系统各种因素的限制,不能按原计划实现,需要把输出结果返回给输入,进行调整;或对实现的原计划进行信息返回,作出评价。信息反馈的活动包括各种物流活动分析报告、各种统计报告数据、典型调查、国内外市场信息与有关动态等。

3) 物流系统的特征

物流系统的特征如表 4-1 所示。

表 4-1 物流系统的特征

系　　统	含　　义
人机系统	物流系统由人和形成劳动手段的设备、工具所组成。它表现为物流劳动者运用运输设备、搬运装卸机械、仓库、港口、车站等设施,作用于物资的一系列生产活动。在这一系列活动中,人是系统中的主体
可分系统	作为物流系统,无论物流规模多么庞大,都是由若干个相互联系的子系统组成的。这些子系统的数量、层次的阶数,是随人们对物流的认识和研究的深入而不断扩充的
动态系统	社会物资的生产状况、社会的物资需求变化、社会能源的波动、企业间的合作关系,都随时随地影响着物流;物流系统是一个具有满足社会需要、适应环境能力的动态系统
复杂系统	形成物流系统所必需的人力、财力、物力、资源数量庞大,结构复杂,导致物流系统是一个复杂系统
多目标函数系统	物流系统的总目标是实现物资空间位置的转移,但是在物流系统中广泛存在各种矛盾关系。要使物流系统在诸方面满足人们的要求,必须建立物流多目标函数,并在多目标中求得物流的最佳效果
大跨度的系统	物流系统地域跨度大、时间跨度大

2. 智慧冷链物流系统

1) 智慧冷链物流系统的含义

智慧冷链物流系统以互联网、大数据、人工智能、物联网、云计算等信息技术为背景,融合现代物流技术、机械自动化技术、现代化数字信息技术、通信集成技术及 5G 技术等,对冷链物流功能作业、冷链信息流通环节、冷链智能化设备等进行有机整合,通过对冷链物流赋能人、物、信息之间的交互,实现人机协同作业,打造高层次、智能化物流形态,进而实现冷链物流运输、仓储、包装、装卸搬运、流通加工、配送的全程自主化管理、控制与操作,减少人工劳动力,为整个冷链物流系统提质增效。

2) 智慧冷链物流系统的特点

智慧冷链物流系统借助现代技术手段对冷链物流运作和管理实行智能化管控,将物流信息穿插至流通环节,使系统各部分和资源发挥其最大优势,提升冷链物流全流程的服务质量和竞争力。智慧冷链物流系统除了具备物流系统的特点之外,还被赋予开放智能化、集成一体化、网络信息化等智慧化特征。

(1) 开放智能化。开放智能化是智慧冷链物流系统的技术特征,是区别于传统冷链物流系统的主要标志。智慧冷链物流系统的开放智能化不仅包括内部硬件系统间的开放,还包括外部信息关联对接。内部开放智能化实现人机协作,带动了冷链物流作业智能化。智慧冷链物流系统运行过程中能够智能化地采集、储存、处理与利用海量物流信息,使冷链物流系统依照物流各岗位环节人员的感知、判断、操作和行为自主解决流通环节中遇到的棘手问题。通过外部开放智能化拉通网络系统间的关联关系,对每一种冷链物品赋予唯一冷链全链路信息通行标识,确保独立运转的系统通过信息流的纵横流通实现共享应用。

(2) 集成一体化。智慧冷链物流系统集成各类信息技术与自动控制技术,使冷链物流各环节成为一个智能有机体。同时,依托信息共享和集成,将冷链物流运输、仓储、装卸、包装、加工流通、配送等管理过程集合成一体化流通体系。各分支的集成融合并非简单的组成,而是运用系统集成理论,依托数字化信息背景将上述部分成共同运作的有机共同体,实现技术应用贯通化、信息流通连续化、主辅协调一体化,共同作用智慧冷链物流系统的多元化服务。除冷链物流系统内部实现一体化服务管理外,系统外接供应商和用户端,可以确保冷链物品生产、流通和消费环节互不脱节、互不制约、协同发展。

(3) 网络信息化。智慧冷链物流系统的信息化发展主要表现为冷链物流基础设施网络化和业务联动的信息化。网络化的搭建主要改善物流服务点分散、流程效率较低的现状。随着冷链物流行业的不断发展完善、业务拓展范围不断扩大,为加强各区域环节沟通、提升冷链物流服务质量,智慧冷链物流系统可借助计算机通信技术搭建网络平台,推动冷链流程一体化发展。信息化的表现主要为冷链商品自身的信息化展示、物流设备的信息化指示和业务联动的信息化流通。冷链物品可通过可视化的展示实时了解物品环境状态和在途情况,与核心主体建立有机联系,保证冷链物流信息的畅通。

3) 智慧冷链物流系统的功能

(1) 自动感知。智慧冷链物流通过使用射频识别、卫星定位、自动导航等各类先进技术手段,可实时采集冷链运输、仓储、包装、装卸搬运、流通加工、配送、信息服务等各阶段的大量信息数据,正确掌握冷链货物环境状态、设备车辆、冷库管理等信息,将获得的冷链物品信息数字化处理,进而在数据挖掘基础上快速对冷链物品进行感知识别,实现冷链物流领域中生产自动化、销售自动化、流通自动化的管理。

(2) 智能决策。智慧冷链物流与普通冷链物流的关键区别在于其智能决策的实现。运用先进设备、智能算法和机器学习的方式对冷链物流环节中的关键问题进行解析,通过虚拟化情景进行初步应用判断,并在实际操作中不断优化方案,弥补不足之处。通过循环实践挖掘,使机器思维逐步靠近人工思维,正确运用经验数据信息,实时发现冷链物流全流程薄弱环节,实现决策判断智能化。同时,可根据冷链物流反馈的信息对运输、仓储、配送等关键环节中的供需匹配、运转成本、货物质量、市场需要、库存管理进行跟踪与评估,基于实际数据进行预测分析,完善并修正原始方案,决策最优运输配送路径、最优车辆调度紧急处理、最优仓位及出入库安排等操作，实现"仓-运-配"一体的计划预测智能化。

（3）跟踪追溯。通过RFID技术、卫星定位技术、温湿度感知技术，可实时获取车辆设备及物流运输、配送、仓储等过程各环节的环境及冷链物品状态数据和信息，了解货物的位置和状态等信息，对冷链货物进行定位和追踪管理，为用户与管理者提供实时的冷链物流运行状态的信息反馈，并对冷链物品原始发货地、送达地等相关生产和流通信息进行跟踪，当物品出现质量问题、破损、变质等状况时，便于追根溯源。

（4）预警修正。智慧冷链物流系统经久不衰地精细化运转，主要在于对信息、流程、设备、冷链货物状态感知识别等关键因素的及时反馈和应急处理。对冷链物流运行过程中的重大问题、缺漏及时自动修正和恢复，反馈至相关主体，避免过量损耗。因此，智慧冷链物流系统的预警修正功能贯穿于各个环节，为冷链物流的正常运转、优化系统运作、解决重难点问题提供了强有力的保障。

（5）精准管理。智慧冷链物流系统将物流全流程环节有机整合为一个共同体，冷链运输、仓储、包装、装卸搬运、加工流通、配送各环节不独立，可通过信息通信系统的网络搭建，感知冷链物品、所处环境及流通中的具体信息，将收集到的信息通过网络转发到数据中心，用于数据的保存，构建强大的数据库，在分类后添加新的数据，根据要求整理各种数据，确保数据的连接性、开放性、动态性。通过数据和过程的标准化，推进跨网络的系统集成，实现协调运转，建立紧密联系。在智慧系统技术支撑下，信息流通实现互通有无，共享数据，优化资源，以保证冷链系统高效率、实时同步运行，实现精准管理的智能化。

4.1.2 智慧冷链物流系统的组成要素

智慧冷链立足于物联网云计算平台，集成智能化、电子化、信息化等尖端科技，以海量数据挖掘、无线物联与智能远程控制为核心手段，将智能控制技术与移动互联网结合并应用于冷链，最终实现产品从出库到消费者市场全冷链的智能管控，消费者则通过移动端第三方应用实施监控。冷链物流围绕冷冻加工、储藏、运输等环节运作，而基于集成化、智能化、移动化技术的智慧物流则围绕智能运输、智慧仓储、动态配送和智能信息获取、加工和处理多项活动进行，因此，智慧物流更注重对数据的挖掘、处理和分析。智慧冷链物流对智慧物流和冷链物流的组成要素进行糅合，实现冷链物流业务的智能化和自动化。智慧冷链物流系统的组成要素包括四种类型：基本要素、功能要素、支撑要素、物质基础要素，如图4-2所示。

1. 基本要素

智慧冷链物流系统的基本要素由以下四个方面构成。

1) 劳动者（人）

人是智慧冷链物流系统的主体，是智慧冷链物流系统的核心要素、第一要素。智慧冷链物流系统的开发设计、运行管理、维护保障等都需要由人主导，因此，提高劳动者素质是建立一个合理化的智慧冷链物流系统并使它有效运行的根本。

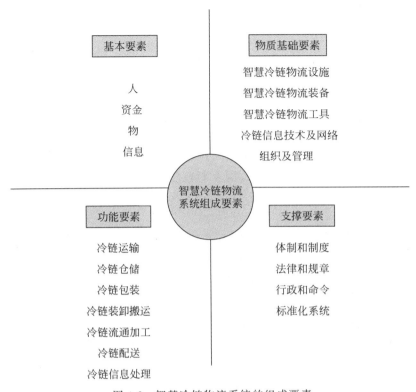

图 4-2 智慧冷链物流系统的组成要素

2)资金

交换是以货币为媒介的。实现交换的物流服务过程,实际也是资金的运动过程。同时,物流服务本身也是需要以货币为媒介的。智慧冷链物流系统的建设是资本投入的一大领域,离开资金这一要素,智慧冷链物流系统不可能实现。

3)物

物的要素包括智慧冷链物流系统的劳动对象,即各种实物。此外,物的要素还包括劳动工具、劳动手段,如各种冷链物流设施、运输工具、各种消耗材料等。

4)信息

物流信息是智慧冷链物流系统不可或缺的组成部分,包括物流信息的收集、储存、传递、处理等。现代物流行业的竞争就是物流信息的竞争。

2. 功能要素

智慧冷链物流系统的功能要素指该系统所具有的基本功能。这些基本功能有效地组合、联结在一起,构成智慧冷链物流系统的总体功能,达到有效地实现冷链物流服务的目的。

智慧冷链物流系统的功能要素一般包括冷链运输、冷链仓储、冷链包装、冷链装卸搬运、冷链流通加工、冷链配送、冷链信息处理。功能要素反映整个智慧冷链物流系统的能力,增强这些功能要素,使之更加协调、可靠,能够有效地实现智慧冷链物流系统运行水平的提高。

3. 支撑要素

智慧冷链物流系统的建立需要许多支撑手段,尤其是处于复杂的社会经济系统中,要确定冷链物流服务的地位,要协调与其他系统的关系,这些要素不可缺少。智慧冷链物流系统的支撑要素主要包括以下几方面。

1) 体制和制度

冷链物流行业贯穿于生产、分配、消费乃至废弃的全过程。体制和制度决定智慧冷链物流系统的结构、组织、领导、管理方式,国家对其控制、指挥和管理是智慧冷链物流系统的重要保障。

2) 法律和规章

智慧冷链物流系统的运行,不可避免地涉及企业或人的权益问题。法律、规章,一方面限制和规范智慧冷链物流系统的活动,使之与更大的系统协调,另一方面对冷链物流业的高速、有序发展起到保驾护航的作用。

3) 行政和命令

智慧冷链物流系统关系到医疗健康、食品安全、百姓民生。行政、命令等手段在特殊时期或特定环境中常常是支持智慧冷链物流系统正常运转的重要支撑要素。

4) 标准化系统

智慧冷链物流系统本身是一个涉及面广、内容复杂的大系统。冷链物流活动的完成是众多物流要素共同作用的结果。标准化系统不仅是保证智慧冷链物流系统各环节协调运行的条件,同时也是保证智慧冷链物流系统与其他系统在技术上实现联结的重要支撑条件。

4. 物质基础要素

智慧冷链物流系统的建立和运行,需要大量技术装备手段,这些手段的有机联系对智慧冷链物流系统的运行有决定意义,对实现智慧冷链物流系统或某一方面的功能是不可缺少的。智慧冷链物流系统的物质基础要素主要包括智慧冷链物流设施、智慧冷链物流装备、智慧冷链物流工具、冷链信息技术及网络、组织及管理。

4.1.3 智慧冷链物流系统的结构

1. 智慧冷链物流系统层级结构

智慧冷链物流系统基于互联网、物联网、人工智能、大数据、云计算等信息技术,物流系统中各环节以信息整合共享为载体,结合冷链物流系统的功能特征,智慧冷链物流系统按照功能作用的职责,分为三个层级、七大系统结构,如图4-3所示。

七大系统并不是各自独立割裂存在运行,而是相互交融、相互协调、相互配合,共同实现冷链物品的采购、入库、出库、包装、装配、运输、仓储、配送等环节的精确化管理,完成各作业环节间的完美衔接。

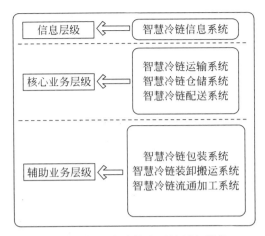

图 4-3　智慧冷链物流系统层级结构

1) 信息层级

以智慧冷链信息系统为核心的信息层级,以实现信息全流程采集、处理、分析为主贯穿整个冷链物流体系,为各环节智能作业提供信息决策依据。通过信息化、先进技术的操控,充分发挥信息网全覆盖的优势,提高整个冷链物流系统的智能性、快速性和柔化度。

2) 核心业务层级

以智慧冷链运输系统、智慧冷链仓储系统和智慧冷链配送系统为主形成核心业务层级,通过现代信息通信技术,在获取冷链物品、运输行径、冷链物流设备等信息的基础上,为冷链运输方案、仓储模式和配送方式提供运营依据,保证冷链运输全流程高效有序进行。在智慧冷链运输体系下,实现先进运输设备优化升级、运输路径科学性规划、驾驶技术无人化操作、在途运输实时性检测,使冷链物品在运输过程中维持效能,减少损耗;在智慧冷链仓储体系下,实现冷链物品出入库、盘点、分拣、存储的自动化、智能化操作,合理安排仓储货位,检测在库温湿度环境,通过信息网络平台连接内外部市场需求,制定冷链物品库存战略;在智慧冷链配送体系下,有效解决"最后一公里"难题,减少冷链物流配送中冗余环节,以形成"仓配一体化"为发展目标,构建配送运输策略,优化配送方案,对接市场信息,为冷链物流前端货物配备和中转运输提供市场依据。

3) 辅助业务层级

以智慧冷链包装系统、智慧冷链装卸搬运系统和智慧冷链流通加工系统为主形成辅助业务层级。智慧冷链包装系统可依据冷链物品的环境需求特征自动匹配相适应的材料、容器,同时运用机器人技术替代人工包装作业;智慧冷链装卸搬运系统满足机械自动化、智能规划等特征,配置先进的自动装卸搬运用具完成操作,亦可衔接冷链物品的出入库调整,实现物品在库内水平垂直位置的智能化移动;智慧冷链流通加工系统可方便冷链物品的运输和保管,面向市场消费者的不同需求,对冷链物品实施智能装袋、可视化标签和控温技术等物理性加工。

2．智慧冷链物流的运作模式

1）自营模式

随着冷链物流业的不断发展，自营冷链物流模式已逐渐成为冷链企业采用的模式。自营冷链物流模式是指冷链物品经营商在冷链物流各环节中由自筹资产和物流设备，实现对冷链物品从运输到配送的全流程。自营冷链物流模式一般是冷链经营企业的生产规模达到一定程度，为了提高物流服务质量和效率，体现个性化运作方式而形成。在智慧物流不断兴起的背景下，自营冷链物流模式被注入众多智慧化因素，进而建立现代化智慧冷链物流中心。其利用大数据技术和云计算采集，处理和挖掘冷链物流信息深层次含义，帮助企业智能分析与决策，对冷链市场需求进行预测，形成富有竞争力的策略机制。同时，信息技术、物联网、人工智能技术的加入实现冷链物品自生产端至销售端的高效运转，精确追溯监管，减少物流成本，为企业创造一定的经济效益。作为传统自营物流模式的延伸，自营智慧冷链物流模式在为正常物流功能搭建智慧化平台基础上也提供了更多的增值服务，进而优化冷链物流管理流程，更好地对接市场需求。

自营模式下智慧冷链物流的流程简约化特点凸显，但投资成本过大的缺点也逐渐暴露。冷链物流系统因其对温度有着较高的要求，运作流程越短越好。冷链产品供应商可以利用智慧冷链物流系统信息平台快速获取需求订单，在维持低温冷藏的状态下运送至市场端，同时，自营模式智慧冷链物流系统可利用信息技术和计算机计算对冷链物品订单采购、运输、存储、配送等环节进行管理，实施全流程质量和成本控制。避免第三方物流的加入，可以减少引起食品变质的中间环节，大大缩短冷链运行流程、减少物品损耗、提升经济效益。然而，自营模式下智慧冷链物流投资成本较大，需要建立现代化智慧冷链物流中心，并配套相应的冷链运输、仓储、配送设备，基于先进信息技术和互联网平台完成系统搭建，庞大的系统构建会投入大量人力、物力和设备，因此投资成本较高。

2）第三方模式

第三方模式是由独立于物流服务供需双方之外且以物流服务为主营业务的组织提供物流服务的模式。第三方智慧冷链物流企业为冷链产品生产、存储、运输和销售提供专业、全面的智能冷链服务模式，是冷藏产品上游供应商与下游销售商连接的重要途径和环节。第三方物流公司不仅可以为冷链物流企业整合资源，合理有效地控制物流成本，还可以有效地减少货品周转的时间，从而使冷冻冷藏生产经营企业集中精力发展主业。

第三方智慧冷链物流模式的特点体现为管理专业化和成本节约化。管理专业化体现为：对冷链物流有需求的公司一般来说以生产低温、易腐食品类企业为主，这些企业对冷链物流中的基础冷藏技术、冷藏运输技术和操作的要求都很高，要求企业有一套完整的冷藏物流链，还需要企业建立精良的冷藏运输装备和专业的运输管理机制，需要专业化管理水平。因此将冷链物流外包给第三方，整合各项物流资源，集中时间和精力发展主营业务是企业的最佳选择。成本节约化体现为：企业将物流业务外包可以降低制造企业的运营成本。将产品冷链物流环节外包出去，能够有效降低企业在设备购买、物资监测、冷库建设等多种冷链物流设施所必需的投资，从而有效降低企业的财务成本；第三方物流及时响应冷链物流各环节风险事项和应急处理，也能降低企业的相关运营成本，减少查销勘损方面人力、物力支出。

案例 4-1

九曳供应链如何服务客户

在冷链物流行业,很长时间内第三方冷链是生鲜冷链运输的重要手段,但是,第三方冷链实际上只是物流供应链中的一环,难以满足客户对整个供应链服务的需求。2014年,九曳供应链出现,这是国内第一家第四方冷链公司。

九曳供应商打造了一个生鲜供应链服务平台,对第三方冷链物流商进行整合,通过"分仓+落地配""原产地直运"等形式,为客户提供全面的供应链服务和解决方案。这样一来,会将第三方冷链的资源充分利用,周转迅速、时效性高,从而减少物流成本,同时可以进行生鲜产品溯源。

九曳鲜运平台依托国内 30 个生鲜云仓和九曳自主研发的智能运输系统,可以实现路径的智能规划;利用 GPS、温度传感等技术,实现货品全程可追溯与温度可视化。九曳鲜运也已成长为国内最大的冷链物流平台,平台运营了 1 500 多条冷链运输路线和 2 000 多台冷链运输车辆,搭建起了覆盖全国的冷链运输网络。而九曳鲜配平台日订单处理峰值可达 20 万单,且每年超 50% 速度增长。生鲜宅配次日达覆盖县市区域 502 个、隔日达 571 个,可为全品类的生鲜产品提供宅配到家的服务。

在技术方面,九曳供应链 IT 团队自主研发的信息系统"九曳供应链云平台",包括 ERP、WMS、TMS、OMS 等业务系统,实现供应链所有参与方实时互联、协同作业与供应链优化,以信息化、移动化和可视化的技术与管理,保障全国生鲜云仓高效运作。九曳生鲜供应链综合服务平台如图 4-4 所示。

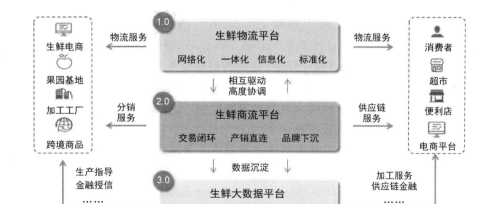

图 4-4　九曳生鲜供应链综合服务平台

在具体操作上，九曳供应链选择冷链物流企业进行合作，将冷链物流的车辆整合，对物流企业的人员进行培训，提高他们对九曳的系统操作和B2C操作能力，这样既可以不增加各方的投入，又能让工作人员掌握操作方法，并快速复制到全国物流网络。

九曳供应链从生鲜产品仓储开始，就执行严格的入库质检标准，对生鲜产品的质量进行把关，同时对分拣、称重和包装进行标准化操作。在接单后，平台会根据生鲜产品的数量、体积等，来确定不同的包装尺寸，这大大缩短出库时间。

在物流运输中，九曳整合了其他公司的冷链车资源，将干线细分为电商专列、同城专列、城际专列和航先达等多种，从而缩短运输时间，提高物流效率；另外，还利用TMS来追踪货品的全程运输，以及检测冷链车的温度。

在配送上门的"最后一公里"，九曳鲜配打造鲜配平台，融合中通、圆通等多家快递，让客户有更多的配送选择。

由此可见，九曳供应链和以前的冷链物流有明显的区别，并不是以自营为主的快递物流，而是一家冷链物流平台，对其他快递物流进行整合，选择最快捷便利的服务模式。

资料来源：蔬东坡，https://www.sdongpo.com/xueyuan/c-23162.html；物流指南，https://baijiahao.baidu.com/s?id=1633651948259152469&wfr=spider&for=pc。

3）冷链物流园区

冷链物流园区通常处于几种冷链物流作业集中与转运衔接的地区，众多与冷链相关的企业聚集在一起，实现专业化和规模化经营，以提供加工、包装、存储、分拣、配送、交易、信息等一体化服务，冷链物流园区的发展将会对传统冷链物品流通渠道产生较大影响。

现阶段，冷链物流园区主要分为六大类型。

（1）原产地冷链物流园区。原产地冷链物流园区主要面向冷链物品全流通链中最复杂、最薄弱、发展空间最大的起始环节，是提供冷链物品在"起始一公里"过程中初次冷却加工、预冷、保鲜、装配等功能的冷链物流园区。

（2）加工冷链物流园区。加工冷链物流园区主要面向具有冷链仓储功能的冷库和大型冷冻加工间，物流园中同步配备辅助性服务区，保障研发、检测等事宜。加工冷链物流园区主要提供冷链物品初始加工、精细化加工、中央厨房等服务功能。

（3）交易冷链物流园区。交易冷链物流园区是以冷链物品交易环节为核心的服务功能，形成冷链物流与市场交易相互促进、良性互动的服务模式。

（4）枢纽冷链物流园区。枢纽冷链物流园区大多位于大型冷链物品生产地或销售区。这类园区以多式联运为纽带，以区域中转为主要功能，承担着区域内大宗类冷链物品生产地或销售区域集散的重要任务。

（5）临港冷链物流园区。临港冷链物流园区主要以综合功能园区或业态聚集的形式呈现，港口贸易、进出口报关保税是这类园区的主要功能。

（6）区域配送冷链物流园区。区域配送冷链物流园区大多靠近大型销售城市，主要承担城市配送功能，具有多温区、多品类、多频率、共存配送等特点，实现区域配送效率最高、成本最低的优势。

大数据、物联网、云计算、人工智能等现代新技术的发展，促进了冷链物流园区信息资源整合，使冷链物流园区逐渐呈现多功能一体化、产业集群化、平台网络化、食品安全监管便利化发展趋势。

 4-2

鲜易冷链物流区流程规划

鲜易供应链有限公司成立于2009年,由鲜易供应链、鲜易网络科技和冷链马甲三个专业公司组成,致力于温控仓储、冷链运输、城市配送、供应链金融、保税物流、集采分销、流通加工等一站式服务,为客户提供温控供应链方案。鲜易供应链在2014年首先应用"供应链思维+互联网思维+产业发展新思维",在冷链物流行业率先打造出温控供应链集成服务平台,而成为"互联网+"新时代中国冷链发展的指向标。

鲜易供应链副总经理王建志在2017全球(第九届)冷链峰会之"冷链物流园区运作模式及发展方向"主题沙龙中提到,鲜易供应链通过自建、定制、租赁、托管等多种方式,在全国布局近30个冷链物流园区,已经形成完善的DC(仓储配送中心)、TC(快速分拨中心)、EC(电商配送中心)和PC(流通加工中心)的云仓网络,覆盖全国7大区域、20多个核心节点城市及3 000多个配送网点,为客户提供仓运配、TC+PC、供应链金融等温控一体化服务解决方案。

鲜易冷链物流园区以冷链信息系统为桥梁,贯穿冷链物流全过程,实现产品信息的实时监控和规范化管理,业务流程如图4-5所示。

其主要特点如下。

1. 运用供应链思维实现仓运配一体化

鲜易供应链着力打造发达完善的冷链物流信息系统,将供应链思维确立为企业发展方向。冷链物流按照重心不同可划分为运输型、仓储型、城市配送型、供应链型及综合型等。其以"中国温控供应链集成服务商"为愿景,以产业互联网为基础,将供应链嵌入冷链物流,提供一站式控温服务。

2. 利用四网融合形成供应链集成服务平台

鲜易供应链围绕四网融合战略,构建"云仓网、运输网、城配网、信息网",持续通过网络化服务平台发展,围绕供应链优化,开展仓运配+金融一体化服务,引领整合产业资源,帮助客户实现商流、物流、信息流及资金流同步,打造统一、安全、高效、协同的温控供应链系统,为中国冷链产业模式创新探索转型之路,开创中国温控供应链服务品牌。

3. 提供产品化、标准化服务

鲜易供应链实行服务产品化制度,构建三级产品体系,企业服务效率提升,服务质量高效,满足冷链物流行业客户群体中多样化、碎片化需求。此外,鲜易供应链对打造的温控供应链服务体系进行标准化细分,为客户提供安全、放心的温控仓储、冷链运输、冷链城配、集采分销、供应链金融、流通加工等一体化服务产品,真正解决了冷链物流服务质量低、成本高、"断链"现象严重等问题。

资料来源:黄志峰,等.智慧冷链物流发展研究[M].北京:中国财政经济出版社,2021.

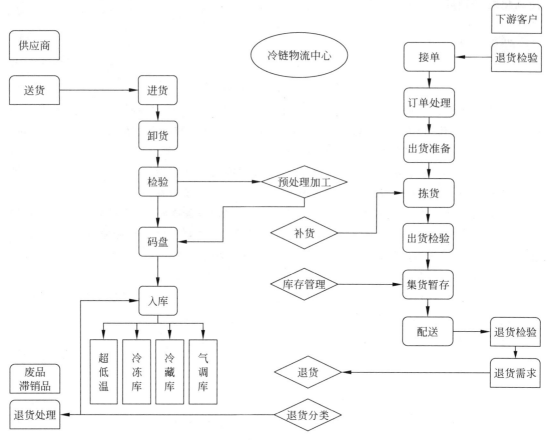

图 4-5 鲜易冷链物流园区的业务流程

4.2 智慧冷链作业系统

4.2.1 智慧冷链运输系统

1. 智慧冷链运输系统的概念

冷链运输是冷链物流核心业务之一,也是冷链物流系统的一个基础性功能。冷链运输是指在运输全过程中,无论是装卸搬运、变更运输方式或更换包装设备等环节,都使所运输货物始终保持一定温度的运输。冷链运输方式可以是公路运输、水路运输、铁路运输、航空运输,也可以是多种运输方式组成的综合运输方式。冷链运输包含了较复杂的移动制冷技术和保温箱制造技术,与普通物流运输相比,成本较高。

智慧冷链运输系统运用了现代化交通运输体系,在互联网、人工智能、智能算法等技术背景下结合冷链运输过程中的特殊点和复杂性,以智能技术为手段减少冷链物品的运输成本,实现对冷链运输设备的识别、导航定位、路线规划以及在途冷链物品的跟踪和监控,进而确保冷链运输高效率执行。

2. 智慧冷链运输系统的特点

1) 运输主体黏合性

以往冷链运输环节中,供货商、收货商、承运商、车辆运输司机等主体集合度不够,导致信息沟通成本只增不减,沟通效率大打折扣。依靠互联网、物联网、云平台、大数据、先进通信等技术手段将各方主体要素信息接入冷链运输系统,搭建冷链运输网络平台,提高对供应商、分销商及终端用户冷链信息服务能力。此外,网络云服务平台的搭建保证多方信息的准确性,实现冷链全程透明可视化检测,加快运输环节响应判断。

2) 新型技术集成性

智慧冷链运输系统融合智慧化元素,本质上看是将先进的通信技术、互联网、物联网、数据挖掘技术、云计算、自动识别传感技术、自动控制技术、运筹规划、人工智能等新型信息技术手段运用于冷链物品公路、水路、航空、铁路四大运输方式,实现运输设备的自动智能化调度,优化线路,监控跟踪在途冷链货物,强化运输设备与路线和冷链货物三者的紧密关联,保证运输安全、监测有效、成本最小。

3) 数据信息连通性

数据是冷链运输系统全程贯通的关键要素,通过对数据的采集、处理、分析可以对冷链物流运作机制作出合理的调整和优化。数据信息采集方式一般通过运输过程中设备或终端设备产生,采用 RFID 读取、GPS/GIS 导航定位数据反馈、温湿度传感器电子显示以及各类图片视频识别,采集的数据可通过数据挖掘和智能算法进一步解析,主要面向冷链运输中车辆调度、路线规划的制定以及冷链在途运输中物品腐烂程度、温湿度环境监控。

4) 多式联运互补性

随着社会层面对冷链物品需求质量和送达时效不断提升,单一方式的冷链运输已经远远不能达到要求,多式联运是冷链运输的长期发展趋势。然而,由于多式联运存在诸多弊端,如信息断层、消息闭塞、设备衔接不协调等原因导致冷链运输效率降低。智慧冷链运输集先进、自动、多功能运输设备和前端通信信息技术于一体,实现多式联运过程中设备转换的高灵动性,加快中转疏导进程,充分发挥其互补性优势。

4.2.2 智慧冷链仓储系统

1. 智慧冷链仓储系统的概念

冷链仓储一般用于生鲜、农产品、肉禽、医疗等产品,利用冷库对冷链物品进行存储和保管。冷链仓储是物品生产至流通过程中订单或市场预测前置导致的暂时存放,是连接供需两端的中转环节。

随着人们对冷链物品需求和质量要求的不断提高,传统冷链仓储方式的弊端逐渐暴露。新一代信息技术的出现,促进智慧冷链仓储系统的进一步完善,利用 RFID、人工智能、大数据等技术实现物品进出库的信息采集、智能设备作业、全流程温湿度监控,提高了冷链仓储操作的精确性和快捷性,同时减少人力成本,降低冷链物品的在库损耗,提高冷链物流的运转效率。

2. 智慧冷链仓储系统的特点

1) 智能管理

智慧冷链仓储作业环节中,智能仓储的终极目标在于无人化的实现,冷链货物状态信息、冷库内部设备信息、环境温湿度信息等是智能化仓储操作的基础。利用 RFID、网络通信、管理信息系统(MIS)以及大数据、人工智能等技术,实现信息的智能感知、处理和决策,利用信息对仓储作业的执行和流程进行优化,实现入库、出库、盘库、移库管理的信息自动抓取、自动识别、自动预警及智能管理功能,以降低仓储成本、提高仓储效率、提升仓储智慧管理能力。

2) 自主运行

智慧冷链仓储自主运行的实现主要依靠自动化立体冷库系统、自动分拣设备、装卸搬运机器人。自动化立体冷库又包括立体存储系统、自动穿梭车、自动输送机、搬运机器人、分拣机器人等的应用。智慧仓储设备和智能机器人的使用能够适应冷链物品低温存储环境,提高仓储作业的效率和自动化水平。智能设备运营的背后是依靠信息化手段的操控,使设备在无人化环境中自主驱动机器实现自动化操作。对仓储设备和机器人进行智能控制,使其具有大脑一般的感知、决策和执行的能力,建立设备之间联系沟通渠道,实现人机协同交互作业,极大地释放人工劳动力,提高操作的效率。

3) 精准决策

智慧冷链仓储背后依靠强大的互联网技术,以大数据、云计算、人工智能、机器学习、物联网、智能算法等技术为主,在仓储中广泛应用。其精准决策性,一方面体现在设备之间的交互沟通,另一方面体现在仓库智能管理方式。大数据采集、分析、处理的订购清单、出库信息、其他预警信息经详细挖掘后可以预测冷链物品的市场占有份额、用户的购买习惯和未来物品需求量及其他特例情况,为冷链仓储全过程运作提供有力依据,进而做到精准化产品推送,京东、苏宁等大型企业均已实现上述功能。

4) 质效保证

智慧冷链仓储系统通过智能信息平台实现数据的自动采集,对冷链物品信息进行集中管理,确保问题可追溯,简化冷链的出入库、分拣等仓储物流作业过程,极大地缩短了在库管理时间;通过温湿度传感器监控冷库各测量点温度变化,维持冷链物品所需环境,保证生鲜食品等冷链产品的新鲜品质,降低损耗的可能;将质量管理规范都融入仓储各环节作业之中,实现了立体化的质量管控。

4.2.3 智慧冷链配送系统

1. 智慧冷链配送系统的概念

智慧冷链配送系统是基于互联网、物联网、云计算、大数据、人工智能等先进信息技术,在冷链物品配送各个作业环节中实现系统的自动识别感知、自主运转、智能分析、应急处理和协调管理等功能的现代化冷链配送系统。

智慧冷链配送系统为传统冷链配送赋予智能化,加强数据信息在配送流程中的贯通作用,结合新一代信息技术和通信技术,引进智能化管理方式,实现在冷链物品配送过程中配货、派送、检测等作业智能化、数字化、协同化管理和高效率运行。由此可见,智慧冷链配送是以现代信息技术为支撑,有效地融合了冷链物流与运筹优化方式,使冷链物品在运转中减少损耗、保证品质、增加效益的配送活动。冷链配送环节直接对接消费市场,智慧配送方式搭建了仓配一体化、互联网协同化、算法精准化模式,促进冷链产业消费升级,精准营销,简化流程模式,推动冷链物流行业高质量发展。

2. 智慧冷链配送系统的特点

1) 数据驱动

智慧冷链配送活动开展的前提是信息数据透明化、可视化、全面化,信息流贯穿冷链活动的始终有利于各物流环节协同运转,实现冷链物流全要素互联互通。在数字化、智能化特征驱动带领下,实现冷链配送系统全过程信息共享、全流程场景追溯,以数据为业务处理核心点,信息数字化处理作为协调各项配送活动的决策依据。打造数字引领、全网协同的管理方式,为冷链物流高质量发展智慧化赋能。

2) 整体规划

冷链配送流程作业符合"一个中心,多点配送"运行模式,互联网、云平台信息技术的引进对此运营模式可进一步优化改善,集订单信息于一个信息服务平台,实现多个配送中心分类、规整运作,满足分散地点同时供应的需要。同时,对于大规模冷链物流企业可实现内部资源整合,基于冷链配送系统的全局性思维,运用智能先进算法进行市场细分,优化调度方案,优化配送路线,实现企业内外部协同运作、高效推进。

3) 智能优化

智慧冷链配送得益于互联网、物联网、大数据、云平台及感知设备等现代技术的发展,利用机器学习方式独立模拟配送节点运行,在感知响应中自主决策,在自主决策基础上优化反馈,总结问题解决范式,促进冷链配送系统感应式、自动化、智慧化转型发展。此外,在冷链配送系统对接市场的过程中,通过大数据信息采集处理,解析市场需求,智慧冷链配送系统在以往执行中构建客户需求画像,根据配送成本、配送时间、配送距离以及所需车辆数目等信息深化了解特定市场需要,并进行相应评估判断,匹配最优配送路线和配送中心地址选取,通过自主优化和智能决策有效攻克冷链物流"最后一公里"难题。

4) 响应迅速

冷链配送作为冷链物流全程最后一个环节,结合系统开放特性与市场紧密相连实现信息共享机制,其配送中心的建立是连接物流与市场的纽带,也为末端配送市场提供了一个开放、平等和便捷的平台。冷链配送做到高效对接需求关键点在于配送选址中心的搭建,智慧冷链配送系统基于现代信息基础而建立,在数据信息服务平台支撑下,优化配送服务流程和质量监控,提高配送环节透明度。通信信息技术为配送网的扩建奠定了良好的技术基础,配合大数据信息采集分析,做到科学选址、智能规划,可以对市场中个性化需求快速响应。

5) 经济便利

智慧冷链配送系统在智慧冷链统筹作业中发挥功能优势,在互联网平台支持下系统的建设与运行将达到科学、合理、优化的水平状态。信息资源的整合,一方面增加了冷链物流企业内部经济效益,优化流程,节约配送时间,降低配送成本;另一方面借助网络订购平台,方便市场用户及时选购,与冷链企业互通信息,减少用户采购成本的同时获得便利性。配送过程中,合理的配送选址和路径规划降低交通能源损耗,精简配送环节,实现冷链货物与配送车辆的智能匹配,加强各地址之间的信息互通,降低沟通成本,有助于资源经济性发展。

6)闭环安全

互联网平台具备高效、便捷的优势,随着网络平台介入广泛,经营商与消费者在平台的交易过程中暴露的风险隐患也逐渐明显,冷链配送系统的闭环安全性能对这一难题有效控制。资金交易方面,第三方金融监管机构的介入为资金流通的安全性提供了良好的保障,实现"货到钱付"机制;信息流通方面,数字化特征不断凸显,数据挖掘对信息流通发挥良好的促进作用,采用区块链技术在贯通配送环节的同时塑造闭环管理模式,安全保密效果增强;流程监控方面,智慧冷链配送系统可对配送车辆设备、冷链物品状态以及物品交付情况实现全流程监测,强化流程管控和品质监督。

4.2.4 智慧冷链包装系统

1. 智慧冷链包装系统的概念

随着物联网、大数据、人工智能等信息技术的不断进步,智慧冷链包装呈现新的发展态势。智慧冷链包装是智慧物流包装在冷链行业中的价值体现,指在现代冷链物流运作中,为维持冷链物品效能、感知信息和优化服务,以冷链包装为载体,通过数字化与智能化技术手段,使之具有感知、监控、记录、智能处理和信息传递的现代化功能,实现冷链包装的可视化与智慧化,满足冷链物流高效运行的需要。智慧冷链包装的智能化应用主要体现在冷链包装设备自动化、智能化和冷链物流运输、仓储、配送等环节中商品流转信息采集及时化、高效化。

2. 智慧冷链包装系统的特点

1)降低损耗,维持性能

智慧冷链包装通过加载传感技术功能,能有效感知和判断冷链物品所处环境的状态,如温湿度、质量重量、密封性等情况,有效保证冷链物品在包装后各项效能实时监控,避免出现变质、腐烂等损耗情况。此外,运用新型智能化包装材料和合理化的包装结构,对商品的保护作用大大提高。

2)状态可视,流程透明

在智慧冷链包装中,物联网和现代信息技术实现了冷链物流信息数据的高效采集,对冷链物品全流程化控制和监测提高了商品在物流过程中的可视化、透明化程度,实现精细化管理。使用二维码打印贴标技术可以为客户提供有关产品的附加信息或创建生产过程的透明度,运用传感器识别来弥补数据的缺乏。

3) 信息传递，实时跟踪

随着"互联网＋大数据"思维模式的不断发展，智慧冷链包装可运用具有追踪溯源功能的智能包装，对运输过程中的包装物实现全面定位和监控。智慧冷链包装对冷链物品流通过程进行全程跟踪定位，可确保冷链物品的性能品质和运输效率，提高物品流通的成效及安全性。

3. 智慧冷链包装系统的构成

智慧冷链包装系统主要由智能包装设备子系统、包装商品信息数据平台子系统等组成。

1) 智能包装设备子系统

（1）自动冷却型包装：内置一个冷凝器、一个蒸发格及一包干燥剂，冷却时由催化作用所产生的蒸汽及液体会贮藏于包装的底部，利用产生的蒸汽和液体可在短时间大幅降低食品温度。

（2）环保保温包装：EPP（发泡聚丙烯）材质的保温包装、复合瓦楞纸箱是可以较好地满足冷链包装要求的新型包装，所运用的包装工艺方法有填充法、复合法和可降解法。

（3）功能材料型智能包装：采用光电、温敏、湿敏、气敏等功能材料与包装材料复合制成，使得包装对环境因素具有某种"识别""判断"和"控制"的功能，可以智能识别和指示包装微空间内的温度、湿度、压力、密封程度、保存时间等重要参数，还能自适应器物本身的不同特质和突变或渐变的外部环境，自动调整包装内部环境。功能材料型智能包装主要分为以下几种。

① 变色材料包装：在冷链包装中，采用此材料包装易变质材料，可应用智能温敏变色材料，通过标签颜色变化反映冷链产品的新鲜度和变质程度。

② 活性材料包装：活性材料包装可应用于生鲜食品、果蔬、医药等冷链物流领域，可延长冷链物品保鲜期，为生鲜品的长时间运输提供品质保障，减少物品损耗。常见的活性材料包装有肉类包装、鲜鱼类包装、菜苗包装、果苗包装等。

③ 水凝胶材料包装：智能高分子通过物理或化学交联方式形成高三维网络结构的聚合物，吸收大量的水并溶胀至平衡体积而维持原状，可以对温度、酸碱度、光、电等环境变化作出响应，发生物理或化学变化，可用于医药冷链运输。

④ 相变材料（PCM）包装：使用相变材料提供冷却功能，可以在无电力能源情况下自行冻结并恒温保存。目前，Peli BioThermal 利用 PCM 开发了一种名为 Chronos Advance 的尖端温度控制容器，被英国的商业奖女王企业奖授予创新奖。Chronos Advance 因其可靠和先进，为运输重要冷链产品的方式的创新和发展树立了榜样。同时，这种智能包装集成了精确的温度控制、发货跟踪和自动物流反馈功能，比其他传统包装提供了更强的稳定性和更高的有效载荷率。

（4）包装机器人：自动包装机器人专用于拾料、包装和货盘堆垛工作，其运行速度和工作效率能够通过先进的技术、便于集成和使用的软件进行全面控制，有效提高工作效率，提升包装品质，降低用人成本，优化工作环境。包装机器人主要集中应用在食品、医药、服装、生鲜等物料质量较小、数量巨大、要求更严格的使用场景。

包装机器人能够进行开箱、装箱、封箱、捆扎、码垛、自动分半、托盘货物拉伸膜缠绕等工序流程作业,包括具有自动控制功能的缠绕机、打包机、码垛机、贴标机、托盘分配机、封箱机、真空收缩机和封口机等,如图4-6所示。

图4-6 包装机器人

包装机器人功能特点表现为适应能力强、可靠性强、自动程度高、准确程度高、应用范围广、占地面积小、工作效率高。

2)包装商品信息数据平台子系统

除包装作业设备、材料、技术向着智慧化方向发展以外,冷链物流包装信息化转型也尤为重要。智慧冷链包装强调"互联网＋大数据＋包装"的应用,能够收集冷链物品在整个流通环节中的数据信息,关联外部平台系统,采集并判断流通至消费市场的数据。因此,基于互联网、云计算、大数据等计算机技术,同理构建冷链包装商品信息数据平台。冷链包装商品信息数据平台主要包括以下功能。

(1)冷链物品全流程跟踪管理。该模块对冷链物品全流程实现监督追踪管理,一方面可利用化学、微生物和动力学的方法,记录在仓储、运输、销售期间,商品因周围环境影响引起的质量改变,监控产品质量;另一方面可管理被包装物的生产信息和销售分布信息,提高产品的可追溯性。消费用户能够掌握商品的使用性能及其流动过程,而生产商可以根据销售信息掌握市场动态,及时调整生产、库存策略,缩短整个供应链周期,节约成本。

(2)生产-销售全过程信息追溯管理。该模块实现生产-销售全过程信息透明可视。一方面,生产商基于消费者大数据分析,可以深度挖掘数据价值,洞察市场行情,寻找潜在商业机会,优化库存及供应链管理,实现生产到市场的快速响应,并辅助商业决策,拓展市场方向,进而增加商品销售。通过大数据实现防伪溯源、商品追踪、防窜货、数字营销、品牌传播、新零售、用户画像分析等系列功能,让冷链物品流通管理更高效。另一方面,通过对包装商品的数据采集、存储及整合,实现了对包装商品从源头到终端每一个环节真实可靠的信息管理,可以为消费者提供智能化的防伪溯源服务,为政府及行业监管机构提供数据平台支持。

4.2.5 智慧冷链装卸搬运系统

1. 智慧冷链装卸搬运系统的概念

装卸搬运是随运输和仓储而产生的必要物流活动,是整个物流活动的衔接环节,在仓储作业中主要表现为上架、库内移动、分拣等。在物流活动的全过程中,装卸搬运是出现频率最高的一项作业,也极易造成货物损耗。伴随生产力技术的不断提高、信息科技的高速发展,传统装卸搬运操作已很难适应现代化物流企业发展,取而代之的是高自动化、智能化的物资装卸搬运流程。智慧冷链装卸搬运是冷链运输中装卸搬运作业的进一步发展,通过物联网、人工智能、新型信息技术的应用使冷链物品的装卸搬运操作实现自动化、智能化。

2. 智慧冷链装卸搬运系统的特点

1）操作无人化

操作无人化是智慧装卸搬运的显著特点。在自动机械设备和信息技术应用背景下，装卸搬运系统带有自动导航、自动取物、自动定位、自动识别、环境感知等功能，使货物在该环节中以自动化代替人工化，节省大量劳动力。依靠人工智能、先进程序算法技术，对装卸搬运的轨迹路线进行合理化设计，有效引导库外至库内的自动装卸、仓位内的自动搬运。此外，通过云平台有效连接其他物流系统作业环节，对接货物的出仓入库、运输配送等流程，真正实现装卸搬运在全物流过程中的"衔接作用"，推进无人化操作进程，尤其对于极温条件下的货物运行，有利于货物的高质量保存和效率的显著提高。

2）流程柔性化

智慧装卸搬运的另一个突出特点就是流程柔性化，由于人工智能的加入，智慧装卸搬运的作业路径、作业样式、力度功率可以根据仓储货位要求、生产工艺流程、物流作业环境等改变而灵活改变，可以模拟人的思维进行智能判断，不断动态调整选择优化运行方案。这种运行改变与传统的、刚性的装卸搬运作业相比，减少了重新购置作业设备、作业线的时间和成本，体现出较好的经济性。

3）作业高效化

通过智慧装卸搬运系统，能够整体调度和监控装卸搬运作业流程，包括无人叉车、机器人、机械手及辊道等，可支持多台机器人同时联动作业，保证相互避让以及最优路径的规划，防止拥堵；也可通过作业流程节拍的控制，实现状态监控、增减机器人数量及地图布局修改及交通管制等功能，最大限度实现制造工厂、物流仓库的装卸搬运作业优化，大幅提高装卸搬运作业效率；还可广泛应用于各生产、物流节点之间的物料搬运和工艺设备之间的水平垂直转运、自动上下料等环节，与各种自动化设备进行对接，大幅提高物流整体作业效率。

3. 智慧冷链装卸搬运系统的构成

智慧冷链装卸搬运系统以智能、集成、信息为基础，主要由自动输送系统、智能穿梭车、智慧冷链拣选作业系统等部分组成，装卸作业、搬运作业与分拣作业协同运行。在关联通信监控设备基础上，通过该智能系统的决策与运行，实现冷链物品的上装下卸、上架保管、拆垛补货、货物分拣等一系列信息采集，在电子信息指令下分析人、物、设备的人机协同配合，尽可能减少库内装卸搬运次数，控制冷链物品适宜温湿度，降低冷链物品保管成本。

1）自动输送系统

自动输送系统可连通机器人、自动化立体库等物流系统，实现货物的高效自动搬运。在装卸搬运环节，自动输送系统需要跟拣选机器人、码垛机器人等进行有效的配合，同时为了保证作业准确性，输送线也需要配备更多的自动检测、识别、感知技术。此外，输送线两侧的开箱、打包机器人等智能设备都需要与输送系统进行有效衔接和配合。

2）智能穿梭车

采用智能穿梭车技术,拣选完成的订单存储在立体货架内,穿梭车的存取货叉可根据箱型尺寸进行货叉间距调整,因而适用于不同尺寸的货物和不同类型的包装。当接到发货装车指令,订单货物会根据送货线路由远及近的客户顺序依次从货架中取出,通过输送线送至装车区域,若配合伸缩带机,可实现直接装车,减少了中间二次搬运环节,大幅提高装车效率。此外,由于订单在发货区货架内进行立体存储,相比传统发货区的地面平面存储方式,空间利用率得到显著提高。

3）智慧冷链拣选作业系统

智慧冷链拣选作业系统基于人工智能算法,以机器人、堆垛机、输送机等自动化、智能化拣选设备为工具,将冷链物品按需从冷库货架中取出,并分放到冷链物品集装箱或输送带。从拣选作业方式特点来看,智慧冷链拣选作业系统主要包括基于无线射频识别技术的冷链物流智能拣选系统、光导拣货系统、自动拣选技术和"货到人"(goods to person or goods to man,G2P 或 G2M)拣选系统。

(1) 基于无线射频识别技术的冷链物流智能拣选系统。

① 由控制中心发出指令,用取货装置的射频识别器自动识别所取货物。当货物状态发生改变时,电子标签的信息也会随之更改。

② 货物被堆垛机取下后,会被输送到链式输送机的出口。在出口处安装射频识别器,货物信息会被第二次改变。

③ 当货物继续运动到冷链物流智能分拣系统的入口处时,射频识别器会被写入电子标签,这是第三次改变。当货物运行到达分拣道口后,会连接滚道。此时,无线射频识别器会确定下一步动作,将动作指令输入电子标签,完成货物信息第四次写入。门禁处的无线射频识别器会更新货物信息,构成出库信息。冷链物流智能拣选系统运行过程如图 4-7 所示。

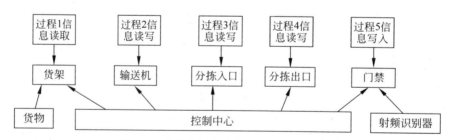

图 4-7　冷链物流智能拣选系统运行过程

(2) 光导拣货系统。光导拣货系统的使用使拣货作业更加便利。在系统中,分拣指示码中显示的信息为满足订单需求的产品量,便于拣货人员快速捕获需求数。通过有光选货,利用光照区分客户相应的货物,分拣作业人员可把分拣出来的产品准确放入相应光照的货箱中。

(3) 自动拣选技术。自动拣选技术中,根据拣选排列方式改造为阵列式自动拣选系统,这是一类由大量水平倾斜式拣选通道在空间中排列组合而成的新型自动化拆零拣选系统;引进机器人技术、人工智能技术训练 Delta 机械手精准拣选。

(4)"货到人"拣选系统。"货到人"拣选,即在物流拣选过程中,人不动,货物被自动输送到拣选人面前,供人拣选。

"货到人"拣选系统具有较高的拣选效率,能减少人工数量、降低劳动强度,对于具有易腐性、难储性等低温要求较高进而导致拣选效率较低的冷链物品来说,"货到人"拣选系统显示出其重要性。

冷链行业的"货到人"拣选系统,基于人体工程学的自动倾斜工作台,设计了双模式拣选人机交互技术,并结合客户箱拣选结果,实现了每个货到单人或双人同时拣选的智能提示,形成了拣选流程的闭环控制。此过程中,员工无须进入分拣区内部,只需要在系统的指示下,完成商品从货架上拣选、扫码、装箱等动作。

 4-3

自动装卸系统在冷链行业中的应用

冷链物流的核心需求是保持产品新鲜,因此必须减少冷藏运输和储存的冷损失(图 4-8)。

图 4-8 自动装卸系统在冷链行业中的应用

卡车自动装卸系统(ATLS)可以缩短装卸环节的时间,同时减少人工接触货物的机会,以避免冷损失的风险。许多大的冷库运营商,如美国 Preferred Freezer Services (PFS)、欧洲 Friesland Foods、Waterfront、New Cold 等均已经使用 ATLS。美国 PFS 是全球最大的冷藏仓储公司之一,在设计一个全新的 7×24 冷库时,该公司计划每年从一个客户的 3 个工厂获得 13 亿磅货物。安装 ATLS 后,PFS 可以在几分钟内装载 5 万磅的货物,节省了时间和人力。该 ATLS 项目采用 Ancra 的滑链系统,总计有 10 套月台系统和 12 套卡车系统。PFS 冷库安装了 4 套月台系统,3 个工厂各自安装了 2 套月台系统。每个月台都安装了控制箱,驾驶员到达后可以通过控制箱实施装货和卸货过程。从卡车停放到驶离,整个过程仅需 10~15 分钟。与传统解决方案相比,该解决方案保证了冷链的完整性,同时最大限度地减少了人们接触冷冻货物的次数,降低了货物损坏、丢失或错误的可能性。由于该系统直接连接到仓储管理系统,所有进出库货物都得到有效控制。装卸效率的提高和人工成本的降低,帮助 PFS 提高了服务水平和竞争力。

资料来源:陆建萍.自动装卸系统及其应用[J].物流技术与应用,2019,24(10):168-172.

4.2.6 智慧冷链流通加工系统

1. 智慧冷链流通加工的概念

在冷链物流领域,流通加工功能作为辅助性或延伸性功能,在方便客户需求的同时提升冷链物品的附加值,进而提高整个冷链物流服务水平,流通加工功能并非存在于每个冷链物流中心,但却是冷链物流中心的特色功能之一,其主要作用就是对冷链物品进行预冷处理、包装、标志和加工等。由于冷链物品需在恒定低温环境下进行物流作业,因此流通加工的实施也应处于特定的低温环境中。在冷链流通加工实施过程中,需要考虑加工作业区、原料储存区和成品储存区,以及依据加工工艺设计各区域温层及设施配置。

智慧冷链流通加工是为了方便运输、产品促销和维护产品质量等的进行,利用智慧冷链加工设备和感知技术,对冷藏产品进行智能袋装、智能贴标签、智能分割和智能温度控制等物理性的智慧加工。

2. 智慧冷链加工的类型

智慧冷链流通加工的关键在于冷冻加工工序,主要分为智慧冷冻加工、智慧冷却加工和智能冻结加工。

1)智慧冷冻加工

智慧冷冻加工包括肉、禽、蛋、鱼等生鲜食品的冷却、冻结和低温状态下的加工过程,以及水果蔬菜的预冷、速冻食品和乳制品的低温加工等。在冷冻加工环节,通过智能终端获取加工环境的温度、湿度等信息,智能控制系统对冷链装备进行指令下发、监督和控制,使生鲜冷冻加工在最经济的温度环境中加工生产。

2)智慧冷却加工

冷风冷却、冷水冷却、碎冰冷却和真空冷却是生鲜食品冷却的主要方法,智能冷却感知终端获取冷却食品的数量、重量和冷却前温度等信息,分析计算数据,智慧冷却系统自动调节冷风机出风速度和温度、冷水冰箱的水/冰量和温度及流速、真空冷却机的压力大小及温度,并对冷却环境、冷却食品的状态信息进行实时检测与控制。

3)智能冻结加工

食品温度降至其冻结点以下,微生物活动速度迅速减慢,直至无法正常活动。食品冻结利用此原理实现对食品的长期储藏。为了保证食品在冻结环节的质量,实现冻结加工环节的智能化,需要从物理、化学、生物学、物联网、大数据技术等多门交叉学科进行考量。将预先测量好的各类食品的热物性质(包括水分含量、冻结点、比热容、冻结潜热等)数据收集至智慧冷链物流系统内,在食品冻结过程中,获取冰晶的形成情况和生长速度等信息,通过智能感知终端测量食品温度降至稳定的水平,计算食品水分冻结比率,根据食品外部、中间和中心部位的冻结曲线图,对空气、接触平板和液体等冻结装置的冻结速度和效果进行自动智能控制。

3. 智慧冷链流通加工系统模块

智慧冷链流通加工系统利用物联网技术和设备监控技术加强对加工过程的信息管理与服务创新,即正确地采集生产线数据,实时掌握加工流程,提高加工过程的可控制性,减少生产线上的人工干预,并合理制定加工计划和进度。

基于物联网环境,搭建智慧冷链流通加工系统可以合理调度流通加工原材料、优化加工生产线及缩短流通加工周期。智慧冷链流通加工系统主要分为决策集成优化模块和移动手持执行模块,如图4-9所示。

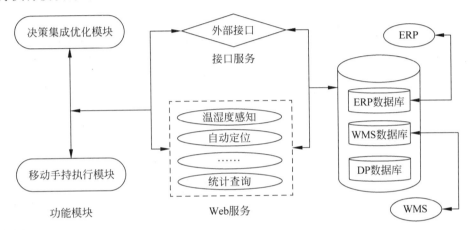

图4-9 智慧冷链流通加工系统结构模块

智慧冷链流通加工系统通过外部接口的作用,与企业自身的ERP、WMS进行合理的对接处理,通过ERP系统对客户的订单信息进行确认,同时,在WMS当中获得较为明确的库存信息。该系统在运作的过程当中,会通过多项服务来完成流通加工集成的优化,包括配备温湿度感知器、定位系统和自动统计查询服务等,借用Web服务的功能,实现了从头到尾的优化处理,能够将流通加工工作变得更加高效、快捷,不影响产品本身的质量。

1) 决策集成优化模块

物联网在冷链流通加工集成优化当中的应用,可以通过决策集成优化模块来完成。该模块的作用,在于更好地制定、处理冷链流通加工的任务,同时还会针对任务的执行情况、流通加工的各项信息等,开展合理的监控干预。在这种状态下,操作人员可以得到流通加工的实时信息情况,最终对流通加工任务进行有效的调节,减少了硬性任务所造成的各种不足,可以针对动态变化情况等,作出充分的反应和决策,将损失降到最低。该模块主要实现基本资料管理、冷链流通加工单管理、备料管理、生产排产管理、成品入库管理五大功能。

(1) 基本资料管理子模块。该模块主要实现如冷链物品、冷库库位、托盘货架、冷冻加工生产线、员工等流通加工基础信息的录入、修改和删除。在输入各类基础信息之前,需要首先定义各类基础信息的类型,再按类型输入各类基础信息。

(2) 冷链流通加工单管理子模块。该模块主要实现将客户订单自动转换成标准需求的流通加工单,并根据订单要求的发货时间、品种、数量和各生产线的生产速度等,预测每张订单的流通、加工开始时间。系统可从客户订单系统中获取订单信息,自动根据已制定的流通加工单格式转换并保存,同时预测每张订单的流通加工开始时间。

(3) 备料管理子模块。该模块主要实现将冷链流通加工单分配成备料任务,并可实时查询备料任务和其执行情况。系统按照冷链物品的不同类型和所用原料实现与原料库存信息自动匹配原料出库库位和托盘号,将流通加工单分配为备料任务,并发布至系统自动分配备料执行员。

(4) 生产排产管理子模块。该模块主要实现将流通加工单分配成生产任务,并进行排产且可实时查询生产任务和其执行情况。系统按照排产策略和生产区生产信息自动将流通加工单制订成生产排产计划,并发布至系统自动安排生产排产执行员。

(5) 成品入库管理子模块。该模块主要实现将流通加工单分配成成品入库任务,并可实时查询成品入库任务和其执行情况。系统按照入库策略和成品库存信息自动匹配入库库位,将流通加工单分配为成品入库任务,并发布至系统进行信息记录。

2) 移动手持执行模块

移动手持执行模块可以更好地推动冷链流通加工集成优化任务的完成,在各项问题的解决上,均可以达到良性循环的特点。移动手持执行模块的主要任务是,对冷链流通加工管理任务进行执行,并且将已经执行的任务信息,通过手持终端机录下来,保持和管理层的数据信息同步。操作人员将计划员分配好的手持任务,使用手持移动端下载下来。由此可见,移动手持执行模块的设计和应用,能够对流通加工集成优化,产生更大的积极作用,减少固有的不足,可行性较高。该模块主要实现拣料作业和成品入库两大功能。

(1) 拣料作业子模块。该模块的主要功能是协助备料员在执行拣料作业过程中将物料从原料区搬运到生产区,分为整盘拣料和拆分托盘拣料,前者是指将需要拣料的托盘与库位解除绑定,后者是指从指定的源托盘取出一部分原料放到另外的一个空托盘上拣料。备料员根据任务指示找到并核对源托盘,按照指定的拣料方式执行。该模块能够针对大量的繁杂工作进行合理的干预,一定程度上对冷链流通加工集成优化,产生了疏导的作用,为后续工作的运行提供了保障。

(2) 成品入库子模块。该模块的主要功能是协助搬运工在执行成品入库过程中将成品从生产区搬运到成品区。下载入库任务后,搬运工根据任务指示先将成品与托盘绑定,再根据入库库位提示,将托盘搬运到成品区,绑定到指定库位上。

4.3 智慧冷链信息系统

4.3.1 智慧冷链运输管理系统

智慧冷链运输管理系统基于互联网、物联网、人工智能、定位导航、温湿度感知等现代信息通信技术,对运输计划准备、车辆设备调度、运输人员配置、运输路线优化、运输过程货物跟踪等业务流程进行有效管理,解决智能化综合冷链运输的问题。在冷链运输设备的管理方面,它有利于提高冷链物流运输的服务水平,有效降低运输管理成本,提高运输过程中的服务质量,保障车辆和货品的安全,并为决策支持系统提供相关依据;在冷链运输流程监管方面,它能够实时掌控车辆、人员以及运输任务的完成情况,合理分配任务资源,减少在运输任务密集时间内车辆、人员和车队的空置现象,规划合理运输路线,提升车辆有效运载里程,实现智慧调度管理。其借助信息化手段和智能化管理方法,对冷链物品在途运输实时监控,采集状态环境信息,维持冷链适宜温湿度,减少货物损耗。

智慧冷链运输管理系统主要包括基础信息管理、运输调度管理、动态实时跟踪管理、安全预警管理、订单管理、财务和绩效管理六大模块。

1. 基础信息管理模块

基础信息管理模块包括系统使用人员管理、冷藏车信息管理、冷链物品信息管理、运输人员信息管理、客户综合信息管理等功能;基于业务往来,搭建供应商、用户、设备与冷链运输环节的信息联通网,加强相关部门之间的沟通和信息传递,为冷链运输管理提供决策支撑和依据。

2. 运输调度管理模块

运输调度管理模块包括冷藏车管理调度、装卸车流程、冷链货物运输体量、行车路径规划等相应功能;对冷链物品运输需求信息整合、分类后,分配相应的车辆和驾驶员,匹配合适的行车路线,指导车辆调度作业,在很大程度上提高运输作业的效率,保障运输任务的顺利完成。

3. 动态实时跟踪管理模块

动态实时跟踪管理模块包括冷链货物和冷藏车实时跟踪管理、运输监控管理、货物与车辆在途状态查询、运输通信管理等功能。动态实时跟踪主要用于冷链货品的温湿度实时监测,运用温湿度采集器对采集数据进行数据解析,可在异常情况下及时发出报警信号。实现记录运输全程温湿度信息,对整个冷链过程温湿度可追溯管理。车辆跟踪可实时定位在途车辆的运行位置,实现和车辆调度的完美衔接,使运输信息传递形成完整闭环。

4. 安全预警管理模块

安全预警管理模块包括车辆状态查询、车辆安全预警、车辆安全应急处理。通过对车辆状态等进行管理,反馈得到车辆是否在维修、是否达到检修时限、车辆状态评估结果等信息,并且在车辆状态不合格时进行安全预警。

5. 订单管理模块

订单管理模块包括订单生成管理、订单状态管理、订单审核管理、单证实时查询功能,将实际运输业务订单产生、发展、建立、确认、完成、信息储存的全过程信息化处理,同时实现冷链运输业务数据流程的完整性,通过订单数据分析处理进行冷链市场需求预测。

6. 财务和绩效管理模块

财务和绩效管理模块主要是对冷链运输成本进行核算,对运输人员以及驾驶员进行绩效考核和分配,实现了对运输价格的掌握,辅助于绩效管理,对标企业经营目标,优化运输决策方案,有利于实现领导层对经营事务的把握和对经营决策的选择。

4.3.2 智慧冷链仓储管理系统

智慧冷链仓储管理系统是在冷库管理全过程中,以互联网、云计算、人工智能等技术对冷链物品仓储环节进行综合管理的应用系统,通过对信息技术、无线射频技术、条码技术、电子标签技术、Web技术及计算机应用技术等相关技术进行集成,将收货、存储(堆码)、存货管理与养护、订单处理、分拣和配送控制等仓储管理环节的各功能有机地组合成一个完整的自动化、独立的管理系统,实现冷链物品仓储作业流程的优化和信息资源的充分利用,从而提高仓储作业效率与资源利用率,降低冷链物品储存成本,最大限度维持物品保鲜性、能效性,减少仓储环节中产生的损耗和人工作业成本。

智慧冷链仓储管理系统由基本信息管理、仓储设施管理、入库管理、在库管理、出库管理、仓储监控、业务数据信息统计七大模块构成。

1. 基本信息管理模块

在该模块中,系统对冷链物品种类、名称、规格、生产信息、有效期、货物温度等商品基本信息进行设置和加载,同时将所有货位编码并存储在系统的数据库中,使系统能够有效追踪物品所处位置,使数据采集及时、准确,也便于操作人员根据货位号迅速定位目标货位在仓库中的物理位置。该模块所包含的信息将贯穿整个仓储监管系统,是货物入库管理、在库管理、出库管理和业务数据信息统计等具体业务的基础。

2. 仓储设施管理模块

智慧冷链仓储设施主要表现为自动化立体冷库的使用,以及冷链仓储装卸搬运设备、仓储人员管理等。其包括:仓储结构合理配置,提高场地利用率;仓储设备及时调配,协调操作凸显智能化;作业人员合理安排,作业效率实现最大化。

3. 入库管理模块

在该模块中,系统根据订单及送货预约等信息资料,设定入库作业任务,作业人员可从系统中将入库任务下载到移动作业设备,在入库作业时扫描入库物品和货位信息,并把数据上传到系统中,系统自动对数据进行处理,数据库中记录此次入库物品的品种、数量、生产日期、货位、入库作业人员等信息,并对相应货位的产品进行累加,达到入库流程标准化、信息化的目的。

4. 在库管理模块

该模块主要实现货位管理、拣选作业管理、库存管理功能。货位管理采用数据读取设备,查询产品货位的具体位置,实现货位精确定位。拣选作业管理对拣选指令进行综合分析,设置最佳流程和最优路径,并按照货位布局和确定的拣选顺序,避免无效穿梭和无序的商品查找。库存管理依靠比较成熟的射频识别技术,采用远距离识别方式,利用网络信息技术对在库商品进行智能化、信息化管理，支持自动补货，确保安全的存货量。

5. 出库管理模块

该模块包括出库准备、拣货备货、货物检验、生成出库单等功能，主要用于对货物出库前的准备工作和出库作业工作进行管理与记录。

6. 仓储监控模块

该模块可以实现冷链在仓储作业整个流动过程及时、准确的跟踪管理，促使冷链流向的过程连贯，全程可追溯，极大地提高产品的安全性。

7. 业务数据信息统计模块

业务数据分析管理子系统包括业务数据联通、订单状态统计、冷链物品在途信息采集等功能。结合数据仓库、数据挖掘与数据分析等大数据技术和智能化技术，对仓储监管中的所有数据进行系统化分析。

4.3.3 智慧冷链配送管理系统

智慧冷链配送管理系统是基于系统支撑技术的智能性、管理体系的全程性和经营理念的统一性，通过智慧识别、自动操作和数据分析实现配送活动各环节环环相扣，优化配送流程，保证冷链物流的平稳运作。

智慧冷链配送管理系统构成主要分为三个层级，如图 4-10 所示：以信息感知技术、条码与图像自动识别技术、导航定位、通信设备为基础的数据通信层；以冷链配送管理信息系统为平台，以用户订单管理、配货管理、配送调运管理、用户信息反馈管理为核心的业务管理层；以订单分理、车货匹配、智能分拣、智能装配设备调度、路径优化算法、应急预警处理等为主的智慧应用层。

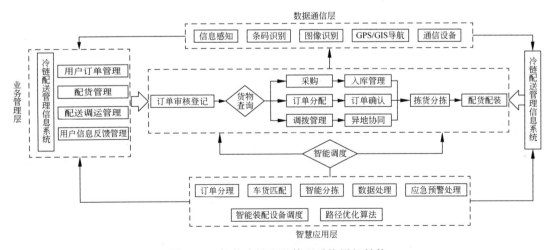

图 4-10 智慧冷链配送管理系统层级结构

1. 数据通信层

数据通信层是智慧冷链配送管理系统各模块之间功能交互的基础，借助自动识别、感知技术、传输、监控与定位技术实现对信息的收集、存储、跟踪、传输，从而为其他冷链物流相关活动提供实时信息与数据。冷链配送环节中，信息处理流程如下。

（1）订单处理流程。作为冷链配送的环节，订单处理流程包括订单受理、订单数据处理和订单状态管理，完成对订单的分类整理确认审核等操作，并将订单确认信息传递至关联部门。

（2）备货作业流程。订单信息被确认接收之后，要根据订单查询货物的备货情况进行库存分配。应用新传感技术、RFID技术、视频监控技术等可视化库存存储状态，实现对目标货物的快速锁定。应用无线网络传输技术、GPS等进行实时监控与跟踪，及时反馈备货过程中的订单处理问题，提供给大数据分析系统加以解决。

（3）拣货作业流程。拣货作业流程借助RFID技术、条形码技术及传感技术等，实现货柜货物自动提醒、拣选路线智能优化。自动感知识别技术能够自动识别货物数量、完整程度、质量状态等信息，减少人工操作的环节。在检查分拣的货物与订单相符程度的过程中，通过RFID技术读取货物的电子标签，检验标签信息与订单货物条码信息的一致性就可以完成此项工作。

（4）送货作业流程。通过视频监控技术、GPS、GIS等实时跟踪运输工具的行驶状态、行驶路径等信息，向用户提供实时的信息查询功能。通过GPRS（通用分组无线业务）系统将移动的车辆信息纳入信息网，根据路况随时优化车辆行驶路线。

2. 业务管理层

业务管理层是智慧冷链配送管理系统实现配送流程有序开展的核心，依靠智慧冷链配送管理系统来调度日常的配送业务，包括用户订单管理、配货管理、配送调运管理、用户信息反馈管理等。其核心业务处理流程如下。

（1）订单审核。配送中心接收到顾客订单后，借助库存管理系统查询库存决定是否需要向外部供应商采购以满足订单需求。

（2）分配调拨。在智慧冷链仓储管理系统中，依据订单的可执行情况进行仓库的订单分配，如需异地调拨则涉及货物调拨管理。

（3）货物装配。配货及装配活动需要依据顾客的分布地点、送货时间的要求、交通状况、物品冷藏冷冻温度控制的要求、货物体积与重量、车辆体积额载等情况，借助大数据分析技术、应用地理编码和路径规划技术，分析出每辆车的最佳行驶路线，然后根据行驶路线来规划货物配载。

3. 智慧应用层

智慧应用层是智慧冷链配送管理系统完成市场分销的具体表现形式。通过数据分析、智能算法技术对配送过程中各个功能以及业务流程进行优化分析，最终形成智慧化解决方案。

智慧应用层要实现的功能包括订单分理、车货匹配、智能分拣、智能装配设备调度、路径优化算法、应急预警处理等。大数据分析系统通过对相关的业务操作的数据进行规整,按照设定的优化目标,通过数据挖掘形成某些规律,并将可能的解决方案模型存储于数据仓库中,将半结构化或非结构化的问题逐渐转化成结构化问题。基于不同的业务目标,大数据分析系统将通过智慧调度模块与配送管理信息系统的相关功能连接,将优化的结果传递给各流程的操作人员,为该项活动具体实施方案的制订提供智慧化参考。

【扩展阅读】 基于物联网技术的农产品冷链物流智慧平台设计

GPS远程监控实现冷链物流"智能化"管理

蔬菜、鲜果、奶制品的冷藏,不仅有助于减慢它们的腐坏速度,保持新鲜,而且对全国物品的运输和合理配置有极大的影响。选择GPS监控食品传输过程让客户不再担心质量问题,人们也吃得放心。虽然我们都知道蔬菜、水果等食品从产地再到消费者手上经过一个运输的过程,各生产水果商和经销商都有自己的一套系统来确保食品不会出现问题,但实际上食品在路上很难做到实时监控,只要出了站点,你就无法"盯"着它了。尤其是奶制品的保鲜度更为重要,在冷藏过程中需要保证鲜奶对温度和湿度环境的要求,这就十分需要在运输过程中对车辆进行全程监控。

博实结科技在多年自主开发GPS物流车辆调度管理信息系统的成功经验基础上,结合实际冷藏物流企业的业务管理流程要求,全方位整合GPS工业级调度监控技术,设计出一整套适合冷链物流企业货运管理和一体化服务信息系统解决方案。冷链物流一体化信息平台如图4-11所示。

此GPS监控方案根据自动识别采集技术、GPS车辆跟踪技术,将货况信息数据自动识读输入信息平台计算机系统,在运送过程中利用GPS跟踪技术方法和手段,可以为企业提供准确的数据采集和跟踪反馈的有效解决手段,在物流企业的车辆追踪,所运送物品追踪和供应链的身份识别与位置定位等方面都可协助企业充分有效地解决目前冷链物流企业中货况运输管理存在的问题。

冷链GPS监控系统目前针对的企业对象是具有一定规模实力的冷链物流货运公司、综合性物流货运公司、第三方物流公司,也可以应用于食品生产型公司冷链货运和连锁销售类公司冷链货运。

(1) 快速装货和下货:提高了货物装柜、下货和转运仓储操作和收发管理的工作时

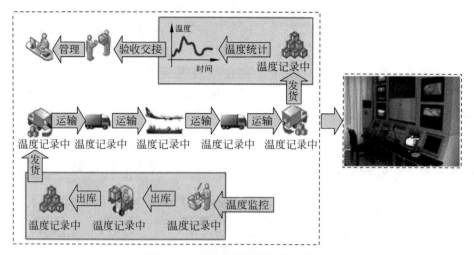

图 4-11 冷链物流一体化信息平台

间效率,加快了处理速度,使冷链货运公司能够快速交付托运和下货。

(2) 准确定位,全程跟踪:提高了冷链物流货物运输过程操作的准确度,提供了全程电子地图查询、监控货况货物地理位置的功能。

(3) 降低运营成本:通过自动的数据信息采集输入,效率和准确性提高;大大加快了货物出入库的流转速度,增强了系统的单据处理能力并增加了货物处理数量;能减少多次的手工数据输入,更少地导致错误和降低了整体运营成本。

(4) 人员智能调度:结合 GPRS 和 GPS 技术,可以对企业内部人力资源进行动态分配和调度管理,自动地流通信息和调度,提高人员的效率和企业效益。

(5) 提高监管能力:调度人员取得更好的实时可视性并可以监控司机人员的任务执行过程,更好地管理和使用公司的人力资源。

(6) 确保及时交货:通过实时监控冷运货物的托运过程,公司可以更好地确保及时交货。

(7) 自动读取温度数据:保证了货物新鲜程度、品质的全程实时监控,轻松地解决了食品流通过程中的质量监控问题。

(8) 有效管理冷藏车通行:通过在装货或卸载时建立的车辆出入管理子系统,能自动登记和实时监控车辆进出状态,缩短等待时间,提高运营效率,优化了冷藏车的通行管理,从而加快物流过程。

GPS 监控使产品运输形成有效体系。综上所述,冷链物流一体化信息平台能全程监管冷藏车的货物温度和运输过程,能提高产品运输的安全性、降低产品的损耗、提升企业收益,还能协助冷链物流货运公司突破现阶段的管理和监测技术瓶颈,建立起行之有效而有益的冷链物流运输过程管理。

资料来源:http://news.soo56.com/news/20151107/75128m1_0.html;https://tech.hqew.com/fangan_1814036.

案例思考题:

冷链监控系统还可以应用哪些信息技术?如何实现"全程冷链"监测?

【即测即练】

第 5 章

智慧冷链运输场景的技术应用

【本章导航】

本章主要介绍智慧冷链运输设备,包括公路运输、水路运输、铁路运输、航空运输;介绍智慧冷链运输管理信息系统的定义、构成以及各模块功能;介绍智慧冷链运输在智能驾驶技术、车队调度管理、运输路线规划、货物状态跟踪及"互联网+"背景下冷链运输场景。

【关键概念】

智慧冷链运输设备　智慧冷链运输管理信息系统　智能驾驶技术　车队调度管理　运输路线　智能规划　货物状况跟踪监控　"互联网+冷链运输"

花好如初,蓄冷式智能冷链装备领"鲜"的秘诀

随着经济社会的发展,人们的生活品质不断提升,市场对冷链物流的需求也以几何倍数增加,除了公路冷链运输的量级爆发外,铁路冷链运输也面临着市场需求推动和冷链装备迭代。国内现有铁路冷链装备数量和性能,难以满足不断变化的市场需要。铁路冷链运输现代化发展,不断呼唤着铁路冷链装备的创新与变革。

2017 年底,中车齐车集团石家庄公司与英国某大学合作,开始了蓄冷式智能冷链装备技术共同研发和落地应用。2018 年 2 月,项目组开发的小型冷藏箱问世,在常温、夏季高温以及低温环境下保温冷藏效果良好;6 月,首台 40 英尺(1 英尺=0.304 8 米)保温集装箱样机完成试制。2019 年 6 月 15 日,8 辆装载着蓄冷式智能冷链装备的汽车陆续发动,蓄冷式智能冷链装备正式进入示范运营阶段。

蓄冷式智能冷链装备应用世界领先的相变蓄冷技术,具有恒温控湿、无源释冷、节能环保、一箱到底、落地成库等显著特点。冷链装备系统运用 BDS、GPS 双定位,涵盖多网协同,实现了蓄冷保温箱在使用过程中冷链运输货物的全方位检测以及运输环境与充冷量的智能匹配计算功能。

中车齐车集团石家庄公司冷链项目负责人介绍:现实应用的初芯 A25 系列 45 英尺宽体箱蓄冷式智能保温箱,以专用充冷装备对其充冷 2 小时,可以实现箱内保温 0~5 ℃ 状态下恒温恒湿 120 小时。箱内的信息采集系统,可以即时把箱内的冷量、环境温度、箱外温度及位置等信息上传到 PC 端和客户端,客户根据运载货品的时长需要与冷量存量进行平衡,可以在必要的时候,按需充冷。除了无源释冷、恒温恒湿外,市场青睐于蓄冷式智能保温装备,还因为其"节能环保、降本增效"的优势。

自2019年6月15日到10月15日,用蓄冷式智能冷链装备运输蔬菜、肉制品、酸奶、葡萄等产品多达50多车次,总行驶里程20万千米。高质量的运输品质,使蓄冷式智能冷链装备成为永辉超市供货商指定水果尤其是葡萄运输装备。

2020年2月10日,中国铁路昆明集团有限公司根据蓄冷式智能冷链装备前期运营中的优异表现,决定由中车齐车集团石家庄公司冷链装备承担援助湖北新鲜农产品运送任务,确保民生物资一路领"鲜"。

资料来源:现代物流报,https://www.sohu.com/a/415687296_120004713.

5.1 智慧冷链运输设备与设施

冷链运输是指在运输全过程中,无论是装卸搬运、变更运输方式还是更换包装设备等环节,都使所运输货物始终保持一定温度的运输方式。作为冷链物流的一个重要环节,冷链运输成本高,而且包含较复杂的移动制冷技术和保温箱制造技术。随着智慧物流概念的兴起,物联网、云计算、大数据、人工智能、无线通信等新一代技术得到深层次发展与运用,充分融合智能信息系统,冷链运输不断呈现智慧化趋势,实现全流程温度监控、路线优化调度、信息追溯等功能。目前,冷藏货物的运输方式主要包括公路冷藏运输、铁路冷藏运输、水路冷藏运输和航空冷藏运输,其智慧化发展趋势越加明显,信息化应用程度不断加深。

5.1.1 公路智慧运输设备

1. 公路冷链运输现状

对中国公路冷链运输市场分析显示,2018年,我国90%左右的冷链物流货物量由公路冷链车运输完成,占据了非常大的市场份额。公路冷链运输灵活、便利,可实现"门到门"的精确服务,满足当前小批量、多种类,"长流水、不断线"的运输市场需求。根据中国物流与采购联合会冷链物流专业委员会统计,2015—2020年,我国冷藏车保有量几乎保持了20%左右的增速。2020年,我国冷藏车保有量达到27.5万辆,较2019年增长28.1%,净增6.03万辆。由此可见,公路冷链运输发挥的作用将持续上升。冷链需求不断增加的同时,生鲜电商也在蓬勃发展,进一步促进了公路冷藏运输市场的迅速增长,为更好地适应市场和冷链消费需求,冷藏车在类型上逐渐呈轻质化、标准化,在功能上逐渐呈智能化、多样化,在材料使用上逐步实现环保型、节能型,迎来新一代的升级和改造。

2. 公路冷藏车类型

在冷链运输中,冷藏汽车具有能保持一定低温的货厢,可用于载运需要保持低温或者易腐的货物,是公路冷链运输的主要设备。按照制冷方式的不同,其主要分为机械式制冷和耗材式制冷。机械式制冷设备为机械冷藏车,耗材式制冷设备是蓄冷板冷藏车和液氮冷藏车。

1）机械冷藏车

机械冷藏车主要由制冷机组、隔热保温厢体、控制面板、汽车底盘、备电装置构成，如图 5-1 所示，机械冷藏车设有机械制冷设备，一般均采用蒸汽压缩式制冷机组，可自由调节温度，是冷链运输主流方式。

图 5-1　机械冷藏车的结构

2）蓄冷板冷藏车

蓄冷板冷藏车主要应用于短途公路运输，其原理是利用有蓄冷功能的冷冻板制冷。其蓄冷方法通常有两种：一种是利用集中式制冷装置，即当地现有的供冷藏库用或具有类似用途的制冷装置；另一种是借助装在冷藏汽车内部的制冷机组，停车时通过外部电源驱动制冷机组使蓄冷板蓄冷。

3）液氮冷藏车

液氮冷藏车主要由液氮储藏罐、喷嘴及温度控制器组成。其通过控制器设定车厢内要保持的温度，而感温器则把测得的实际温度传回温度控制器。

三种类型冷藏车的特点及应用如表 5-1 所示。

表 5-1　三种类型冷藏车的特点及应用

类　　型	优　　点	缺　　点	应　　用
机械冷藏车	调温精确、可靠、范围广，无须填充降温物质	结构复杂，维修成本高，噪声大，初期投资高	适用于各种不同冷藏货物的运输
蓄冷板冷藏车	结构简单，多段冷藏，温度可控性好，综合运输成本低	运输距离有限，充冷能力有限，冷却速度慢	适用于各种不同冷藏货物的运输，不适合长途运输
液氮冷藏车	装置简单，初期投资少，降温速度快，无噪声	液氮成本高，液氮充注困难，有效载货量少	冷冻医疗、超导等

3. 冷藏车智慧化应用

冷藏车智慧化主要在于连续性温湿度检测、远程监控和信息追溯功能。利用先进的 RFID 技术、传感器技术、GPRS/GPS 技术等无线通信技术共同与互联网组成一个冷藏车远程监控智能系统，可以实时监控冷藏车厢内的温湿度、车辆行驶状况、货物在途状态信息和冷藏车设备门开关，同步将运输信息流贯穿运输过程的始终，实现运输过程的全程监控与可追溯。上述系统功能的实现如图 5-2 所示。

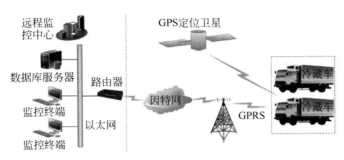

图 5-2 冷藏车远程监控智能系统

1) 温湿度监测

智能化冷藏车利用 SHT10 高性能温湿度传感器读取冷藏车厢内的温度、湿度。通过驾驶室中读写器、RS-485 总线向温控监测中心传递温度实时变化情况,实现智能车载终端的信息分类、记录和转发。通过与其他智能部门的网络互联机制,保持业务信息流通,实现冷藏车在途监控管理。

2) 远程监控

冷藏车监控普遍采用 GPRS(4G/5G)无线通信与 GPS/BDS 定位,对车厢内进行温度与定位管理。冷藏车内监控中心可经无线通信网络与因特网连接到远程监控中心,远程监控中心对冷藏车进行实时监控。通过双向监控系统、GPS 远程监控温度,可将冷藏车与监控中心服务器、远程监控重点紧密连接,实现双向实时互联互通,完成智能化信息传送和在途监控。

3) 信息追溯

冷藏车中信息追溯功能的实现主要利用 RFID 技术。RFID 系统是物联网技术的核心要件,由一个阅读器和大量标签组成,被广泛应用在冷链货物的信息记录、检测和跟踪场景。将冷藏车中运输货物贴上相应的电子标签后,实现冷链货物温湿度、形态、发送地、在途状态等相关信息的记录,同步识别在 RFID 阅读器中。当冷链物品需要装卸搬运、出库时都会通过 RFID 阅读器的再次识别,将信息回传至整个智能运输系统的监控端,通过传送的具体数据随时掌握冷藏车内冷链货物具体情况。

4) 门开关监控

为了避免在运输过程中由于厢门的非正常开关造成货物损失,需要对车厢门开关状态进行实时的监控。门开关状态监控装置利用霍尔传感器探测冷藏车厢门的开关状态。对冷藏车厢整个供应过程中每次车厢门开关的时间、地点等相关信息进行记录,并随时将这些关键信息传送到远程监控中心。

 5-1

新型智慧冷藏车助力"疆果外运"

2019 年 7 月 16 日,一种搭载综合保鲜技术、智能网联技术、云平台管理技术的新型智慧多功能冷藏车亮相乌鲁木齐,将通过多功能保鲜技术的应用,降低生鲜果蔬运输损耗,助力"疆果"更新鲜高品质地"走出去"。

这种名为"智鲜仓"的冷藏车,长 14 米、高 4 米、运载量 30 吨,通过搭载的先进互联网科技,综合应用气调技术、负压技术、温度均匀性控制技术、多种能源组合供电方式等,在农副产品从产地到客户的过程中,实现"头、挂、箱"的一体化节能,物流全过程可视、可控。使用者可通过冷链运输中心云监控平台、车载显示单元、手机客户端三大平台进行实时监控,随时掌握生鲜果蔬的运输情况以及保鲜情况,通过执行装置,实时调节车厢温度,保证全链保鲜。

"智鲜仓"生产企业希迪智驾总经理马潍介绍,7 月初,这款新型冷藏车已成功将 30 吨英吉沙县色买提枣从产地运到北京销售。车辆综合损耗较行业平均水平减少 80%,搭载混合动力的半挂车整车综合节油率大于 20%,目前已跟国内冷链物流企业和新疆瓜果生产供应商达成了合作意向。新疆农业科学院农产品贮藏加工研究所副所长潘俨说,新型智慧冷藏车引入新疆,有望改变生鲜农产品冷链物流行业生产模式,助推林果业提质增效。目前新疆生鲜果蔬外运,已超过一半经冷链物流,减少果蔬采摘后的品质劣变和软腐损耗。新疆 20 多家果蔬产业上下游的企业达成了智慧果蔬产业联盟,将通过强强联合,打通新疆果蔬全产业链销售通道,助推新疆生鲜农产品更高品质地"走出去"。

资料来源:搜狐网,https://www.sohu.com/a/327309024_503825。

5.1.2 铁路智慧运输设备

1. 铁路冷链运输现状

在中长途冷藏运输中,铁路运输依靠其长距离、大批量、低价值、低负担力特点优势成为重要的运输方式。目前,铁路冷链运量年均增长虽然已经超过 50%,但我国铁路冷链运输规模在冷链运输总体占比中份额仍较小。2019 年,我国铁路冷链运输量总计达 200 万吨左右,同比增长 30.6%,表现出良好的发展态势,但铁路冷链运量占社会冷链运量总需求仍不足 1%,距离期望目标差距依然较大。由此可见,铁路在长距离冷链运输中的优势尚未得到充分发挥。

铁路冷链运输主要困境在于:铁路冷链服务受限于铁路线的布局和管束,在运输目的地送达方面不如公路运输灵活便捷;铁路冷链物流分区域管控,暂无统一接口,很难实现对全区域物流的信息查询和共享;铁路冷链追踪、控制、追溯等功能不尽完善。

2. 铁路冷链运输设备

我国铁路冷链运输设备主要包括铁路冷藏车、铁路冷藏集装箱和铁路隔热车。

1) 铁路冷藏车

铁路冷藏车按制冷方式不同可分为加冰冷藏车和机械冷藏车。

加冰冷藏车结构简单,冷源廉价易获得,在车厢的两端或车顶加冰和盐即可实现保冷功能,但其温度分布不均,运输过程中要保留加冰环节,直接影响行车速率和结构耗损,逐步被机械冷藏车所取代。

铁路机械冷藏车原理同机械冷藏汽车一样,都是用机械式制冷装置,具有制冷温度低、调节范围大、温度分布均匀的特点。铁路机械冷藏车在运输过程中还设有自动检测、安全报警功能，中途无须加冰，减少增加能源环节，提高运送效率，但造价成本、技术要求相对较高。我国现有的铁路机械冷藏车主要类型为 B19、B22、B23、B10 等，主要区别在于载重量、车内容积和压缩机类型等参数。

大多数机械冷藏车数量有限、性能老化、控制技术落后，已逐渐在新技术的支撑下更新升级。中车长江车辆有限公司联合中铁特货运输有限责任公司于 2015 年对制冷系统可靠性较差的 B10 型冷藏车进行技术升级，增加车辆 GPS 定位和制冷机组远程监控功能，可实时监控冷藏车的位置、货物情况、制冷机组工作状况和故障信息，根据冷藏车的实际运输情况，除制冷机组远程监控系统自身提供的基本功能外，增加了货物间门开关状态显示传感器、油位传感器和货物间温度传感器。获得权限的货主、运输方、安全机构都能通过电脑或手机及时了解货物信息，提高了服务质量，同时为实现无人押运创造了条件。2017 年成功研制了新型铁路机械冷藏车，采用转 K5 或转 K6 型通用货车转向架的单机组单节机械冷藏车，轴重 23 吨，自重 34 吨，载重 57 吨，容积 140 立方米，运行速度 120 千米/小时。该车满足现有货车检修体制，创新采用远程监控技术实现无人押运，整车综合性能处于国际领先水平，运输经济性好，成为我国铁路冷链运输近期发展的主要装备。

2）铁路冷藏集装箱

铁路冷藏集装箱是国外铁路冷链运输的主要运输装备，多用于多式联运中，具有营运调度灵活、装卸速度快和效率高、减少装卸环节、减少污染和损耗、运输温度稳定等优点，铁路冷藏集装箱带动的多式联运，有效提升冷链市场竞争力。

冷藏集装箱类产品技术的创新发展，主要集中在新能源制冷技术、新材料技术、信息化和智能化技术方面。采用信息化和智能化技术，可远程对制冷机组或发电装备的柴油发电机组等进行监测和控制，自动跟踪定位，实时掌握装备及冷链货物温湿度等各种信息，及时处理突发异常情况，同步降低冷链运输成本。

3）铁路隔热车

铁路隔热车于 2018 年成功研制，是不单独设置制冷装置，利用车体良好的隔热性能减少热量交替，利用货物蓄冷和适量补充或夹带一次消耗性冷源达到货物恒温效果的运输车辆。铁路隔热车轴重 23 吨，自重 30 吨，载重 64 吨，车内容积 170 立方米，可用于牛奶、矿泉水、果蔬等大宗保温类货物长距离铁路运输。铁路隔热车内可加装智能化远程监控系统，实时感知车内温度及湿度，成为新一代的铁路冷链货物车型。铁路隔热车优点表现为：无制冷装置，结构简单，维修便捷，成本低；无污染能源损耗，低碳环保；一次性冷源的使用节省预冷环节。

3. **铁路冷链运输智慧化应用**

1）搭建铁路冷链智慧化架构

为解决传统铁路冷链运输中运转效率较低、冷链货品信息查询延迟等问题，采用新技术方式搭建智慧化架构，提升铁路冷链运输的高效安全性。铁路冷链智慧化架构主要功能体现为实现冷链商品高效进出库与冷链商品铁路运输过程中环境和定位信息，所采用的技术分别如下。

（1）冷链商品高效进出库技术。采用 RFID、NB-IoT（窄带物联网）技术，实现冷链货品的高效出入库。在装货时，把每个托盘所装货物的名称、数量、重量、客户名称、交付时间和每个托盘所入冷藏集装箱 ID 等信息通过手持终端存入该托盘对应的 RFID 标签中，在运输、配送、交付环节中使用手持形式或固定形式的 RFID 读写设备（集成了 RFID 读写器功能与 NB-IoT 无线通信功能）来对托盘上货物的信息进行自动高效获取，并通过 NB-IoT 技术传送到 OneNET 平台上。冷链货品高效进出库技术如图 5-3 所示。

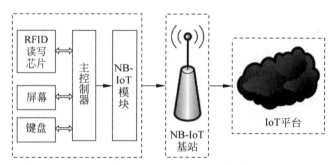

图 5-3　冷链货品高效进出库技术

（2）冷链商品铁路运输过程中环境和定位信息技术。采用 GPS、温湿度传感器、NB-IoT 技术，实现对托运货物温湿度与位置信息的远程实时监测。监测系统部署在冷藏集装箱、冷储仓库、冷链配送货车上，系统中控制温湿度传感器和 GPS 模块以一定频率采集冷链货物的温湿度和定位数据，并通过 NB-IoT 模块将数据发送到 IoT 云平台。监控系统的硬件采用模块化设计，主要包含主控制模块、温湿度传感器模块、GPS 模块、NB-IoT 模块和电源模块，各个模块相互独立，除电源模块之外，模块之间采用接口电路进行数据的传输。同时开发基于移动端的程序，客户可以通过移动端程序查询冷链运输货物的温湿度和位置信息。温湿度与位置远程实时监控关键技术如图 5-4 所示。

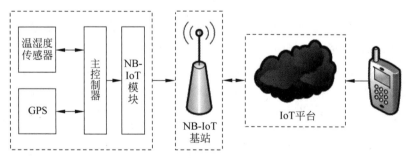

图 5-4　温湿度与位置远程实时监控关键技术

铁路冷链智慧化架构以数据为核心载体，自下而上包括数据采集层、数据传输层、数据存储层和数据应用层，如图 5-5 所示。

① 数据采集层。该层完成冷链物流智能化所需的数据源的采集，包括冷链物流各环节中的货物信息、温湿度和位置实时数据等。

② 数据传输层。数据采集层采集到的数据，由该层传送到数据存储层进行存储。数据传输层采用窄带物联网（NB-IoT）技术实现。

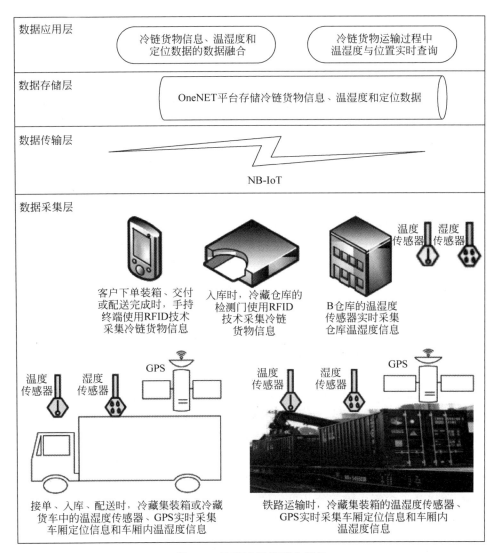

图 5-5　铁路冷链智慧化架构

③ 数据存储层。数据采集层采集到的冷链货物信息、温湿度和定位实时数据,由数据传输层传输,存储在数据存储层。

④ 数据应用层。该层直接面向客户,当客户需要查询所委托冷链商品的温湿度或定位实时信息时,该层完成相关信息的数据融合,把客户感兴趣的信息以友好界面展示出来。

2) 基于区块链技术铁路冷链物流

区块链是一种分布式存储方式,每一个区块会存储一定信息,按照产生的时间顺序形成链条。区块链技术具有开放性、安全性等特点,利用区块链体现的特性优势可解决铁路运输目前亟待解决的问题。

开放性促进数据同步共享。区块链技术开放性特征表现为整个系统信息高度透明化,有利于冷链物流在各节点数据的同步共享,推动"铁路+公路"联合运输体系的建立,打造多渠道信息共享型运输干线支撑平台,释放铁路冷链运输带来的经济价值。

安全性保证运输追溯跟踪。根据冷链货品产地分类,我国冻肉禽类冷链运输市场主要集中于东北、山东等地,冰鲜水产品运输主要集中在沿海地区,果蔬冷链运输主要集中在新疆、云南、广东、广西等地。由于路途较远、地势复杂,上述产品大都需要中长途运输,匹配铁路冷链的远距离运输优势。基于区块链技术安全性,实现铁路冷链运输在途可查、可追溯等功能,能够使中长途货主放心、安心,助力铁路提升市场份额。

基于区块链技术的铁路冷链物流体系关键在于全流程的跟踪服务和在途信息追溯。随着中长距离冷链物流市场潜能的进一步释放,冷链货物转运丢失、状态改变、突发事件等因素将增多,亟须通过全程跟踪开展监控。基于区块链模式,铁路冷链物流跟踪服务过程中,以铁路为主体,赋予了粗加工、配送、干线运输、包装仓储等各个环节以功能节点的角色,借助 BDS/GPS、GIS、物联网(IoT)、5G 等技术的合理运用,实现对各种运输状态下动态物流信息的采集与传输,充分发挥综合运输的一体化作用。在流转过程中,将冷链货物具有数字签名的可信凭证传到链上,通过私钥和公钥实现安全共享,包括客户在内的链上全部节点同时收到更新数据,消除信息不对称和价格不透明等现象。同时,在全程可视化跟踪的基础上,还要做到在途控制。通过时限预警,盯控各环节物流作业时间,探索提供对冷链货物温度指标调节等高端定制化服务。铁路冷链物流全过程跟踪区块链服务模式如图 5-6 所示。

在途冷链物品信息追溯服务方面,物流全程各节点信息区块以时间戳为依据排列,有序记录生产企业、加工包装企业、运输企业的质检报告、运输单号、加工详情等信息,实现从产品的加工或种植、养殖开始,一直到零售商、消费者的全周期追溯。消费者可以利用授权平台,查询确定产品是否被调包或窜货。同时,系统外接第三方监管机构,食品与药品安全监管部门能够全面监控流通过程,出现问题迅速追责至责任方,不仅提升了客户的消费体验,还提高了冷链运输的公开可信度。铁路冷链物流可信任追溯区块链服务模式如图 5-7 所示。

5.1.3 水路智慧运输设备

1. 水路冷链运输现状

水路运输是一种最古老的运输方式,主要优点是运载能力大、成本低、能耗少、投资省,适宜进行长距离、高密度、低价值和便于机械设备操作的货物运输。随着冷链物资运输量的不断增加,水路运输的方式依然有其重要意义,依旧是很多国家和地区的主要运输方式之一。水路冷藏运输的主要工具是冷藏船和冷藏集装箱,运输装备内都装有制冷设备,船舱采用隔热保温材料。国际冷藏集装箱更是以其高效、方便的特点在海运中占了重要的地位。国际运输 80% 的货物是通过水路运输方式来完成的,一律采用机械制冷,隔热保温要求严格,可在一定的时间内不开启制冷设备而保证预冷货物的品温。常规的冷藏货物运输已大部分由冷藏集装箱来完成。

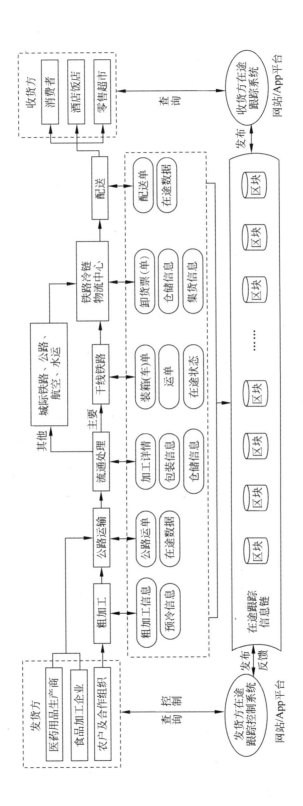

图 5-6 铁路冷链物流全过程跟踪区块链服务模式

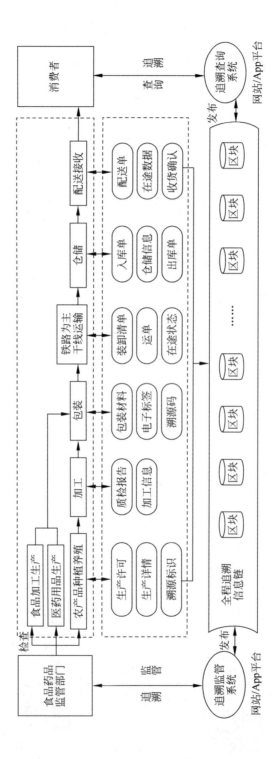

图 5-7 铁路冷链物流可信任追溯区块链服务模式

2. 水路冷链运输设备

1) 冷藏船

水路冷藏运输的主要工具为冷藏船。冷藏船是使鱼、肉、水果、蔬菜等易腐食品处于冻结状态或某种低温条件下进行载运的专用运输船舶。随着冷藏船技术性能的提高、船速的加快、运输批量的加大、装卸的集装箱化，冷藏船运输量逐年增加，成为国际易腐食品贸易中主要的运输工具。

冷藏船的隔热保温要求很严格，温度波动不超过±0.5 ℃。冷藏船多采用氨或氟利昂制冷系统；冷却方式主要是冷风冷却，也可以向循环空气系统不断注入少量液氨，还可以用一次注入液体二氧化碳或液氮等方式进行冷却。

冷藏船作为传统的冷藏保鲜用船，主要优势体现在以下几方面。

(1) 运输批量大，适合运输大批量的货物。

(2) 对装卸泊位的要求较低。

(3) 船舶结构蚀耗低，货舱被保温层隔离保护。

(4) 航速高，适合快速运输。

(5) 具有良好的隔热设备和制冷设备。

(6) 单一航次船舶营运周期长。

2) 冷藏集装箱

(1) 冷藏集装箱性能。由于冷藏船在耗能率、灵活性、操纵性等很多方面不如冷藏集装箱，因此在许多航线上，常规的冷藏货物运输舱已大部分被冷藏集装箱所取代。冷藏集装箱一律采用机械制冷方式，并具有一定隔热性能，能在一定的时间适度地保持预冷货物低温。

随着冷藏集装箱的不断发展及应用的日益普遍，在我国，冷藏集装箱已成为水路运输的主要方式，逐渐替代运输船冷藏货舱，实现易腐货物的运输。因此，冷藏集装箱运输船将成为水上运输的主要工具。

(2) 冷藏集装箱自动识别技术。随着物流货物量的不断增加，现代化技术手段的应用引起广泛关注，精确度高、可靠性强的集装箱识别功能成为现代化发展的必然结果。依靠物联网技术的不断升级发展，通过 RFID 技术、OCR 技术、二维码技术等实现自动化智能化识别已逐渐成为趋势，解决了传统人工录入方错误率高、效率低、信息闭塞的缺点，将箱号自动输入管理信息系统，提高海关、物流、港区管理自动化程度，减少时间消耗，进而引领智能集装箱整个行业的发展。

(3) 冷藏集装箱传感器技术。集装箱各类状态数据来源于各种传感器，传感器技术是智能集装箱的关键技术之一。智能冷藏集装箱需要监测的环境参数包括温度、湿度、压力和氧气、二氧化碳、乙烯等气体的浓度含量，常用的传感器包括温湿度传感器、压力传感器、气体传感器等。

(4) 定位技术。集装箱位置信息在集装箱物流运输、堆场管理等作业环节中不可或缺。物联网领域经常使用的定位技术主要有卫星定位技术、Wi-Fi 定位技术、RFID 定位技术、ZigBee 定位技术、GPS 定位技术等。GPS 定位的主要优点包括：覆盖广，能覆盖全球 98% 的面积,并确保实现全球全天候连续的导航定位服务;精度高,操作简便。集装箱基本都在室外,因此集装箱的定位普遍采用 GPS。

(5) NB-IoT 技术。集装箱智能终端数据的采集需依靠先进通信技术完成,实现集装箱信息的实时获取与共享。NB-IoT 是一种新兴的数据传输技术,聚焦于低功耗、广覆盖的物联网市场,可在全球范围内广泛应用,其具有覆盖广、连接多、速率小、成本低、功耗低、架构优等特点,将是智能集装箱通信技术的重要选择。

5.1.4 航空智慧运输设备

1. 航空冷链运输现状

航空冷链物流作为冷链物流的一种运输方式,主要是以航空运输为核心,利用适航冷藏冷冻设施设备,让货物在地面服务、航空运输等整个航空冷链物流过程中,保持要求的温度和湿度等,以满足客户对温湿度的需要。

航空冷链物流特点主要如下。
(1) 运输速度快、需求量大。
(2) 多个主体参与,链条衔接复杂。
(3) 利润高、潜在市场大。

2. 航空冷链运输主要设备

航空冷藏运输是通过装卸冷藏集装箱进行的。由于飞机上动力电源困难、制冷能力有限,不能向冷藏集装箱提供电源或冷源,因此空运集装箱的冷却方式一般是采用液氮和干冰。在航程不太远、飞行时间不太长的情况下,可以在对货物适当预冷后,保冷运输。

冷藏航空箱主要有隔热航空箱和温控航空箱两种。温控航空箱又可以分为主动式和被动式两种。主动式温控航空箱装备有一套主动式温度控制系统,通过电源装置提供能源,实现货舱精确控温。主动式温控航空箱和被动式温控航空箱在箱体结构上,最大的区别是有无独立的设备仓,用于安装制冷装置。瑞典 Envirotainer 公司的 RKN 主动式航空冷藏箱是第一个在航空领域成熟应用的产品,外观上设计非常简洁,大量使用了铝型材,采用了冷王公司开发的制冷机组。Envirotainer 公司在 2016 年与国内航空公司也签订了租赁协议,标志着其正式进入国内航空冷链物流市场。

3. 智慧航空冷链应用

1) 信息化技术优化航空冷链运输

航空冷链物流通过航空运输方式能够快速把对温度敏感的物品运输到目的地,像生物制剂、医药用品、鲜活易腐货物等对温度和时间敏感的物品都需要航空冷链的高效运输。信息化的引用正不断促进航空冷链物流的优化,提高冷链的运作效率和质量。

以 RFID 技术应用为例,可以实现以下功能。

(1) 提高航空冷链货物的信息识别速度,使得整个航空冷链环节的衔接更顺畅,缩短货物在交接过程中所占用的时间,避免温度敏感货物在扫描环节因停留时间过长而造成的损失,完善整个冷链环节,有效地减少货物的运送时间,实现航空冷链物流的高效化。

(2) 追踪溯源运输过程中冷链货物信息。RFID 技术中的电子标签形状多种多样,可嵌入货物的任何位置,实现无接触跟踪。同时,电子标签内的信息可进行电子录入,便于冷链过程中的实时动态管理和追溯查验,完善整个航空冷链物流的管理。

(3) 促进航空冷链标准化信息平台建设。航空冷链物流的发展和完善需要物流信息的标准化建设,确保温度敏感物品运输、储存等过程中的高效连接。在航空冷链物流中要全面使用 RFID 技术建立中央信息处理系统,实现电子信息的录入和交换,促进航空冷链物流各环节之间的信息标准化,从而推进航空冷链物流信息的共享和流程的优化。

2) 数字化技术打造航空冷链平台

随着大数据、人工智能等新兴技术的迅速发展,数字化技术在物流行业领域的应用越来越广泛。现代化物流信息技术在物流领域的具体应用不断向区域一体化服务模式发展,有助于打造智慧化航空冷链平台。

 5-2

东航物流打造智慧航空冷链物流平台

东方航空物流股份有限公司(以下简称"东航物流")基于现有可视化应用水平,结合移动互联网、云计算等技术,建设移动化智能调运管理平台——"领航"。该平台依附移动化平台建设和基础技术支持,针对东航物流、货机、冷库、客户和基础服务商五类对象,集智能运输调度、智能冷库管理、客户(货源)管理、航班控制、租赁服务管理、支付结算等功能于一体。该平台致力于打造一个闭环的航空冷链物流生态圈,形成以东航物流为核心牵引力的生态系统。

"领航"平台的建设需要基础技术支持,首先是首端和末端节点的广泛连接与信息监控的获取,其次是对信息进行整合和可视化处理,进而达到智能管理的目标。

1. 实现运输可视化

(1) 运输信息透明的实现。利用 RFID 技术、移动通信技术、北斗定位技术、温度传感技术、数据库技术、物联网技术等数字化技术,实现东航物流在冷链物流业务中对温湿度的监控和对货品、运输飞机的定位,实现冷链运输可视化、货品可追溯、监管有据可依。

(2) 驾驶行为监控的实现。开发机载设备,植入高精度 GPS 芯片,实现货机快速定位;内置陀螺仪感知,实时监控货机各种飞行状态;GSM(Global System for Mobile Communications,全球移动通信系统)技术支持语音监控和短信指令发送,内置闪存卡全息记录飞行员的每一个驾驶细节。

2. 实现仓储透明化

(1) 温湿度监控记录和报警。在冷藏库区各个地方布置由温湿度计组成的监控点阵,对冷库的环境数据进行全天候监督和检测,将温湿度数据和设备状态实时传输给"领航"平台,客户可随时登录平台查看货物冷藏信息,同时监控设备会根据具体的环境参数下发操作指令;将监测参数写入温湿度变送器后,温湿度变送器自动按设置独立运行,并在环境参数发生异常变化时进行现场报警;各冷库的监管人员可通过平台随时查询所负责区域的温湿度历史变化情况,并生成数据报表和历史曲线。

(2) 库存量的记录。运用 RFID 技术,通过对进出的货物进行扫描识别,记录货物品类、出入库时间、批次、保质期、单位包装质量等数据,运用 WMS 进行库存实时记录,能够节省人力管理资源和避免爆仓。另外考虑到 RFID 标签的应用成本,可以同批次货物使用一个标签,且 RFID 标签重复使用。

3. 实现储运智能化

(1) 智能调运。将运单和机队信息统一连接到"领航"平台,创建物流地图,在电子地图中存有东航物流全网合作网点,飞行员充分考虑距离、时间、成本等因素进行最优航线规划与导航。

(2) 机货监控。了解飞机运行状态,当货机根据物流地图执行货运任务时,货机的预定路线和实际追踪信息均可以根据订单号查询到,自动显示系统预定到达时间,每天 24 小时实时交互运营数据并呈现在"领航"平台,方便客户和东航物流对货物的位置、温湿度信息、预期到达时间、操作记录等进行实时监督和安排工作计划,同时便于机队管理者有效了解货机、飞行员情况,及时处理突发情况。

(3) 冷库智能部署目标。利用物流地图结合热力图优化库存管理,依据人流的密集程度进行冷库中转站的设置。根据一定区域的客流热力图,可以按不同条件和标准筛选出目标人群的分布情况,同时从不同层面分析常驻居民及流动客群,了解目标区域的人群偏好。

资料来源:王娴,何任杰,李艳伟.基于数字化技术的智慧航空冷链物流平台设计——以东航物流为例[J].物流技术,2020,39(1):110-115,126.

5.2 智慧冷链运输管理信息系统

5.2.1 智慧冷链运输管理信息系统概述

1. 智慧冷链运输管理信息系统的定义

智慧冷链运输管理信息系统是运用数据库、互联网等现代化信息技术和移动通信技术,加载温湿度传感器、RFID、北斗定位、制冷等设备,使生鲜、肉禽、易腐类冷链货物在运输途中一直处于低温环境下,从而保证冷链物品的新鲜程度和品质,减少货物损耗,实现对温湿度实时监控,对货物、车辆定位追踪。在冷链运输环节,温湿度大幅度变化是导致货物品质下降的主要原因。采用科学的运输管理模式,运用先进科技手段实时监控货物在途运输的温湿度状态,触发预警机制、安排应急处理是保证冷链运输系统高效运转的关键因素,进而实现冷链物流运输全程可视化、路径可溯化、监管一体化。

2. 智慧冷链运输管理信息系统的特点

(1) 温度管理精准化:配置专业温湿度传感器、射频无线传输等设备,运用自动化手段定时监控在途货物状态,并实时采集货物信息上传终端,实现货物与状态信息同步匹配,保证运输中产品质量。结合智能报警手段,对温湿度高低限自动报警,实现温湿度精细化管理。

（2）运输控制智能化：结合 GPS 定位、温度检测技术、GIS 和无线数据传输技术打造开放式定位监管平台，实现对冷藏车运输路径的有效跟踪定位管理，并将定位信息和货物资源整合，为货品和车辆管理提供了监管保障，实现"不断链式"输送智能管理。

（3）操作部署简便化：系统实施部署方便，不需对现有车辆做大幅度改造，仅安装信息化设备装置即可建立起温湿度信息采集、监控、追踪一体化系统，便于推广使用。

（4）质量追溯可视化：搭建完善的冷链货物运输跟踪及产品流通跟踪体系，对出现质量问题的产品进行召回和销毁，记录相关信息，生成各类服务报表，对发生质量缺陷的产品可以通过标签追溯自动查询等，实现了货品可溯源管理。

5.2.2 智慧冷链运输管理信息系统的功能模块

基于物联网与冷链信息系统的结合，智慧冷链运输管理信息系统主要分为四大模块，分别为车载冷链终端、冷链物品订单、运输物资监管、应急报警处理，如图 5-8 所示。

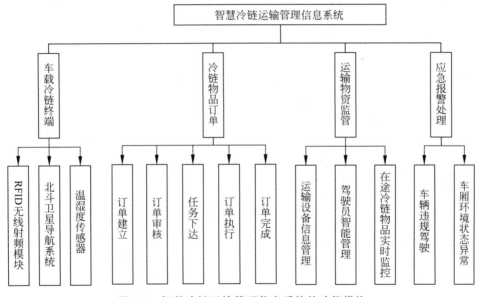

图 5-8 智慧冷链运输管理信息系统的功能模块

1. 车载冷链终端

车载冷链终端模块通过网络向管理系统传输实时监控信息，从而保障车载系统的正常运行。车载系统由 RFID 无线射频模块、北斗卫星导航系统、温湿度传感器组成。

（1）RFID 无线射频模块：读取器通过货物的电子标签自动识别，准确获取货物的数量、重量、种类、环境温度等基础信息并上传至数据库，可以实现对货物的实时监控和自动化管理。

（2）北斗卫星导航系统：该模块可以获取运输车辆的地理位置，根据当前路况信息预测货物到达时间并实时传送给管理系统，客户可登录系统查看货物预计到达时间，提前安排人员接收货物，从而提高运输效率。

（3）温湿度传感器：在车厢内安装多个温湿度传感器，实时监控车厢内的温度、湿度，并上传至车载终端系统和数据库管理系统。

2. 冷链物品订单

由工作人员输入运输订单信息后，系统自动生成一个订单编号作为该运输订单的唯一信息标识。系统再依据客户综合状况和公司运输能力对该订单进行审核，审核通过后，系统将安排车辆运输该批货物。该系统流程为订单建立、订单审核、任务下达、订单执行和订单完成，建立订单产生至完成全过程信息流通，提高订单数据完整性。

3. 运输物资监管

运输物资监管模块主要针对运输设备信息管理、驾驶员智能管理、在途冷链物品实时监控等资源。

（1）运输设备信息管理。随着 GPS、GIS、计算机网络与通信技术在物流运输领域的应用，企业可实时对运输车辆进行监控，规划车辆运行路线，追溯车辆运行轨迹，提升车辆管控能力，使物流运输过程更加透明、物流运输效率更高。全面覆盖的移动通信网络是对物流车辆进行远程监控的基础，根据车辆实时状态监控信息及订单需求信息进行智能匹配，设计合理有序的最佳运输方案，同时将运输路线、预计到达时间和车辆调度信息自动传输送至仓储管理系统，以便及时调整并安排合适仓位。通过存储及运输环节的信息交换，实现两个流通环节的无缝对接，极大地提高冷链物流作业效率。车辆实时状态监控的信息传送至运输管理系统后，进行综合分析，实现对车辆的历史行程、历史轨迹、运输中温度达标率、运营时间的查询，调取一定时间跨度的车辆运行轨迹，并精确查询途中特定时间段温度曲线图、正常温度及超温阶段、车辆停车位置、开关门位置及时间。

对运输车辆信息监控体系可以划分为三部分：一是感知部分，其功能主要是实时采集 GPS 定位数据及传感数据；二是 Web 服务器和数据库服务器，其功能主要是存储、处理 GPS 定位数据及传感数据，让 GIS 数据与 GPS 数据相互匹配；三是终端部分，其功能主要是为客户查询数据、物流管理者监控物流过程提供方便。

（2）驾驶员智能管理。可利用无线通信系统，保持驾驶员与公司运输管理部门实时联系，驾驶员确定行程开始及结束时间并将信息传送至运输管理系统，对车辆异常的处置情况进行反馈。对司机培训考核、车队把控、服务标准及客户售后等进行全方位优化管理，司机个人信息、驾驶状态实时关注，确保全程安全，实现客户满意度最大化。

（3）在途冷链物品实时监控。冷链运输过程中，对运输过程中的冷链物品进行监控是一大关键问题。车载冷链终端及 GPS 定位技术和监控中心的可视化监控平台密切结合，利用 GPS、GIS、移动通信技术、传感网络技术对运输过程中的冷链物品进行监控，主要监控其温度、湿度，对其进行跟踪定位，车辆均配备在途温控设备、实时监控系统，可以实现对冷链物品温度及状况实时监控和车辆运行轨迹监控。同时，做好冷链系统的开放性支持系统对接，方便客户随时随地了解货物状态。

4. 应急报警处理

根据车辆实时状态对接信息，对车辆违规驾驶及车厢环境状态异常情况报警并及时妥善处理。一旦车辆越界、偏离路线、驾驶员疲劳驾驶，报警系统即会触发。设置冷藏车厢内温湿度临界值，当车厢制冷设备制冷异常，传感器感应到车厢温度低于或高于临界值，即不符合正常温湿度区间时，也会立即触发报警系统，同时向冷藏运输车发出调控指令。驾驶员收到报警信息可以及时检查车辆并处理故障，以此来保证物品在运输途中的品质。RFID标签和温湿度传感器反馈的信息通过互联网传输到数据库内进行保存，运输结束后可根据存储的报警信息来检查车辆的制冷设备并维修车辆，以备下次运输。

5.3 智慧冷链运输场景具体技术应用

5.3.1 智能驾驶技术

1. 智能驾驶技术的定义

智能驾驶技术是集传感器技术、信息技术、通信技术、计算机技术、人工智能技术和自动化技术等诸多前沿技术于一体的综合性、系统性技术之一，在物流运输环节中，车辆和驾驶方式的信息化程度是智慧化的重要基础。

2. 智能驾驶技术等级分类

无人驾驶系统是依靠车内以计算机系统为主的智能驾驶仪，通过感知、融合、决策等，进行全智能化的操作，其核心技术在于地图定位、环境感知、规划控制等方面。国际汽车工程师协会（Society of Automotive Engineers，SAE）级别划分将无人驾驶定义为6级（L0～L5），如表5-2所示。

表5-2 SAE无人驾驶汽车分级标准

SAE分级	名称	定义	转向和加速的执行者	驾驶环境监控者	特殊情况动态驾驶执行者	支持路况
L0	人工驾驶	所有驾驶任务都由驾驶员控制	驾驶员	驾驶员	驾驶员	无
L1	辅助驾驶	在特定驾驶模式下，由一个辅助驾驶系统根据驾驶环境信息控制转向或加减速中的一种，需要驾驶员完成其他所有动态驾驶	驾驶员和系统	驾驶员	驾驶员	部分路况
L2	半自动驾驶	在特定驾驶模式下，由一个或多个辅助驾驶系统根据驾驶环境信息控制转向或加减速中的一种，需要驾驶员完成其他所有动态驾驶	系统	驾驶员	驾驶员	部分路况

续表

SAE分级	名称	定义	转向和加速的执行者	驾驶环境监控者	特殊情况动态驾驶执行者	支持路况
L3	条件自动驾驶	在特定驾驶模式下，由一个自动驾驶系统完成所有动态驾驶任务，需要驾驶员正确响应请求和接管控制	系统	系统	驾驶员	部分路况
L4	高度自动驾驶	在限制区域内可实现自动驾驶，紧急状态下可自行解决问题，无须人为干预	系统	系统	系统	部分路况
L5	全自动驾驶	自动驾驶系统在全部时间、路况和环境条件下完成所有动态驾驶任务	系统	系统	系统	全部路况

3．智能驾驶应用技术

无人车自动驾驶的核心技术是车联网，其结构分为感知层、网络层和应用层，感知层主要是运用车载传感器对车辆位置、行驶速度、道路交通状况、天气情况等相关数据进行感知和采集，并将数据通过传输系统上传到终端平台；网络层的主要功能是实现互联网接入、完成数据的分析处理和远距离大范围传输及实现对车联网络内节点的远程监控与管理功能；应用层主要是使用户面向网络终端，可以对车联网获取的数据进行处理与分析，通过人机交互界面实现各种具体服务。

无人车自动驾驶所涉及其他关键技术包括无线RFID技术、无线传感器收集技术、无线通信传输技术、全球定位技术（GPS、GIS）、车联网标准建立、安全技术等，通过GPS、RFID、传感器、摄像头图像处理等装置，完成车辆自身环境和状态信息的采集；通过互联网技术，车辆可以将自身的各种信息传输汇聚到中央处理器；通过计算机技术，大量车辆信息可以被分析和处理，从而计算出不同车辆的最佳路线、及时汇报路况和安排信号灯周期。

4．智能驾驶技术运输应用

1）公路无人驾驶汽车

公路无人驾驶汽车极大地提高了运输速度和运输效率。公路无人驾驶汽车主要依赖于导航技术、互联网、物联网等信息化平台技术，通过智能装备替代司机，在智慧物流决策下无障碍执行运输计划与运输调度。

公共道路5G云控物流产品探索

上汽通用五菱汽车股份有限公司5G云控物流产品服务中,厂区和园区作为最快实现完全无人驾驶的区域,宜作为无人化智能汽车出行和运输服务的优先落地场景。在获得园区应用场景成功落地重要经验的同时,还可以选取试点路段进行网联化升级改造,将车联网示范应用场景投放至城市公共道路中。如构建自动驾驶物流配送专线进行厂区到厂区的大宗物流无人配送,实现商用车自动驾驶入场物流配送等。目前,上汽通用五菱汽车股份有限公司厂外物流线路已进入测试阶段,采用单车智能与云控结合的方式进行驾驶。在场景较简单的路段采用单车智能模式,单车智能模式由固态激光雷达、高精度地图及RTK(实时动态)高精度定位模块等设备实现;在交通情况复杂的路口及定位信号弱的路段,车辆会切换到云控模式,由路侧设备获取车端传感器视野外或是盲区的交通情况,由云平台作出合理的决策;在定位信号差的路段则根据实际情况使用路侧辅助定位或UWB增强信号。厂外物流不仅可以降低人员成本,还是公开道路无人运输的里程碑。随着项目验证进度的推进,智慧物流等车路云协同自动驾驶技术应用将逐渐成熟并被市场认可。

资料来源:蒋艳冰,潘涛,陆宁徽,等.基于车路云协同自动驾驶技术的应用场景研究[J].信息与电脑,2021,33(19):11-13.

2)水路无人驾驶技术

人工智能和自动驾驶技术的发展,推进水下无人运输系统的更新换代,大型无人水下航行器(UUV)促进水下无人运输平台的形成。

(1)水下无人运输平台多采取欠驱动设计,推进方式主要为:主推进器+鳍舵、单矢量推进器。

美国波音公司设计的OrcaLDUUV采用了主推进器X形鳍舵,如图5-9所示,推进效率高,技术成熟,但舵效随推进速度的降低,衰弱较为明显,运输UUV在潟湖内低速航行时,无法实现快速机动躲避障碍,容易造成危险。

美国蓝鳍金枪鱼公司生产的Bluefin系列UUV采用矢量推进方式,这种推进器除了在直线方向提供推力外,还能同时或单独控制UUV的纵倾、首摇,且转向性能与速度大小相关性弱,低速转向性较好,如图5-10所示。

图5-9 美国波音公司OrcaLDUUV

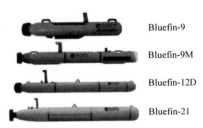

图5-10 Bluefin系列UUV

(2)水下无人运输平台智能航行技术侧重自主航行、靠离泊与锚泊。自主航行一方面需要感知外部环境和航行信号,对行驶状况进行风险判断;另一方面,合理规划航行路线及方案,利用航行控制器实现运输指挥。靠离泊和锚泊技术目标是实现无人化。其中,无人靠离泊借助码头真空吸力设备以及拥有动力定位实现,锚泊则需要借助自动锚泊机。

(3) 水下无人运输平台动力能源技术可增强水下运输续航力,新型电池的研发可以大大提高其作业效率。目前新型电池研发方向主要包括高功率密度电池、海洋能源充电。

3) 航空无人驾驶技术

无人机运输是通过自备的程序控制装置或无线电遥控设备,操纵无人机进行货物运送的过程。随着无人机运输方式的使用逐渐普及,对运输路径定位的准确率和自身的控制率要求逐渐提高,以保证无人机在既定途经路线中高效安全行驶。基于 GPS 导航无人机运输,对无人机进行实时路径定位和运输路径最优化生成。

(1) 采用 GPS 的航线定位算法,实时确定无人机当前位置,及时求出侧向偏差。充分计算无人机飞行特性,并对运输路径定位实时更新,准备两台 GPS 同时对航迹修正,将地面接收到的数据运用航线推算法和两点法推算,刷新无人机每秒间飞行位置。并通过机身的侧翼和升降舵来控制飞行姿态,用舵面的反馈功能结合控制率公式在不计风场的影响下,做到无人机自身控制飞行与 GPS 导航路径误差为零,计算出无人机在运输路径中受到的环境和自身影响值。

(2) 通过单元危险发生概率分析,结合多种因素将路径发生危险概率最小问题转化为运输路径最短问题,采用 Dijstra 算法设置限定条件,并进行修正与优化。运用此方法能够实现无人机运输路径最短且最安全的路径生成,具有一定可靠性和实用性。

案例 5-4

默沙东无人机运送药品新突破实现-70 ℃细胞和基因产品冷链运输

在未来(到 2030 年),随着越来越多的 CAR-T(嵌合抗原受体 T 细胞)治疗产品和基因治疗产品获得批准,对冷链物流服务的需求可能会显著增加。就临床规模而言,超过 1 000 个活跃的临床试验预示着对细胞疗法的强大需求。

2014 年至 2018 年,物流服务提供商与其他物流服务提供商之间建立了越来越多的伙伴关系,预计 2018 年至 2030 年冷链物流市场的年增长率超过 9.8%。

总部位于意大利的生物技术公司 Anemocyte 与 RPS Aerospace 公司合作开发了一种遥控无人机系统,可以安全地将最终的细胞和基因治疗产品从生产现场运送到临床中心。目前,所有的应用都只用于研究和开发,预计可进行第一次模拟飞行 50 千米,运输温度为-20 ℃。而另一家百年药企,则走在更前沿,其现在可以运输-70 ℃的细胞治疗产品,作为引领行业的头部药企,这必将引领一波浪潮。

2019 年,Direct Relief 组织宣布,由默沙东(MSD)、AT&T、Softbox 和 Direct Relief 联合进行,使用无人机向偏远地区递送需要低温保存的药品和疫苗的概念验证研究获得成功。这一结果可能代表生物医药物流创新和人道主义活动方面的重要进步。

对于地处偏远区域或者发生自然灾害地区的人来说,由于交通和通信方面的障碍,可能无法获得必需的医药产品。而在这种情况下,使用无人机递送是这一问题最有力的解决方案之一。并且,使用无人机还将提高运输效率。

默沙东公司发起了这一动议,而后多家公司在人道主义援助组织 Direct Relief 的协调下加入这个项目。Volans-i 公司制造了全电动无人机并且负责对无人机的操作。无人机上的冷链输送技术能够将温度控制在 $-70\ ℃$,这是存储和运输特定疫苗与药品所需要的温度。AT&T 公司的云端技术让研究人员可以持续检测样本温度并且实时收集和分析无人机飞行数据。

在这项概念验证实验中,无人机飞越巴哈马群岛(Islands of the Bahamas)之间的开阔水域,超越了操作员的视线。这一实验的成功证明,创新无人机技术有潜力将温度依赖性药品和疫苗递送到最需要它们的患者手中,默沙东供应链高级副总裁 Craig Kennedy 说:"我们致力于在多个领域推动创新,最大限度地提高我们挽救和改善全球生命的能力。"

巴哈马的实验是该小组为证明使用无人机可以控制药物和疫苗温度而进行的一系列概念验证实验的第四个。该组织此前曾在瑞士和波多黎各开展试飞。

"之前成功飞行所收集的数据显示了物联网的强大功能,即使在最极端的环境中也能提供冷链的全面可实现性,同时使用创新的运输模式。"Softbox 数字连接技术总监 Richard Wood 说。

默沙东作为头部药企已实现 $-70\ ℃$ 细胞治疗产品的无人机运输,这说明将会有更多的企业效仿,也会有越来越多的企业冒出来参与这一创新性运输革新。

资料来源:医药新闻,https://www.163.com/dy/article/EK4OOP9V05349C3E.html.

5.3.2 车队调度管理

车队调度是在配送中心、车辆数目、服务对象确定的情况下,通过设置合理的车辆行驶路线及有序调度,使得用最少的运输车辆、最短的行驶路线,实现低运输成本。在国外,车队调度管理在现实生活中已经得到了广泛应用。随着国内物流运输规模的扩大、配送中心的多方位建立、运输车辆的多类型发展,车辆调度的优化问题一直备受关注。随着当前物联网、云计算、大数据等信息技术的不断发展,车队调度优化问题借助前沿设计方式、高效测量算法也得到丰富的研究与更替。

运输车辆的调度主要包含三个方面:一是车辆运输任务的派单接单;二是车辆进出场的排队管理;三是仓库或堆场内的装卸货位安排与调整。而运输车辆的监控则主要是对在途车辆尤其是载货在途车辆的定位与跟踪,一方面是确保车辆行驶安全和物资免受意外损失;另一方面是在车辆行驶过程中出现故障时,相关人员能够精准快速地找到故障车辆,实施抢修或货物转移措施。

物流车队调度智慧化应用体现为以下两个方面。

1. 基于 GPS 技术物流运输车辆调度

采用 GPS 技术有助于管理优化。物流企业 GPS 运输管理系统的设计开发根据行业的特点和要求而不同,主要是建立在 GPS 的运输管理监控系统基础上,在以下几方面运用较多。

(1) 优化线路:运输路线是决定优化调度与否的最基本因素,GPS 车辆监控具有轨迹记录和回放功能,可对于物流企业的运输路线及运输状况有个较为全面的掌握,结合

GIS 分析软件对使用 GPS 的行驶车辆进行记录分析，设计出最快、最便捷的行驶路线，从而不仅节约运输成本，还提高了运输效率。

（2）导航提供正确路线：GPS 的首要工程是导航，为最大限度地减少货物运输里程、缩短货物在途时间、降低运输费用，尽快地实现商品的使用价值，必须选择正确的运输路线，GPS 在司机对路况不熟悉的情况下全程提供导航信息，可有效地降低走错路线的概率。

（3）监控和调度车辆：常用的 GPS 由车载子系统、监控中心子系统和通信子系统三大块构成。车载子系统主要负责定位信息的发送、车辆实时数据显示、调度命令的接收和紧急情况的报警。而车辆的定位信息和报警信息传递到监控中心子系统进行接收，车载子系统和监控中心子系统之间的信息传输是靠通信子系统。车载子系统、监控中心子系统和通信子系统对车辆进行监控和调度，更利于优化管理。

2. 无人车调度技术

在无人物流车网络化、智能化、数字化发展趋势下，调度系统必然向智能调度方向发展，在安全运行的前提下利用车、路、网资源，对无人物流车路网跨时空全局运行状态进行综合感知，实现在线智能优化调度和实时精准控制，打破原有靠障碍物识别的运行控制架构，实现运行控制与动态调度一体化。作为无人物流车的"大脑和神经中枢"，无人车运行调度控制系统控制车辆的运行速度、追踪间隔和行进方向，全天候不间断运行，是确保无人物流车安全运行和高效运营的重要保障与核心装备。面向智能化，提升网络运营的可靠性、弹性和运营水平，借助自动驾驶技术、人工智能和大数据融合，以达到无人物流车高效运营的目标，调度系统实现自动化与智能化，运行控制与动态调度一体化。运用先进的感知、传输、控制方法，及时提升无人物流车的运行控制和调度智能化水平，实现路网的整体运行效率全局最优，满足主机厂生产响应节拍，全面提升快速处理突发事件的能力。增强对无人物流车运行环境的全面深度感知，在安全运营的模式下利用车辆、路、网、大数据分析等资源，全面提升无人物流车运行效率。无人物流车运行控制与动态调度一体化如图 5-11 所示。

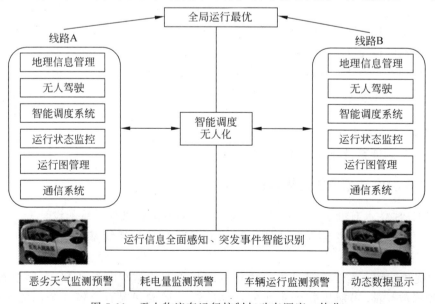

图 5-11　无人物流车运行控制与动态调度一体化

案例 5-5

5G 云控智慧车辆调度应用

上汽通用五菱汽车股份有限公司 5G 云控物流是全国首条实现 5G＋网联协同控制的运力服务产品，能实现在工厂园区内无人物流调度与传统物流的混流作业。该产品总体技术方案由车辆、路侧设备、云控平台、通信网络四个部分构成，技术架构示意图如图 5-12 所示。

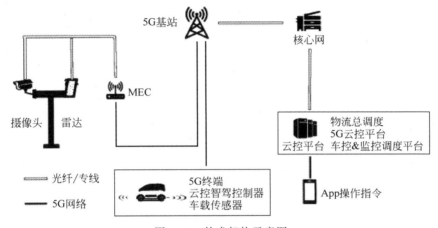

图 5-12 技术架构示意图

车辆装有控制器及高精度定位模块等设备，并配备激光雷达用作紧急避障；路侧设备主要由固态激光雷达、低时延摄像头、边缘计算单元等组成；云控平台可支持厂内物流车点到点的生产运输、智能化调度及避障绕障功能，支撑 1 000 多台终端接入；通信网络由运营商提供 5G 专网服务。该产品将系统的核心放在了路侧设备与云控平台，路侧设备可以提供更广阔的视野，弥补车端传感器的盲区，也能对视野内的自车和障碍物进行定位，数据经路侧设备的边缘计算单元进行初步处理后推送至云控平台，而后云控平台根据主车上报的定位和障碍物的定位及轨迹作出避让。计算下沉不仅可以给云控平台减轻负担，也降低了传输的带宽需求。整个系统的网络传输都在专网下进行，保证了数据的安全性。

5G 技术高带宽、低时延、广接入的技术特点为云控物流提供了重要支撑，使海量道路端信息实时汇聚到云大脑中，保证了云大脑对车辆控制的稳定性以及避免多终端挤占资源情况的发生，实现了云控决策对车辆的实时控制。厂区中自动驾驶物流车可满足长距离、载重大、速度快的运输需求，并且全程云端数据管理，持续稳定地响应执行任务，结合车辆调度、数据分析等功能服务，物流运输更加简约高效。

资料来源：蒋艳冰，潘涛，陆宁徽，等.基于车路云协同自动驾驶技术的应用场景研究[J].信息与电脑，2021，33(19)：11-13.

5.3.3 运输路线智能规划

物流运输路线的不确定性及情况复杂性较强，因此无法制定长期且固定的设备行驶路线。在互联网、物联网、大数据、计算机等技术的支撑下,设定科学合理的智能物流运输可以大幅度降低物流运输成本、提高物流经济效益。因此路线规划的科学设置、智能搭建对物流运输管理具有重要意义。

1. 基于智能物联网平台的运输路线规划

为解决传统方式中基于GPS运输路线规划系统通信受限问题,设计基于智能物联网平台的运输路线规划方案。利用RFID技术采集运输车辆的相关信息,并通过通信模块将信息传输至系统数据处理端进行路线规划。

每一辆运输设备都贴有电子标签,电子标签中保存车辆唯一的电子编码。向电子标签中写入对应的车辆信息数据。读写器通过天线读取电子标签中保存的车辆行驶的目的地、经由地、货物、船舶自身参数等信息。RFID芯片的基带处理电路通过通信模块与路线规划系统的软件部分通信,接收软件部分的指令,同时将电子标签中的信息解码后传输至软件部分。物联网平台可以接入不同物联网终端设备,制定物联网平台数据管理规则,根据采集车辆行驶出发点和终止点,以及运行区域环境参数,规划行驶路线。

2. 基于挖掘与优化计算机虚拟现实技术路径推荐

基于挖掘与优化计算机虚拟现实技术的物流三维调度系统设计思想,将智能优化模块加入虚拟物流调度系统,智能地进行路径推荐来进行交通建议,有效地提高了物流线路规划的合理性与物流调度效率,获取更优的车辆运行路径,为物流路线的选择和控制提供了可靠的依据,具有较强的应用价值。

虚拟现实技术采用三维虚拟图像能够准确描述物流路线中的相关情况,能够在物流线路中动态形象地反映物流运输的状态,并且通过三维的方式反映物流车辆、人流以及其他交通元素的状态。高质量的物流规划和调控,能够准确分析出关键的物流因素以及不同物流因素间的关联性,针对物流的时间和空间变化情况,对物流相关的城市道路情况进行及时的分析,并对道路堵塞进行及时报警。

 5-6

探索物流预测珠峰:苏宁智能运输路线技术设计

苏宁运用大数据技术,在天眼系统中,以人工智能为技术基础研发了运输路线规划和动态调整系统模块,运用人工智能代替传统的调度员决策的模式,优化现有运输网络布局和路线,充分发挥有效的运输生产力,实现运输里程最短、成本最低、服务时效最优,大大提升苏宁易购平台的物流服务能力。

目前,苏宁物流的运输主要分为干线运输和支线运输,干线运输即为物流中心到物流中心的运输,运输模式是将区域配送中心的货物发往其辐射的城市配送中心,以及同级别的物流中心之间货量相互调拨;而支线运输即为物流中心到快递点的运输,运输模式是将物流中心的货物分派到所辐射的不同的快递点去。无论是干线运输还是支线运输都存在两种方式:直发和中转。如果点到点,就采用直发的模式,运输路线的设计较为简单,但是如果点到点的运输货量需求不大，直发的方式成本太高，则需要采用中转的方式。运输路线设计的基础在于运输需求的预测和货量的预测。

运输需求预测分为以下几个步骤：①用机器学习算法预测运输货量需求；②根据货量需求规划最优线路；③建立机器学习模型预判线路货量异常，建立动态模型根据实际货量对运输线路进行调整；④建立路线评估模型，发现不合适的运输路线，及时作出调整。

货量预测算法如下：①预测被购买商品数量、体积、重量；②关注消费行为带来的货物移动需求，包括仓库的发货走向；③预测运输需求需要考虑到下单时间，以及由此带来的不同的运输班次；④至少需要预测未来一周到一个月的运输需求，以便降低路线调整的成本。

干支线运输线路规划算法结合苏宁现有的运输模式，选用数学规划算法，建立了带时效及载重约束的开放式线路模型。运用天眼的监控模块实时监控货量需求，当发现货量需求与预测值有较大波动时，会触发路线的动态调整算法，采用启发式算法以保证快速找出优化路线，可达到最高时效。

路线评估模型主要从时效、单票成本、综合成本等维度对路线的运营进行评估。货量预测模型每天都会对未来一个月的货量需求做预测，运输路线规划的模型会根据货量预测的结果重新规划合理的运输路线，并与当前路线做对比，由于运输路线调整牵涉到车辆、人员、承运商的重新安排，有一定的成本，因此系统设定阈值，用未来一个月的数据做测算依据，当新规划路线比原路线成本节省成本超过15%，则推荐调整当前运输路线。

苏宁大数据运输路线优化项目已正式投产，上线后运用大数据算法优化现有的运输路线，使得每条线路平均成本降低5.78%，整体运营时效提升9.27%。

资料来源：苏宁云商IT总部技术总监博客，https://blog.csdn.net/u012396362/article/details/80131074。

5.3.4 货物状况跟踪监控

冷链货物状态信息感知由信息处理、计算机终端、无线射频阅读器、电子标签等组成。其中，以无线射频技术为核心，能够实现对一般冷链物流电子标签的配置，同时建立可追溯体系。冷链信息感知可以对冷链运输过程中的温度和湿度等信号进行监控，并具有超高的读取速度，对于接收的部分商品可以根据所得到的回传信息进行判断，而后对冷链在途环境和物品本身效能进行准确判断。

对冷链货物在途跟踪检测的基础在于冷链数据的采集，终端设备监控节点下采集到的数据可以通过计算机设备、大数据、云计算技术系统进行分析，以特殊的形式发送到云端服务器；云端服务器对数据进行处理以后，将处理后得到的信息保存在数据库当中。终端设备可随时读取数据信息，监测冷链物品的实时环境状态。

1. 基于北斗技术冷链物流跟踪系统

冷链运输环节中，融合北斗导航、大数据、云计算、物联网等技术，对冷链货物的跟踪实现实时监控，基于北斗技术冷链货物跟踪监控系统设计如图5-13所示。

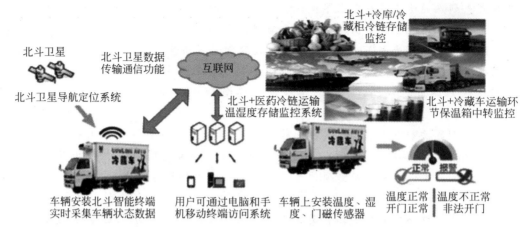

图 5-13　基于北斗技术冷链货物跟踪监控系统设计

车载终端放置于冷藏车上,冷藏车上配备有温度、湿度传感器,车载终端通过 BDS 模块接收定位数据,温度、湿度传感器中的阅读器获取实时温度、湿度。通过协议封装上行报文,然后通过 CDMA(码分多址)网络传输到监控中心,监控中心接收到数据后,依据协议解析报文,从而获取冷藏车的定位与温度、湿度信息。

用户通过互联网访问 BDS 监控中心,可以获得当前车辆的行驶位置以及冷藏车内温度、湿度状态等相关信息。同时,监控中心配备了 GSM 模块,当车辆有报警信息时,可以通过无线短信平台以短信的方式通知相关人员,降低损失。

2. 基于区块链技术冷链货物跟踪系统

基于区块链技术冷链货物跟踪系统可实现分布式账本的建立,将冷链货物的实时温湿度、定位信息上传至区块链,实现链内各主体信息共享,共同监控冷链运输全过程,对预警情况进行应急处理。结合冷链运输方式特点,同步实现陆空联运跟踪,全程"不断链"监控,保障冷链运输的服务质量。

1) 陆运冷链货物跟踪

公路冷链运输方式主要承担中短途运输,在陆空联运情境下,冷链货物从始发地至机场的运输过程由公路运输主要承担,故陆运冷链货物跟踪注重此阶段的冷藏措施监控。

冷藏货车上配有车载冷藏箱,货物放置于冷藏箱内,且货物包装上设置有 RFID 温度检测电子标签、GPS 定位标签、通过测量货物加速度值判定异常震动的 WISP(无线认证感知平台)标签。货物自放入冷藏箱开始,每隔 5 分钟检测一次温度,对获取到的温度数据、定位信息、加速度值(震动强度)通过网关 OS(操作系统)进行协议转换和数据处理后上传至区块链网络,在共识认证处理之后,将新的区块加载在合法的链上,并给节点返回相应的区块信息。托运人、陆运承运人、空运承运人、收货人均可在联盟链内共享冷链货物的温度、定位、异常震动信息。

2) 航运冷链货物跟踪

(1) 冷链货物运送到指定机场,GPS 定位标签将当前定位信息上传至区块链,各主体均可查看并核对到达机场正误。

（2）对于疫苗、生物制品等对时间温度极度敏感的冷链货物，包装上另设有时间温度敏感货物标签，通过区块链发送预警，使托运人获知货物存在失效风险。

3）预警情况应急处理

货物包装上设有 RFID 温度检测电子标签、GPS 定位标签测量货物及用来判定异常震动的 WIPS 标签，用来定时测定数据并上传数据到区块链。当上传的温度记录值超出订单设定的正常范围，或加速骤变出现异常震动时，系统将数据分析的结果反馈至冷链跟踪主体，全网公示异常温度警报或异常震动警报，时间戳记录时间，随后区块链通报该节点或相邻节点责任人采取相应措施。该环节的承运人根据警报信息查看货物状态，调节适宜温度，使其适合后续运输。

5.3.5 "互联网＋冷链运输"

"互联网＋"是一种经济形态，它的应用范围可以涵盖至多数传统行业，随着科学技术的发展，利用信息和互联网平台，互联网与传统行业进行融合。"互联网＋"通过其跨界融合、创新驱动、重塑结构、尊重人性、开放生态、连接一切这六大特征，对传统行业进行优化升级转型，使得传统行业适应当下的新发展，从而最终推动社会不断地向前发展。

"互联网＋冷链物流"就是把以互联网为主的一整套现代技术（包括移动互联、云计算、大数据、物联网等）应用到冷链物流行业的过程，促进冷链物流的转型升级。基于"互联网＋"的理念，货主企业可以采用云计算的方式搭建社区型供应链协同平台，将上下游交易的信息、货物移动的信息聚集到云平台上，信息在线化，数据沉淀到云平台上，通过大数据分析技术，对供应链网络和资源进行优化与规划，提升计划和需求预测的准确性。基于"互联网＋冷链运输"能实现运输管理的网络化、信息化与智能化，较传统冷链运输方式具有管理透明性、实时监控性、多环节协调性等特点。

"互联网＋冷链运输"模式，围绕"互联网＋冷链物流"平台建设、现代信息技术引进及供应商信息传送几个方面开展。

（1）建立"互联网＋冷链物流"平台，如图 5-14 所示。以"互联网＋"、大数据、云计算、物联网为基础，大力发展使用智慧冷链运输系统、ERP 系统、管理信息系统等互联网技术，改善传统的冷链物流体系。运用 GNSS（全球导航卫星系统）技术、GIS 和 E-Map 信息技术进行精确合理的路线规划，实现订单的综合整理、有效配送和全程跟踪，弥补运输信息漏洞，提高整体管理效率，降低运输成本。结合"互联网＋"技术创建全国性的冷链物流公共信息平台，允许企业免费注册，实现全国企业的有效合作和信息共享。同时，积极研究开发管理软件，不断跟进射频识别、GPS/GIS、条码等互联网技术，实现冷链物流与客户需求对接、数据分析、过程可追溯以及监控可视化。自动化与智能化的物流管理还可减少人力成本支出以及提高消费者信任程度和满意度。

（2）引入先进技术，实现冷链运输过程的协调优化。在生产地预冷方面，通过物联网技术以及信息技术，将产品相关信息赋予电子标签，在预冷环节及时采集冷链产品信息，从而增强控制能力和协调能力；在仓储方面，利用以物联网技术为依托的智能读写器和接收器，自动识别进出仓产品信息；在运输途中，利用无线通信设备、GPS 装置、感知智能读写器、传感器等设备自动接收与核查冷藏车厢的相关信息，运输设备加载全程跟踪和监

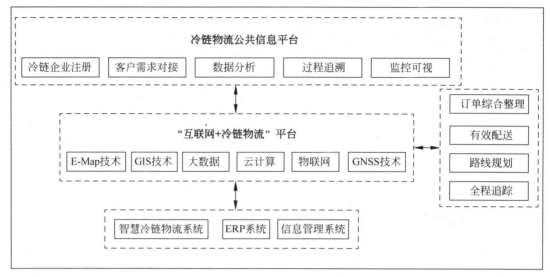

图 5-14 "互联网＋冷链物流"平台

测技术，实时了解冷链物品在途状态。通过互联网技术，将运输道路周围的线路状况数字化，建立数学模型，得出最优的运输路径，从而使得冷链产品在最短的时间内到达指定方位；对于外界监管，物流公司利用相应互联网技术为消费者提供实时冷链产品信息查询服务，实现全程监管。

（3）在供货商方面，为货物设置条形码保存货物的相关信息，如产地、到达地、储存温度、储存时间等，通过预冷环节扫码将货物信息录入互联网冷链物流管理平台，货物进入运输环节后，只需在装车时扫二维码就能够知道货物的相关信息并按照货物的储存要求自动调节车厢环境，还能够自动上传车辆信息至"互联网＋冷链物流"平台，货物到达后，收货方也能够方便地通过二维码了解货物的信息与运输信息，判定货物的运输是否达标，并采取最适合的储藏方式，实现冷链物流的全过程监管。

 5-7

澳柯玛：赋能冷链数字转型，智见美好新生活

澳柯玛依托多年来在制冷产业链的布局，在持续聚焦做强做大制冷细分产业基础上，积极将制冷产业与互联网融合，提出并实施了"互联网＋全冷链"战略，完成了家庭冷链、商超便利、酒店厨房、生鲜自提、生物医疗、冷库存储、冷藏运输的全冷链产业布局，借助物联网、大数据、云计算等技术，搭建了集设备监控、货品管理、资源共享、订单交易于一体的冷链物联网管理平台、疫苗全冷链管理平台，实现了对终端设备的远程监督、控制及云资源管理。

澳柯玛"智慧全冷链管理系统"包括智慧全冷链设备监控系统（ICAM）和智慧全冷链云资源管理系统（ICRM）两部分（图 5-15）。依托智慧全冷链设备监控系统，用户通过智能 App 客户端[手机、电脑、PAD（平板电脑）]即可实现设备的实时定位，在途物品温湿度、紧急情况报警、故障诊断等的远程智能监督和控制，破解了冷链产业因各环节脱节造成的冷藏物品损毁行业难题；依托智慧全冷链云资源管理系统，用户通过手机或电脑客

户端即可对全冷链各环节物品的入库、销售、存储等进行综合信息管理，实现库存管理、订单管理、智能配货、能耗管理等，实时掌控在途物品数量变化，大大提升工作效率。

澳柯玛智慧全冷链整体解决方案

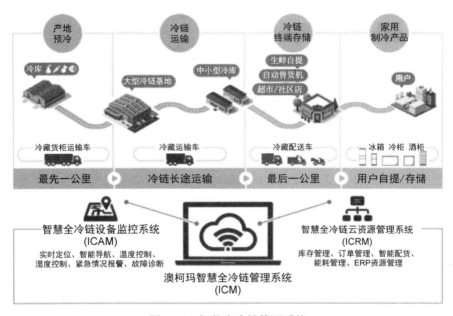

图 5-15　智慧全冷链管理系统

在持续推进"互联网＋全冷链"战略的基础上，澳柯玛依托新成立的工业互联网数字化创新中心，联合中国移动、海大物联、科大讯飞、海康威视、西门子等生态合作伙伴，以5G、云计算、人工智能和区块链等新技术为支撑，以平台标准规范和安全体系为保障，将冷链行业与平台应用深度融合，将对内打造工业互联网智能制造平台，对外建设基因储存与应用、生鲜运输系统、商超便利系统、商用分散式系统、疫苗储存与接种、血液储存与使用、药品储存、自动售卖等多个领域的应用场景冷链解决方案，全力培育冷链行业独角兽企业。

澳柯玛"互联网＋全冷链"战略，打通了从产地到餐桌、从"最先一公里"到"最后一公里"的冷链配送链条，为冷链行业树立了可借鉴的发展模式。澳柯玛被列入"工信部2015年工业企业品牌建设示范企业"名单，典型经验在全国推广。

资料来源：中国轻工业信息网，http://www.clii.com.cn/ppsj/202203/t20220311_3953238.html；中国物流与采购网，http://www.chinawuliu.com.cn/xsyj/201511/04/306644.shtml。

【扩展阅读】　基于冷链物流的 COVID-19 疫苗运输问题及对策研究

航空物流未来可期

在全球经济稳步复苏、国内经济运转稳中向好的背景下,我国航空物流业实现了较快增长。一方面,随着国民经济和社会消费需求的快速增长,以及冷链货运等新兴产业的涌现,航空物流在现代物流体系中越发重要;另一方面,在新一轮全球产业重构背景下,自主可控的国际物流供应链体系被视为影响新一轮全球产业重构的"基础设施"。未来,我国航空物流将迈进更高层级的发展阶段,更加多元化、专业化、智慧化、便捷化,成为我国物流业发展的最大风口。

除消费市场对温敏物资总需求的增加外,航空冷链物流的繁荣也得益于航空物流运输时效性强、破损率低等优势。一般来说,飞机的运输速度比其他交通工具要快得多。因此,海鲜等鲜活易腐产品大多通过航空物流运输。此外,由于航空物流的操作要求十分严格,破损情况较少,货物装上飞机后在空中损坏的概率很小。

医疗物品航空冷链

医药流通也是航空冷链物流的重要应用领域。尤其是疫情防控期间,疫苗等医药物资的运输成为社会各界关注的焦点。要知道,在流通环节,疫苗运输要求全程冷链,一旦运输途中出现温度异常,就会产生不可逆的后果。受生鲜电商崛起、城市化进程加快和国家大力扶持等利好因素驱动,依托当前万亿级规模的生鲜、医药市场,航空冷链物流正在由起步阶段进入快速上升通道,未来市场空间巨大。

生鲜航空冷链物流

近年来,不少航空公司都开始布局冷链运输市场。吉祥航空旗下上海吉祥航空物流就建设了"喜鹊到"空运物流整合平台,目前已在长三角与珠三角间实现了生鲜物流"当日达",承运的花卉、水果、冷冻肉制品、水产等生鲜产品可朝发夕至。而自2020年7月上线以来,"喜鹊到"已累计承运7.5万吨商品。据介绍,该平台具有全程可视化的透明物流系统,能定位鲜活易腐产品并实现优先保障,同时分门别类对花卉、水果、冷冻肉制品、水产等不同生鲜产品制定运输操作标准,对运输温度、货物码放方式、层数、包装方式作出严格规定,并要求在装机时将鲜活易腐产品优先稳固装载于靠近货舱门口的位置,以便到达站操作人员优先卸下鲜活易腐产品,确保第一时间完成运输。

随着信息化、数字化、自动化等新兴技术的快速发展,航空物流智能化、精细化水平明显提高。众所周知,航空物流运输过程中存在大量数据,信息从数据源头开始,通过供应链各环节参与方的合作不断丰富,形成具有大量信息的大数据。航空物流业由此面临监控端到端的业务执行透明度以及提取数据有用信息的问题。例如,在航空物流中采用RFID技术,可以自动识别目标对象(货物)并获取相关数据,实现物流过程的透明化、清晰化管理;采用RFID物联网技术,可以有效实现机场货站信息与货运代理人、航空公司信息的对接和共享,并实现整个航空物流信息的开放性整合。此外,物联网可以促进物流作业方式向自动化或半自动化转变,从而提高整体物流运作效率。

区块链方面,将区块链技术自有的去中心化、智能合约及分布式数据库等技术应用于航空物流领域,可以使物流活动中的合作伙伴建立真正安全、高效的信任机制,促进航空物流降低成本、提高效率。大数据方面,利用大数据技术集成全国航空货运公司电子货运所涵盖的数据,可以让航空公司与机场共享货物信息。

值得注意的是,当前我国航空物流业的信息系统集成程度和信息技术应用水平不高,需加快推进我国航空物流信息化建设。例如,上线郑州机场航空电子货运信息服务平台。该平台具备政府监管、综合查询统计、企业公共服务和增值服务四大核心功能,其中一个重要目标就是实现货运全流程涉及的所有单证电子化,完全取代纸质版运单。信息化建设将助力航空货运数字化,并为航空物流转型升级提供前所未有的空间和助力。

资料来源:中国民航报,https://m.thepaper.cn/baijiahao_12844446.

案例思考题:
随着信息技术的发展,航空冷链运输将面临哪些新机遇?

【即测即练】

第 6 章

智慧冷链仓储场景的技术应用

【本章导航】

本章主要介绍智慧冷链仓储设备与设施、智慧冷链仓储管理信息系统、智慧冷链仓储场景技术的应用；介绍基于冷链仓储中冷库、货架及装卸搬运设备的智能化技术，总结智慧冷链仓储管理信息系统的含义、特点及具体功能模块，分享信息技术引领下冷链仓储场景技术的智能化应用。

【关键概念】

智慧冷链仓储设备　智慧冷链仓储管理信息系统　自动化立体仓库　无人仓　前置仓　智慧云仓

自动仓储系统让冷链物流更智能

近年来，我国冷链物流业发展迅速，冷链智能化仓储需求也在持续升温。杭州下沙跨境电商园区引入自动化、智能化物流系统，建设了一个智能化、信息化，具备检疫、检验、保税、冷冻冷藏存储、加工和配送等一站式物流服务功能的进口食品物流中心，实现了冷库货品迅速存取、高效精确出入库管控，提高企业效率，实现高度信息化，同时节省人力与成本，提高安全性。

杭州下沙进口肉类指定查验场项目的冷库采用了堆垛机＋穿梭车的自动化密集存储系统设计，使用直轨堆垛机、变轨堆垛机和托盘式穿梭车的设计方案，以及高度集成的 WMS、WCS（仓库控制系统），10 个巷道可同时进行自动进出货作业，复合作业效率达到每小时 200 托以上；同时，使用信息系统和自动化设备完成，与海关数据无缝对接，满足客户报关、报检、出入库计划等信息数据服务要求。

该冷库采用自动化控制系统，库温平稳无波动，能有效地保证货物品质，帮助企业节省大量的人力、物力、财力；智能冷库每吨每天仅用 0.15 度电，比传统土建冷库省电达 80％以上，其结构更稳固，空间利用率比传统土建冷库高 49％；由于其采用封闭的制冷循环系统，无任何污水、废气的排放，对环境无污染。此外，冷库不需要人为操作和值守，即可做到远程监控、调试、报警等，节省大量人力，为低温物流的质量追踪体系和电子商务平台的建立提供了基础；最重要的是，冷库实现自动化出入库作业，先进的装卸方式使冻品得到有效的保护,同时节约客户的装卸费用,比传统冷库节省70%～80%的人力。

资料来源:南京音飞储存设备(集团)股份有限公司.自动仓储系统让冷链物流更智能[J].物流技术与应用,2020,25(z2):44-47.

6.1 智慧冷链仓储设备与设施

6.1.1 冷库

1. 冷库的定义及构成

1)冷库的定义

冷库是以人工制冷的方法使固定的空间达到规定的温度便于贮藏物品的建筑物,冷库广泛应用于水产、畜牧、果蔬、禽蛋、医药、外贸等行业。其功能核心在于制冷控温,使冷链物品存储时室内温度长时间控制在一个较低的水平。作为生鲜果蔬、农产品、肉类、医疗药物等冷链物品运输过程中的中枢环节,冷库是整个冷链的核心节点,起到储藏、转运的作用。根据中关村绿色冷链物流产业联盟2021版《全国冷链物流企业分布图》统计数据,2021年全国冷库总容量为5 224万吨,但人均冷库依然低于国际水平,国内冷库建设规模仍有较大的成长空间。

2)冷库的类型

冷库按照结构的不同主要分为土建式冷库、装配式冷库、气调冷库和库架合一结构的冷库。

(1)土建式冷库。土建式冷库由多层钢筋混凝土结构筑成,内部采用PU(聚氨酯)夹芯板或PU喷涂内墙面的方式进行隔热,保持库内低温效果。

(2)装配式冷库。常见的装配式冷库主要为大型钢结构,其大跨度柱网结构特点有利于库内物流设备规划,常采用硬质聚氨酯泡沫塑料和硬质聚苯乙烯泡沫塑料等材料进行隔热。

(3)气调冷库。气调冷库主要用于新鲜果蔬、农作物种子、花卉等长期贮存,除了保证库内温度、湿度达到适应温度、湿度外,还要满足植物的呼吸条件以维持生命活力。一般情况下,控制库内氧气2%～5%,二氧化碳0%～4%。

(4)库架合一结构的冷库。库架合一结构的冷库屋顶与货架合并一体,库内无柱网结构,可实现单位面积存量最大化及流通运输通畅化。

2. 冷库的构成

冷库作为一个建筑群,主要包括库体、冷却系统、制冷系统、控制系统和辅助系统。

(1)库体。库体是冷库的主体构造,主要用来保证贮藏物与外界隔热、隔潮,维持冷链物品适宜温湿度,土建冷库库体是目前大型冷库主要采用的类型。库体内划分多个工作区域,各区域功能各不相同,主要包括冷却间、冻结间、冷藏间、冷冻库等。

(2)冷却系统。冷却系统主要用于冷却制冷系统的散热,主要包括空气冷却制冷系统、水冷却制冷系统和蒸发冷却制冷系统。

(3) 制冷系统。制冷系统是冷库的核心装置,多以设备制冷为主要手段,利用低温液体作为制冷剂。制冷系统主要设备为蒸发器、压缩机、冷凝器、油分离器等。

(4) 控制系统。控制系统主要用于对冷库温度、湿度的控制和制冷系统、冷却系统等的控制。随着技术的发展,计算机和网络技术已逐步应用到冷库的控制中,通过智能化装置,保证冷库安全、正常运行。冷库中自动控制基于制冷系统参数的采集与分析,其功能就是实时监控冷链物品及库内温湿度,确保制冷设备的正常运转。

(5) 辅助系统。辅助系统主要包括冷库操作间、机房等,大型冷库还要有动力车间、配电房、锅炉房、化验室、水泵房、仓库、水处理等场所。

3. 智慧冷库建设

1) 智慧冷库信息化发展

随着生鲜电商的崛起,冷链物流的发展趋势迅猛,人们对冷链物品保鲜程度、功效质量也有了更高层次的要求。智慧冷库的建设伴随现代化技术应运而生,融合新技术自动化、信息化、数字化特点的同时,具有应用安全、控温精准、制造节能的突出特点,具体表现如下。

(1) 应用安全。智慧冷库的应用安全性主要体现为预防性功能。该功能的实现主要通过在设备上连接控制器(带远程功能)和通信模块,在远程监控平台上预先设定好各种参数(包括模拟量和开关量),利用各种传感器采集设备运行数据实时监控冷库运行状况,从库温等各种温度、高低压力、电压电流等数值来判断系统是否正常。一旦出现异常情况,设备会自动采取相应措施,并以声光、报警音等预设好的途径进行预警或告警。

(2) 控温精准。冷链物品分类众多,对于果蔬、肉类、农产品、医疗用品等不同物品,其存储时要求的温度、湿度各不相同。智慧冷库通过温湿度传感器、冷库温控等测量设备,检测冷库中各重点方位的温度、湿度数据,对采集的大量数据利用大数据智能分析平台,判断冷库各部位温湿度是否处于最优状态,并进行实时调整。传感器及智能分析设备的使用充分满足了不同食品存储温湿度的要求,大大降低了冷链物品损耗率。

(3) 制造节能。智慧冷库在制造过程中能够对制冷设备、制冷系统、冷库载体等信息进行数字化展示,通过压缩机组、冷凝器、电子膨胀阀和蒸发器等部件的紧密配合,可以几乎零损耗地将冷量输送到冷库内,实现供需平衡。采用电子膨胀阀控制压缩机排气温度,防止排气温度的升高对系统性能产生不利影响,同时又可省去专设的安全保护器,节约成本,节省电耗。

2) 智慧冷库监控系统

冷链货物自入冷库便开始进行温度管控,智慧冷库中监控网络采用易于维护、节点增删方便的树状拓扑结构,实现网络的物理范围扩展。ZigBee协调器通过RS232接口与基于ARM的工控机通信,在冷库等不动节点处,利用工控机上的以太网模块与远程监控中心实现数据、控制信息的传送。

3) 智慧冷库管理系统

智慧冷库管理系统的搭建弥补了现存冷库建设中运营、管理等方面的不足,智慧冷库管理系统充分利用GPS、RFID等物联网技术,从货物入库管理、货物出库管理、库内管理、安全管理等环节对冷库标准作业流程进行远程监控与管理。

（1）货物入库管理。根据货主订单输入相关入库信息，按照系统的最佳存储规则（温度适宜、货物集中、减少重复等）选择空的仓位，自动生成入库单，通过 RFID 标签读取入库信息，作为冷库中对物品识别的标志。通过叉车上的射频终端，引导库内行驶路径和货物定位，同步将数据回传系统。

（2）货物出库管理。货物出库时，与入库时相同，通过出库口通道处的 RFID 阅读器，货物信息传入冷库管理信息系统并与订单进行对比。若无误，则顺利出库，完成出库数据处理；否则，设在冷库门两旁的监控门就会发出警报声，本次出库需要按照流程重新办理。

（3）库内管理。冷库内的货物盘点不需要人工检查，只要通过系统对固定在冷库中货架上的 RFID 标签阅读器进行控制，设置数据读取和更新的时间与周期，然后对货物的 RFID 标签进行扫描，就能及时掌握冷库内货物的数量和位置，实现盘点自动化。运用 3D 技术使仓位和货物以立体图形的方式虚拟呈现在仓库 3D 全景图中，管理人员和客户可以直观地掌握冷库库存货物动态、库位的利用率等信息。

（4）安全管理。冷库中基于 ZigBee 无线网络全覆盖，建立物联网环境监控系统，通过温度、湿度等传感器和高清摄像头等终端，全方位地采集环境数据，如出现异常情况，库内的报警系统会自动开启。

6.1.2　货架

货架作为仓库的主要保管设备，可充分提高库容利用率，对仓库中货物进行有效管理与控制。运用货架对货物存储的主要优点表现为：减少货物之间相互挤压，降低货物损耗；货物易数、易测，进取货过程实现先入先出原则。保证冷链物品在库时的品质、提升冷库运作效率是冷冻冷藏物品仓储管理追求的最终目标。为满足冷链物品仓储基本要求，专业的仓储货架必不可少，常见的冷链货架有以下几种。

1. 穿梭式货架

穿梭式货架是单货架与相关设备合一的货架类型。冷库中，由于环境的特殊性，要尽量减少货物搬送次数以降低损耗，同时尽量减少低温作业带来的人工运作成本。冷链物品存放要注意紧密性和分类合理性，确保适应相同温湿度的货物共同存放，提高冷库空间利用率。穿梭式货架系统是目前较为流行的半自动化系统，可实现较低投资下的冷库半自动化。穿梭式货架的特点如下。

（1）高密度存储，仓库利用率高。
（2）工作效率高，大大减少作业等待时间。
（3）作业方式灵活，货物的存取方式可以是先进先出，也可以是先进后出。
（4）安全系数高，减少货架与叉车的碰撞，提高安全生产率。
（5）对照明要求相对低，对比其他类型货架，整体投资更少。

2. 贯通式货架

贯通式货架是常规仓库以及冷库中常用的货架类型之一。贯通式货架使仓库面积和空间利用率提高,存量较大,对于需要经常批量周转的冷链冷藏仓库来说,某种程度上,是比较适合使用的货架类型。贯通式货架相对来说投资较低,但对于流量较大的冷库,需要更多的叉车工共同操作。贯通式货架的特点如下。

(1) 高密度存储,排布紧密。
(2) 采用冲压/滚压技术,承载力强。
(3) 货物存取同侧,先存后取、后存先取。
(4) 全插接组装式结构,提高叉车存取的效率和可靠性。

3. 后推式货架

后推式货架又名压入式货架,集中了贯通式货架和重力式货架的优点,忽略先进先出要求时,后推式货架可以简化工作程序、提升工作效率,且该货架存储面积大而通道少,仓库空间利用率显著提高,能够成为高成本冷库的优势,故在冷库中较为常见。后推式货架的特点如下。

(1) 当某产品的托盘数量较大而又不要求先进先出时,能简化工作程序,效益极为显著。
(2) 可缩短拣取时间,不需要特殊的搬运设备。
(3) 由于存储面积较大、通道较少,故空间利用率和生产率都很高。
(4) 能避免高密度储存货架在装卸作业中常容易产生的货损。

4. 重力式货架

重力式货架是在重型货架的基础上升级改装形成的货架类型。重力式货架在冷链仓储中得到普遍运用,货架的组与组之间由于没有通道,从而增加了60%的空间利用率。重力式货架的特点如下。

(1) 货物遵循先进先出顺序。货架存储密度高,且具有柔性配合功能。
(2) 仓储空间利用率在75%以上,而且只需要一个进出货通道。
(3) 环保性强,全部采用无动力形式,无能耗,噪声低,安全可靠,可满负荷运作。

5. 库架合一式货架

库架合一式货架是理想的高位存储系统,一般由高层货架、物料搬运设备、控制和管理设备及依附于货架钢结构体的库房建筑等部分组成,适用于仓储用地紧张或土地价格昂贵而需要充分利用高度空间、资金紧张、要求工期短、货物储存量大、进出货物频次高的情况。对于存储冷链物品的冷库来说,库架合一式货架库体保温无接缝、无冷桥,保温性能好,库内温度均匀,利于保护产品品质,同时减少电耗,使用寿命更长。库架合一式货架的特点如下。

(1) 货架及仓库钢结构设计有机结合,最大限度利用存储空间,且不单独建设仓库,性价比良好。
(2) 设备安装施工便利、速度快;多项工程同步交叉施工,极大地缩短工期。
(3) 受仓库高度增加的影响较小,仓库无结构立柱,可以保持极高的利用率。

（4）采用阀板基础，受力均匀，稳定性好，具有较好的抗震能力。

（5）货架立柱、横梁、连接件形成刚体，整体性好，不易变形。

6. 自动化立体冷库中货架

在配送型自动化立体冷库中，采用的货架形式有托盘式移动货架、托盘式固定货架、自动化立体冷库的高层货架等，货架上贴有便于管理的电子标签。托盘式固定货架、托盘式移动货架、冷库专用托盘、铲车构成冷库常规的基本运输。冷库货架设计与托盘装载单元有密切关系，通常只能堆放标准货态的托盘装载单元。对于高层货架冷库，在存放品种多时，利用计算机储位管理功能实现货物精准定位，确定最佳货位，提高出入库效率。

6.1.3 装卸搬运设备

1. 仓储作业中装卸搬运设备

存储区作业是物流中最重要的作业，其中的装卸搬运活动主要是进行收货、发货、盘点、补货、移库而产生的。常见的装卸搬运机械主要分为起重机类、运输机类、升降机类、叉车类等。

2. 智慧装卸搬运设备

1) 无人叉车

无人叉车是运用自动化驾驶技术的叉车，以蓄电池为动力，自主完成搬运作业，是实现对托盘搬运的智慧化设备。无人叉车的主要特点在于连续作业化、高度自动化、操作灵活化、行驶智能化。无人叉车可实现 24 小时不间断作业，常采用激光、惯性导航等技术利用标记、反射器完成物品搬运存取，结合存储库房内货物位置的变化，在大数据、智能决策技术的应用下灵活优化路径，大幅度缩短搬运物品的时间。

2) 搬运机器人

在冷链物品仓储过程中，需要在极点温度状态下完成作业，搬运机器人的出现带来了便利条件。搬运机器人采用自动操控技术，融合网络交互场景，配置传感器，实现自由搬运移动物品、自动识别感知货物状态等功能。目前，国内常见的搬运机器人为四轴、六轴两类。二者对于搬运货物的重量和运行速度有所不同，互为补充，在各个物流行业领域应用广泛。

3) 无人搬运车

无人搬运车基于无人驾驶车的改造，可以让电动车实现自行搬运货物的功能。在搬运车上或货物存放的站台侧安装自动装卸货物设备均可实现自动搬运功能。随着有关马达、各种传感器、微型计算机的发展，无人搬运车的自动化模式具体表现为：随时指示搬运路线和时间；根据使用情况追加搬运车台数、增强搬运能力，有效进行长距离复杂路线的搬运工作；除具备搬运功能外，还可自动装卸、自动识别各类材料所达位置，搬运特殊货物。

4) 起重机功能智慧化发展

（1）搬运路径优化：起重机搬运路径规划的主要研究方法有蚁群算法、神经网络与滑模控制相结合的方法、人工势场法、随路径图法和遗传算法等。起重机自主学习体现为按照人的思维和操作经验进行自主作业。通过经验学习,可以预先确定搬运作业路径的搜寻区域、方向、规则和方法,提升搜索计算效率。同时,基于经验学习的路径规划方法建立在熟练司机长期积累的经验基础上,熟练司机的操作流程和规则数字化、定式化,并最终转化为让起重机独立分析、判断和自主决策的知识和方式。基于经验学习的起重机搬运作业路径规划总体流程如图 6-1 所示。

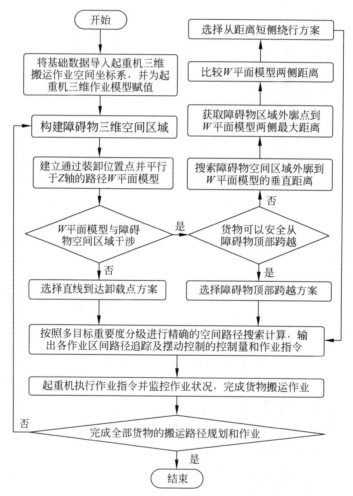

图 6-1　基于经验学习的起重机搬运作业路径规划总体流程

(2) 装卸顺序优化:智能起重机作业通过制定并给定不同卸载区域的卸载规则自动获得货物连续卸载顺序指令,进而完成装卸顺序的优化。卸载规则需要具备以下三个基本条件:规则的实用性,根据该规则获得的卸载顺序指令可完全实用化;规则的完整性,能基本覆盖不同的卸货区域;便于自动识别,系统可以根据规则自动生成卸载顺序指令。起重机装载顺序搜索和自动生成如图 6-2 所示。

5) 智能拆垛机械手

拆垛作业是将转运托盘上码放的货物一箱箱搬运到输送线上。智能拆垛机械手借助

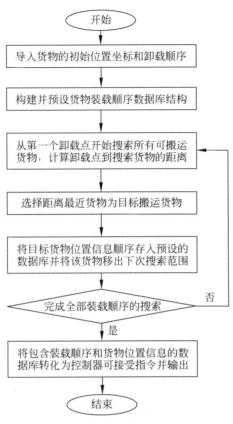

图 6-2 起重机装载顺序搜索和自动生成

3D 视觉和深度学习算法,实现工业机器人手臂作业的自我训练、自我校正,无须箱型和垛型的数据库维护。通过 3D 深度摄像头识别顶层货物轮廓,首次拾起箱子时,建立一个关于箱子外形的模型,并基于这个模型加快对下一个箱子的识别,实现装卸搬运智能化。

6.2　智慧冷链仓储管理信息系统

6.2.1　智慧冷链仓储管理信息系统概述

1. 智慧冷链仓储管理信息系统的含义

智慧冷链仓储管理信息系统是专门为了规范生鲜、农产品、易腐食品的仓储方式而开发的,使用智能化信息技术搭建网络工作平台,减少传统冷链储存过程所带来的损耗,并协调冷链物流其他环节,提高仓储管理效率。

2. 智慧冷链仓储管理信息系统的特点

智慧冷链仓储管理信息系统可实现各操作过程中数据的快速采集,确保快速地掌握库存的真实数据,使得冷链仓储环节全局可视,主要具有以下特点。

1）管控立体化

智慧冷链仓储管理信息系统通过集中式管理，从不同角度查看库存量，掌握所有库存分布情况，实现精准的库存管理、周转、调拨、移位。通过数据的自动获取，简化了冷链的运输、储存等物流作业过程，缩短了物流时间，降低了物流成本。将质量管理规范都融入每个作业过程，实现了对仓库温湿度、电子码、仓储管理、运输管理、信息管理、质量管理等立体化的质量管控。

2）作业同步化

依托智慧冷链仓储管理信息系统，冷链物品从生产、质检、入库、上架、分拣、集货到出仓，全部通过 PDA 在系统上同步完成，实现了数据流与生产作业流程的实时同步，使工作效率和准确率都得到了极大的提升。同时，系统还将与温控设备对接，实现对仓库温度的实时监控，为冷链物品实现有效锁鲜，提升冷链服务质量。智慧冷链仓储管理信息系统有效解决了生鲜食品存储问题，让食品始终处于规定的温度控制中，以保证货物一路领"鲜"。

3）分类精益化

智慧冷链仓储管理信息系统按照物质大类、小类分别管理，同时还支持对物资特有属性添加管理。在各类作业中，通过 RFID 扫描器或货品上的条形码获取其编码信息，避免了人工识别带来的高差错率，从而提高了作业的准确性和及时性。

6.2.2 智慧冷链仓储管理信息系统功能模块

冷链仓储针对生鲜等需要冷藏物品的在途或中转储藏，与常温仓储大不相同，冷链仓储需对冷库中温湿度实时监测，以保障冷链物品的品质与安全，最大限度降低存储过程的损耗。智慧冷链仓储管理信息系统结构如图 6-3 所示，功能模块主要分为冷库设施管理、冷库人员管理、冷链信息存储管理、冷链物品出入库管理、冷链物品冷藏管理、冷链物品分拣管理、冷链物品盘点管理，具体功能如下。

1. 冷库设施管理

由于冷库是恒温储存冷链物品的重要地点，对冷库的内外布局及库内信息获取的及时、全面性会直接影响到冷链物品的冷藏效果及品质。可根据物品的实际存储位置构建虚拟、立体的网络仓库模型图，通过信息端输送，便捷查询确定物品的存储位置，出、入库及库存信息。

随着以物联网、大数据、云计算和人工智能为代表的信息技术的日趋完善及广泛应用，智慧冷库应运而生，在满足一般冷库内外部基本设施的基础上，正不断尝试利用新技术、新手段替代传统人工制冷方式来对冷藏物品进行温湿度的适应性调节。

智能化冷库是智慧冷链仓储系统的基础建筑。通过信息技术、自动化技术与数据技术深度融合，调度入库、装卸搬运、储存、出库等各作业环节智慧冷库装备设施，优化配置库内人机协同，实现库内作业高效化、运营数据化和管理智能化，使整个系统管理透明化、分类合理化、调度秩序化。

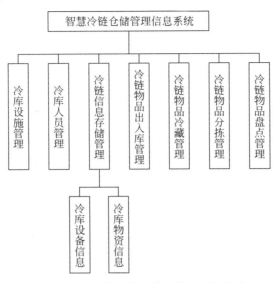

图 6-3 智慧冷链仓储管理信息系统结构

2. 冷库人员管理

冷库人员管理包括：人员信息采集，进行入仓预置、角色划分、权限设置，构建人力资源数据库；人员作业优化调度，记录人员行为轨迹，对人员工作强度分析，通过智能算法实现人员工作量均衡分配；对人员进行数据化绩效考核，构建智慧人员培训体系，挖掘人员各方面技能知识的缺失情况，设置个性化的网络培训课程和考试纲目体系。

3. 冷链信息存储管理

冷链信息存储管理主要分为冷库设备信息智慧管控模块和冷库物资信息智慧管控模块。

（1）冷库设备信息智慧管控模块：设备基础信息建立，包含设备台账信息、故障类型、配件耗材需求等信息，构建设备资源数据库；设备合理选型与配置，设备运行监控和优化调度，故障实时报警；记录设备运行数据日志和维护计划，构建智慧化的设备日常保养和巡查点检、故障时的设备检修维护。

（2）冷库物资信息智慧管控模块：建立物资基础信息，包含各类冷链物品数量、类型、期限、尺寸、重量、温湿度等储存信息，完善物资数据库；搭建冷库规格信息，包含各分割区域面积、存储容积、各区域温湿度及区域变更计划等信息，存于数据库并上传至终端，利用 GPS 实时追踪冷库内所需信息；实行全流程管理及跟踪，对冷链物品在库内收货、上架、存储、拣选和发货全套流程数字化展示，根据库存内部温度变化及物资调度信息实时优化仓库布局和储位分配，分析仓库空间利用率，便于智慧冷库管理人员随时了解库内情况。

4. 冷链物品出入库管理

冷库出入口设置 RFID 标签或条码读写设备，当贴有 RFID 标签和条码的货物或托盘出入时,由标签和条码读写器自动采集货物信息、出入信息并与订单和销售系统自动匹配,自动完成货物信息存入冷链物流系统数据库的出入库确认。

5. 冷链物品冷藏管理

冷藏保鲜是整个冷链物流仓储的核心,需要冷链物流的物品大多要求在 $-5\ ℃$ 以下,冷冻肉和药品甚至需要在 $-18\ ℃$ 下运输与保存。因此,在冷库储藏全过程中,需持续控制温度低于最低临界值。在仓库中添加实时温度和湿度控制器的基础上,将其连接到物联网,使其可以在过程监视、温度和湿度监视、电子围栏等的安全管理中工作,提高仓库管理效率,实现标准化存储监视。除了需要安排工作能力强的仓库管理员按照冷库操作要求进行管理,还需在仓库保管中采取重点措施,加强盘点和订货管理,严格控制库存水平,确保冷链产品质量。

6. 冷链物品分拣管理

通过标签实现快速识别进而提高分拣、供货速度。智慧冷链仓储管理过程中,将以物联网、智能感知为技术手段展开采购、装卸搬运、配送、销售等物流仓储环节,使存取货操作更具自动化、智能化特点,同时提高操作精确性、高效性和经济性。

7. 冷链物品盘点管理

冷库中的冷藏产品数量、种类繁多,采用智能传感技术扫描标签数据,自动与系统数据进行对比,实现冷库物品盘点自动化,节约盘点时间,提高盘点效率,降低盘点错误率。

6.3 智慧冷链仓储场景具体技术应用

6.3.1 自动化立体仓库

1. 自动化立体仓库的定义

自动化立体仓库是现代物流仓储新兴概念,指在不直接进行人工处理的情况下能自动存储和取出物料的系统。这类仓库基于计算机技术,采用高层货架储存货物,运用起重、装卸、运输机械等仓储设备进行货物入、出库作业,实现仓库高层合理化、存取自动化、操作简便化。

2. 自动化立体冷库应用

随着冷链物品对冷库功能的要求不断提高,计算机技术控制下的自动制冷技术和自动装卸货物的自动化立体冷库逐渐运用于国内冷链物流仓储环节。

自动化立体冷库大多采用单层设计结构,库内装有多层金属货架用于物品存放,存在托盘中的货物可依照计算机指令存取于货架之中。

1) 自动化立体冷库结构

自动化立体冷库运用的主要技术包括冷库容量设定、内部空间应用与设备布局、制冷设备和库板选用、地板保温设计等,主要包括堆垛机、高层货架、输送系统、冷库板、制冷系统等,如图 6-4 所示。

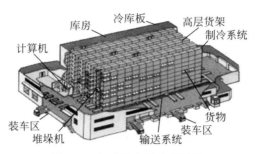

图 6-4 自动化立体冷库结构

堆垛机:堆垛机是自动化立体冷库里存取货物的重要设备,在一定程度上决定了立体冷库的性能和稳定性。相比常温库堆垛机,冷库堆垛机在低温状态下需防止钢结构"冷脆"及变温应力;冷库堆垛机需采用带加温模块的耐低温电机及耐低温电器元件;冷库堆垛机上需安装温度探测感应。此外,常温立体库的堆垛机认址方式有激光测距仪认址、BPS(条码定位系统)条码带认址、认址片认址、编码器认址等。由于冷库的内部环境比较恶劣,可视效果较差,空间中弥漫雾气,设备上结有霜层,采用 BPS 条码带认址方式是最合适的选择。

高层货架:高层货架是自动化立体冷库系统的基础部件,直接影响储存面积和空间利用率。自动化立体冷库货架形式有横梁式货架和牛腿式货架。货架尺寸取决于托盘装载单元尺寸以及托盘装载单元与货架立柱、横梁之间的间隙大小。自动化立体仓库的货架材料选择在 −20 ℃ 以下环境中具有特殊的抗温性能的钢材(镇静钢)。

输送系统:输送系统的工艺性较强,是由同类型的运输机和设备组成的有机体。入库前,输送系统需要完成接收、质量及数量验收、分类、装箱等作业;入库后,在控制器控制下自动完成分拣、分流移动,最后将货物传给堆垛机。货物出库前的传递工作都由堆垛机完成,出库后完成分类、包装等作业以满足输出要求。自动化立体冷库中广泛应用垂直输送系统,输送线作为自动化立体冷库中高层货架与出入库的输送设备,对温度变化有较强的敏感性,因此在库区与分货区要设计合适的过渡间以保持库内温度平衡,维持输送线性能。

冷库板:冷链物品对冷库环境中温湿度的要求较高,因此冷库板材料的选择要有一定倾向性,主要运用聚乙烯、聚苯烯、聚氨酯为夹芯板原料,以聚氨酯板最好,保温性最好、不吸潮。

制冷系统:制冷系统的压缩机有活塞式、螺杆式、离心式等,自动化立体冷库中通常采用螺杆压缩机并联机组,以蒸发式冷凝器进行换热,增强效果。此外,由于主库区与出入库区温差较大,通常对两个区分别采用独立制冷系统,以增强制冷效果。

自动化立体冷库和普通自动化立体仓库虽都具有高层货架、巷道式堆垛起重机、输送系统、控制系统,但相对于普通自动化立体仓库,自动化立体冷库关键温度控制不同,温度区别导致设计、施工、设备选择等一系列的区别。如自动化立体冷库地板要做保温和通风处理,没有保温处理无法保温,没有通风处理排不干净水汽。否则,残留水汽在仓库温度降到 0 ℃时结冰会冻坏地板,一旦地板冻坏,则自动化立体冷库完全报废。

自动化立体冷库温度控制的关键要素在于制冷系统、保冷隔热系统、特殊的照明系统等。在钢材、电器元件等的性能选择方面必须满足冷库环境的要求。冷库作业是无纸化运行,在计算机的管理下大屏显示物品出入冷库信息,冷冻装载单元与冷库封闭门的对接提示。自动化立体冷库禁止入内,全部物流过程自动化、信息化和机械化。

2)自动化立体冷库的优点

(1)节约人力,保障质量。货物装卸和堆垛自动化,不需要任何操作人员,节省人力的同时保证装运质量。

(2)减少占地,提升储能。充分利用仓储空间,减少占地面积使用,提高冷库的储存能力。

(3)有序进出,增质减耗。保证货物先进先出,使货物管理智能化,有利于冷链物品库内周转,降低存储过程中的损耗。

(4)自动管理,信息同步。采用计算机管理,进一步实现信息化、自动化,能随时提供库存货物的品名、数量、货位和库温等,提高了管理效率,实现管理现代化。

(5)设置合理,减少能损。冷库库门设置较小,使用速度快,时刻保持库内低温低湿,减少能量损失。

3)自动化立体冷库的缺点

(1)立体冷库造价较高,初期投资大。

(2)对操作管理人员的技术水平要求比较高。

(3)自动化立体冷库,经常会出现库外热量入侵、库内冷量流失现象,导致物品的储藏品质受到不同程度的影响。

(4)各项制冷设备、电气设备、元器件的选择都比较严格,如若品质不合格,冷库的制冷效果必然会受到影响。

4)自动化立体冷库建设要求

(1)整体设施要求。依据存储货物要求的不同温域,对设施有不同的要求,包括冷库的选址、结构类型、制冷参数选择、给水和排水、采暖通风和地面防冻、电气、库内工艺及设备、制造工艺等方面。

冷库内要保持低温环境,设施的设计与制造必须满足高效制冷和保温的要求,同时要考虑设施表面结霜结冰的预防与清除。对金属材料应用规范来讲,根据结构类型和载荷类型按照一定的温度界限选用。

冷库内部设施构件在低温运营中也要保证其效能。库内地基要防潮防冻,穿堂布置为常温状态,便于通风。总之,要确保内部设备构件在低温、冲压环境中的高度安全可靠性。

(2)执行设备特性。执行设备如货架、堆垛机、穿梭车、输送机等都必须适应冷态环境要求,避免低温冷脆,保证冷态起制动和冷态运行的可靠性,设备驱动单元应选择低温状态专用型。

（3）热流量特性。由于冷藏冷库中热交换形式常以传导和对流为主，因此要保持库内温湿度适宜、气流均匀，保证设备正常运行。此外，自动化立体冷库中热流干扰主要来源于货物输入、库内光照、库门开合及其他与外界关联通道产生的热量，要对冷库进行合理布局，优化路径，降低热流的干扰。

（4）自动控制特性。电器元件在低温状态下要确保安全可靠、长久耐用。元器件的选用具有保温防霜的特性，如遇故障，需立即解冻维修。安装工艺有序合理，把控低温、常温区对配件安装的影响，维持冷库正常运行。

5）自动化立体冷库工作流程

自动化立体冷库以货架作为建筑结构，支撑外墙和屋顶，能进一步提高空间利用率。整体式自动化立体冷库是采用智能四向穿梭车立体库＋库房整体研发设计的一种形式，其出入库形式与智能四向穿梭车立体仓库的出入方式相同，通过仓储管理系统下达指令，由智能四向穿梭车、提升机、输送机智能完成货物的存储，这种立体库的特点是有效提升了作业效率，让仓库上层空间充分地得到利用。整体式自动化立体冷库是一整套复杂的技术集合体，主要技术包括建筑结构技术、制冷技术、墙体保温技术，自动化物流技术等，主要应用智能四向穿梭车、提升机、输送机、货架、冷冻库门、制冷机组、保温材料、仓储管理软件系统、自动化调度监控系统等，设计和施工需要非常专业的整体性和统筹性。自动化立体冷库内各项作业操作呈自动化特点，即单层冷库内设置轻型钢制作的多层高位货架，存放货物的托盘装卸无须人工操作，在电子指令下依赖巷道式堆垛起重机进行水平、垂直运作，完成货物的存取流程。

以整体式自动化立体冷库（库架合一冷库立体库）为例，阐述自动化立体冷库工作流程。

（1）出入库方式。自动化立体冷库的入库区应保持恒温控制，智能四向穿梭车作业人员先将智能四向穿梭车开机准备好，使智能四向穿梭车处于待命状态；在确认好智能四向穿梭车的存（取）货位置后，WCS会根据智能四向穿梭车当前的位置和目的地位置规划好行车路线，之后工作人员通过WCS向智能四向穿梭车下发放（取）货任务。

（2）货物存取。智能四向穿梭车根据收到的任务命令，开始执行放（取）货任务。在交叉轨道上面，智能四向穿梭车通过实际的距离以位移模式行驶，行驶过程中不断扫描车体下部所经过的轨道，每经过一个交叉位置，通过扫描轨道判断和校对行驶距离，在接近目的地的时候通过侧向激光传感器微调停车位置，实现停车位置的精准定位。在子通道里面，智能四向穿梭车扫描交叉轨道和侧面校准镜反光贴，通过扫描点位判断并校对行驶距离，实现子通道内的精准定位控制，到达目的地。智能四向穿梭车到达选定的存（取）货位置后，托盘下降，将货物置于货架上，并通知WCS放货任务完成。智能四向穿梭车继续接收任务指令或者返回待命区。

"起重术"，实现智能无人冷链仓储

汇川技术工程师联合起重机制造商，依托汇川工业互联网平台，为大蒜智能无人仓储项目提供整套自动化与信息化解决方案，实现整个冷库完全无人化运作仓储、交易协同管理，让农产品新鲜到底。

利用自动化起重控制，打造高效节能的仓储艺术。果蔬保鲜期短、易腐坏，必须冷藏处理，因此传统的冷链仓库高度一般保持在5米上下。加之库内货物存取只能依靠工人叉车装卸，装卸时间长，人员车辆出入导致的电能耗费让传统仓库既占空间又耗电费时。

智能无人冷链仓储使用全自动机械代替人工操作，可以实现货物的定位、抓取、存放和堆高，免去库内搬运、人员频繁出入等冗余环节。货物不仅能堆得更高、更多，还省去非必要的人力成本和电能浪费。

金乡大蒜智能冷仓向天借势，将传统5米高的仓储高度提升至25米，相当于8层楼高。搭载汇川技术起重方案的起重行车，自动定位蒜片位置存放。防摇定位功能，为整个起重行车消除运动负载的95%摆动，将重复定位精度确保在5毫米内，有效确保货物堆放精度。使用后的单体冷仓实现蒜片存储6万吨，按照土地效能使用计算，是常规冷仓存储效能的10倍。而以往一个冷仓需要二三十个操作工完成的货物出入库，现在只需两个人5分钟就搞定，装卸效能是常规人力的100倍。有人算过一笔账，通过自动化程度更高的冷仓可以大大减少空间制冷费用、人员费用、出入库运输费用，仓储的综合成本将下降60%。

结合"物联网＋云技术"，仓库管理云"开挂"。除了能自己动起来，智能仓库的管理也可以开"外挂"。借助工业互联网和云技术，智能调节冷库温湿度、自动监测库存变化等无人化应用，让仓库变得和人一样聪明伶俐。

远程监控、远程调试、设备保养提醒、故障报警等关键数据监测，在一些严苛环境下的设备管控，远程运维的功能贴心到可爱，再也不用为进入存储大蒜等有刺激性气味的仓库而"全副武装""痛哭流涕"了。

汇川技术提供的物联网方案，支持起重设备的"远程运维"功能，包含设备的集中监测、详细监测、地图监测及视频监控功能，设备故障统计功能，历史运行数据记录功能等。

仓储的增效降本让农户存得更多，而且存得更便宜，可改善农产品滞销状况，用低价的存储成本鼓励更多农户将农产品存进冷库，换取农产品销售期、保鲜期的延长，特别在农产品滞销年，可以帮助他们顺利"过冬"。

资料来源：汇川技术"起重术"，实现智能无人冷链仓储，中国工控网，http://www.gongkong.com/article/201812/84123.html。

6.3.2 无人仓

1. 无人仓的概念

伴随大数据、云计算以及物联网等现代信息技术的出现，以自动化机器设备为主导，连接数据监管平台，促进仓储环节人机协同的高度自动化流程，同时推动着无人机时代的逐步到来。无人仓是通过多种仓储自动化设备，使货物入库、上架、分拣、包装、出库等仓储流程全部实现无人化作业，是高自动化、智能化的仓库。

2. 无人仓的构成

无人仓主要包括以AS/RS(自动存取系统)为代表的自动仓库、以移动机器人为基础的"货到人"拣选系统、自动分拣系统、AGV等自动搬运系统、自动包装机等，以及自动化物流系统背后起到有效管理、调度与控制作用的"智慧大脑"和先进算法等。随着技术的不断创新发展，无人仓的作业水平和效率也在不断提升。整体来看，无人仓主要分为两大部分，即仓内设备和应用系统。

1）无人仓仓内设备

无人仓仓内设备可以划分为搬运设备、存储设备、上架和拣选设备、分拣设备以及其他辅助设备，依据每个仓库的运营场景不同，设备配备数量各有不同。

（1）搬运设备。无人仓中各种类型的AGV使用更加广泛，包括无人堆高车、无人叉车、类Kiva机器人，以及无人牵引小车。

（2）存储设备。自动化立体库作为储存设备典型代表，其内部设备包括堆垛机、多层穿梭车、旋转货架、多向穿梭车、仓储机器人等。

（3）上架和拣选设备。无人仓注重高速柔性地实现不同商品的拆零上架和拣选，获取商品方式主要分为抓夹式和吸盘式两种。

（4）分拣设备。分拣设备主要为分拣机，如滚轮、摆臂、滑块、交叉带以及其他能实现分拣功能的设备或者系统。

（5）其他辅助设备，如码垛机器人、自动折箱机、自动封箱机、自动装袋机、在线测量称重设备、在线扫描设备、自动贴标与贴面单机，以及RFID读取设备等。

2）无人仓应用系统

实现无人仓的"无人化"操作，离不开智能系统的应用以及人工智能、大数据、云计算相关技术和算法决策支撑，无人仓在全程运行过程中的统筹和协调，使设备运行效率最大化，智能应用装备集群化。无人仓的应用系统主要包括仓库控制系统、仓库管理系统。

仓库控制系统主要承担物流仓储环节的协调作用，可以协调各种物流设备之间的运行，实现对各种设备系统接口的集成、统一调度和监控。仓库管理系统是对批次管理、物料对应、库存盘点、质检管理、虚仓管理和即时库存等仓储业务进行综合管理的管理系统，可有效控制并跟踪仓库业务的物流和成本管理全过程，实现或完善企业的仓储信息管理。仓库控制系统与仓库管理系统相互协同，共同作用于无人仓的智能化运行。

3. 无人仓的优势

（1）降低企业成本。无人仓技术越来越成熟，应用越来越广泛，以设备大量替代人工作业，能够有效提高作业效率，大幅降低物流作业成本，亦可提高企业竞争力。

（2）减少材料浪费。在无人仓商品自动打包过程中，机器会根据商品的实际大小现场裁切包装箱进行包装，不仅避免了包装材料的浪费，还降低了"小商品用大包装"在运输途中被损坏的可能性。

（3）提高运行效率。无人仓可以大幅度地简化繁重、简单的人工环节，甚至替代人工实现更加准确、高效的作业，其准确性优势不断凸显。无人仓在效率方面的大幅提升，可缓解或彻底解决因急速增长的体量而带来的物流不畅问题。

（4）物流标准运行。新一代无人仓有效整合了无人叉车、AGV、机械臂、自动包装机等众多"黑科技"，实现了整件商品从收货上架到存储、补货、拣货、包装、贴标后分拣全流程的无人化。从下单到货物出仓，各项"黑科技"协同作业有条不紊，实现了物流的标准化、精细化与可视化。

4．无人仓的运行原理

1）信息全流程贯通

无人化操作的实现离不开系统平台的信息流通支撑，利用无人仓内安装的传感器对库内环境进行检测和监督，尤其是对于特殊物品，如低温保存的冷链物品，传统模式下的信息传送效率较低，不能及时反映货物在流通过程中的状态。将采集的信息数据作为无人仓各环节作业的依据是极其重要的，大数据采集处理、智能算法的解析和人工智能的自动控制，可以实现仓内无人化管控和特殊情形下的自主决策，进而指导库内流程化操作。

2）机器全方位操作

无人仓的打造需贯穿入库、装卸、分拣、包装、搬运、出库等全流程，机器人代替人工操作是无人仓的一个核心体现。无人仓内主要分为三大区域，即入库区域、仓储区域和出库区域，机器人的出现替代传统流水作业，进一步优化工作效率。无人仓内多类型机器人协同作业、响应迅速、操作精确、便捷灵活，有效保障整个无人仓高效率流通运转。

3）技术全系统搭建

数据采集处理和信息传送是无人仓持续稳定"不断链"的重要保障。基于大数据、云计算、运筹优化、人工智能算法，促进仓内无人化运转有序进行。无人仓所运用的智能算法主要体现在：对订单需求进行预算，保证库内及时供给；库位推荐算法，根据货物的物理化学属性和所需环境状态，将仓内存储的货物放置在适当的位置；设备调度算法将驱动最合适的机器人、搬运车、分拣机等进行人机协同操作。

 6-2

花博园冷链智慧仓无人化运作效率提高三倍

花博会的生鲜食品如何端上餐桌？能否让游客和工作人员吃得安心、吃得美味？开园一周，光明花博保供冷链智慧仓里，7台机器人24小时在岗工作，实现无人化运作。与传统的冷库不同，智慧仓无须工人穿着厚厚的棉袄进出取货存货。这里的主要工作由7台外形犹如大号"扫地机"的AGV机器人完成。记者在现场看到，工作人员在分拣区手持设备扫描货物后，机器人就会自动将物品送入冷库。"每个机器人可承重1吨，当电量低于50%后会自动进行充电。AGV机器人与传统人工相比，工作效率是3比1。"据了解，收货完成后，货物的上架、下架均由AGV机器人自动识别货位，出入无人冷冻仓进行存放。这样不仅大大减小错误率，还能提高仓库的密集堆垛率。AGV机器人还有防撞设置，可以自动避让障碍物。在疫情期间，库体无人操作可减少传染源，增加食品安全系数，确保花博会期间整套系统在复杂环境下长期稳定地运行。据介绍，该仓库的总面积为1000多平方米，是一个集智能化、数字化于一体的现代化智慧冷库，可以最多储存200吨生鲜食品。整个仓库由光明花博保供冷链智慧平台控制，该冷链智慧平台整合串联供、储、配、检四方资源和数据，打造花博会智慧冷链的保供系统，全方位展现"货从哪里来，货在哪里管,货到哪里去"的全过程。"以平台化运营方式归集、统筹上下游资源,形成大数据沉淀及应用,通过集约化、可视化、自动化的运营管理,实现冷链全程动态追踪。"据了解,这套系统对异常行为能做到自动分析、实时工况监督、及时预警,确保花博会冷链工作的可控、可视、可追溯,从源头到终端确保食品安全。

资料来源:花博园冷链智慧仓无人化运作效率提高三倍 https://baijiahao.baidu.com/s?id=17015051826017739 47&wfr=spider&for=pc.

 6-3

抗"疫"奇兵——无人仓

苏宁推出行业领先的战"疫"奇兵——"无人仓"。目前,无人仓已在苏宁雨花物流中心重点部署,面积超 1 000 平方米。据了解,苏宁无人仓以 AGV 系统为核心载体,以自主研发的设备控制与调度平台为仓库的大脑,结合无人叉车、无人包装机、机械臂等无人设备,组成了高效安全的"战疫"团队。

每当接到用户下单信号,借助视觉导航技术的无人叉车可将货物精准上架接驳区;紧接着,AGV 机器人通过智能路径规划、自主导航、自动避障等程序,将货物运输到机械臂拣选区。机械臂再通过自动化拆垛系统,将货物"轻柔"地放置在传送带上,经过自动包装和自动贴签处理,最终完成商品的快速出库。在无人仓的高效协作下,仓库商品拣选效率可以达到 600 件/小时,商品最快可达到 20 分钟完成出库全过程,单件商品拣选成本降低 52%。

资料来源:如何实现智能配送新的模式,电子发烧友网,http://www.elecfans.com/iot/1186105.html.

6.3.3 前置仓

1. 前置仓的概念及发展

前置仓模式始于 2005 年,主要解决物流过程中成本和损耗较高的问题。伴随电子商务行业日渐兴起,市场对商品的需求量不断扩大,尤其在冷链产业中表现最为突出。前置仓模式作为一种特殊模式,它的每个门店都是一个中小型的仓储配送中心,总部中央大仓只需对门店进行供货,顾客订单通过前置仓服务站完成货物送达,有效解决物流配送中"最后一公里"问题。

目前市场上布局前置仓的企业,可以大致分为三类:第一类是商超企业,如沃尔玛山姆、京东生鲜、永辉超市、苏宁小店;第二类是电商企业,如叮咚买菜;第三类则是一些模式创新的后起之秀,如朴朴超市。

2. 前置仓的功能

(1) 配送功能。配送是前置仓的物流系统中极其重要的一环,也是离顾客最近的环节。每个前置仓根据区域成交量以及规模,配备不同人数的配送员,配送员根据客户对时间以及地点的要求送货到人。

(2)储存功能。前置仓在物流系统中相当于流通型小仓库,体现为短期存储。前置仓的货物库存周转率高,货物储存成本低,可以有效缓解现金流的压力。由于前置仓以生鲜品为主,货物的生命周期短,不适合长储。

(3)装卸搬运功能。前置仓通过引入高科技物流设施设备,制定规范化流程,避免装卸搬运不当造成大量损耗和浪费。

(4)包装功能。前置仓模式下的包装侧重于简单的组装与包裹,货物到达前置仓时,一般是标准化单位,只需要在消费者下单后,配送员按单拣货包裹即可。

(5)信息处理功能。前置仓的信息处理功能,有利于消费者及时了解商品动态,合理安排时间。利用历史数据高效精准预测,对企业市场策略的制定、供应商的选取、生鲜品冷链技术的提高有正向促进作用。

3. 前置仓的运营模式

目前市场上应用较多的前置仓的运营模式逐渐被分为两类:仓储模式和全渠道模式,两种运营模式的区别如表6-1所示。

表6-1 前置仓的运营模式

项 目	仓储模式	全渠道模式
选址特点	为节省成本,布局在消费者密集的社区或写字楼周边的较隐蔽或低成本的区域	通常设置在消费者密集区域的中心位置,满足消费者便利到达需求的同时还可以为周边消费者提供到店购物的消费体验
空间特征	规模小,以提供配送服务为主,设置小规模的仓储空间和分拣区	规模大,考虑周边到店购及自提人群,需要一定数量和规格陈列与货架
营运成本	功能简单,较低建设成本和运维成本	配备商品上架、分拣、配送以及门店维护人员,较高建设成本和运维成本
商品种类	品类更聚焦	品类更繁多

4. 前置仓关联配送环节

冷链物流中,冷链商品的配送成本达到常温配送的130%,因此解决"最后一公里"配送问题一直备受关注。在发达国家和地区早有生鲜产品的配送服务,如日本采取的是"宅配"的服务模式,即生鲜产品销售方通过冷链物流(如冷藏车运输)直接将产品配送至客户家中。目前,冷链物流服务,一般情况是在生鲜电商平台自配体系中,商家会在特定区域、特定时段、针对特定产品进行冷链"宅配"。产品直接从商家城市中心仓发至最终客户手中的模式,一般称为"中心仓"模式。这种模式对生鲜产品品质保护更好,但是运营成本高,并且受到诸多限制。同时,考虑我国市场运行的特殊环境:首先,在交通政策管制下,冷藏车无法自由在城市街道通行,因此不能满足配送上门的服务需要;其次,用户对订单效应速度要求较高,"宅配"方式不能在高效性上满足生鲜配送的需要;最后,常用的冷链仓储模式不仅要消耗大量制冷材料,且保存时间、空间受限,无形中增加了极大的仓储成本,依旧很难保证物品质量。

前置仓模式的出现,有效地解决了当前冷链仓储配送面临的痛点。前置仓经常建立在人口密集的社区周边,为同前端销售平台合作创造了机会,运用大数据可分析订单需求量,准确把握市场动态。依靠邻近消费者的小型仓储单位,为解决"最后一公里"配送问题开创新的模式。前置仓关联配送环节的运营模式为:生鲜产品销售方利用冷链物流(冷藏车)提前将产品配送至前置仓存储待售,客户下单后,由前置仓经营者组织完成包裹生产和"最后一公里"的上门配送。无论是订单响应速度还是配送成本,前置仓模式相比直接配送都具有很大优势,具体表现在以下方面。

1) 提高资源利用率,降低成本

前置仓模式可以有效降低冷链物流成本,利用前置仓缩短客户至物品仓储及配送距离。目前企业的前置仓布局以1.5千米~3千米为主,承诺送达时间一般不超过两小时,通过缩短时间达到配送去冷媒化的效果,最终实现降低成本的效果。

2) 提高设备利用率,减轻交通负担

利用前置仓模式可以实现规模效应,集合离散的客户需求,通过批次配送降低成本,避免零星送货造成的不经济,减轻交通负担且降低空气污染、保护环境。通过科学合理的方法规划配送路线,可有效避免重复迁回等不经济现象。

3) 提高客户满意度,减少损耗

前置仓模式中二级存储系统可以最大限度地减少集中运输而非单一包装的运输,大大降低制冷剂与包装材料的使用,交付成本可以通过规模效应被分摊。从前置仓到客户的距离短,由于配送工具一般为摩托车,交通限制较少,因此可以在短时间内完成商品的交付,提高了用户购物的便利性,良好的购物体验同时带来了客户忠诚度以及复购率的提升,在社区建立大量前置预冷仓,一方面降低了冷链成本,另一方面使分销更快,颠覆了传统认为物流"更快则更昂贵"的观念。

 6-4

叮咚买菜:前置仓电商模式,深耕上海市场

叮咚买菜以"品质确定、时间确定、品类确定"为核心指导原则,利用前置仓为消费者提供便捷、新鲜的生鲜到家服务。《商业观察家》的数据显示,截至2019年1月初,叮咚买菜在上海已有200余个前置仓,覆盖崇明以外的上海全部区县,日单量约15万单,月销售额超1亿元。

叮咚买菜采用前置仓模式,配送到家。将前置仓建在社区周边一千米内,商品先由中心仓统一加工后运至前置仓,消费者下单后由自建物流团队29分钟内配送到家,且当单仓的日订单超过1 500单时则裂变成两个仓,保证高效配送,"0配送费+0起送"更好地满足即时消费需求。结合大数据测算,确保消费者在任何时候、任何地点始终能购买到高品质的生鲜产品,强调"下单后29分钟即可送达"确保配送时间,同时利用生鲜及相关配料等全品类布局,为消费者提供做饭所需产品的一站式购物,从而建立起用户高度的信任感,培养用户使用习惯,增强用户黏性。同时,与传统门店相比,前置仓的物业可获得性增加,大幅降低租金成本和生鲜损耗率,且减少门店装修和运营成本。

从采购到配送,全链路重视产品品控。叮咚买菜每天由专业采购团队进行采购,蔬菜

运至加工仓后进行第二轮品控筛选后验收入库,在加工包装时进行第三次品控筛选,合格产品运至前置仓时进行第四轮品控筛选,验收合格入库后派专人每天巡视前置仓,客户下单后由分拣人员进行品控把关,合格产品由配送人员配送到家,消费者收到货后可无条件退货,通过从采购到售后全链路的品控管理,有效保障了产品的品质。

资料来源:https://www.163.com/dy/article/E8NN7GOP0511ANPT.html.

6.3.4 智慧云仓

1. 智慧云仓的概念及特征

1) 智慧云仓的概念

智慧云仓是一种新型仓储模式,以大数据、云计算为核心技术,兼顾提升物流环节中的运输、配送效率及仓储管理水平,采用"1＋N"运行方式,在中央云仓集中配备下,将货物分仓调拨至管控范围内的全国各地,便于资源整合与调配,实现配送网络的快速反应、就近配送。智慧云仓的使用降低了集中仓储成本,减少了特殊时期带来的配送延误,提升了客户体验和服务质量,也为对物流水平要求较高的企业带来新的发展机遇。

2) 智慧云仓的特征

(1) 大容量存储:智慧云仓体现的大容量并非所谓的大型空间存储,而是运用云计算系统,通过仓储网络的搭建整合各地仓库资源,仓库虽然是分散的,但可通过网络信息流通获取所有地区存储数据,存储容量以空间衡量。

(2) 一体化服务:智慧云仓不仅具有仓储功能,以大数据技术为核心的"仓＋配"物流运作模式,规划最近配送,旨在使整个供应链扁平化运行。智慧云仓是物流一体化服务平台,具有更高的协同度,服务覆盖面较广,打破传统单一仓储功能的局限,服务侧重点下倾至配送末端,注重客户效益。

(3) 整体性共享:智慧云仓的搭建以全国区域为着手点,可在主要城市地区建立分仓。通过集中数据采集、处理和管理实现就近配仓与货物的最优调度。同时,搭建完整的信息共享凭条,使渗透在各地的物流信息都整合在一个共享服务平台,方便查询车辆运输、在库货物和订单需求等信息,实现全区域、全流程的信息共享机制,打造整体性共享布局。尤其针对存储期较短、存储环境要求较高的货物,诸如冷链物品、易腐食品、医疗用品等,需要在某段实现紧急调度,智慧云仓的出现可使其具备随处可达的便利性。

2. 智慧云仓与传统仓储的区别

智慧云仓虽是物流仓储的一种模式,但与传统仓储仍有较大的区别。智慧云仓可以实现仓储、配送运输一体化形式,打造扁平化的物流环节,提高仓储输送效率;同步依托仓储设施实现在线交易、交割、融资、支付、结算等一体化的服务。智慧云仓与传统仓储主要区别体现为货物存储种类、仓储管理模式、装备设施建设和货物匹配方式,如表6-2所示。

表 6-2　传统仓储与智慧云仓的主要区别

类　　别	传 统 仓 储	智 慧 云 仓
货物存储种类	货物品类单一化	货物品类多样化
仓储管理模式	主要涉及出入库管理	通过扁平化方式，仓储管理信息化、精细化，实现近距离高速交接
装备设施建设	作业机械简单，信息化要求不高	配备智能化设备，提升运作效率
货物匹配方式	货物单一存放，集中配送	利用大数据实现就近仓储下订单、拣选配送，节省物流费用

3. 智慧云仓的建设基础

智慧云仓以大数据技术为技术支撑，打造全方位仓储网络布局，配备智能软件、硬件设备，为客户提供一体化增值服务。由此，智慧云仓建设的基础主要包括技术手段、平台布局和系统设备。

1）技术手段

大数据技术是云仓运营的核心技术，也是其与传统仓储最大的区别。面对电子商务物流的碎片化海量订单，大数据技术为物流服务商提供了强有力的技术支撑。在智慧云仓与客户企业建立合作关系后，双方进行销售数据对接，根据这些数据对客户企业在未来一段时间内的销售状况作出预测，客户企业可根据预测结果进行更少浪费、更精准的备货，将渠道下沉，提前将商品运输到各地区的分仓中。

2）平台布局

全国范围内的仓配网络是云仓的基础与必备条件。仓储环节在物流总成本中所占成本较高，智慧云仓通过整合自身资源与社会资源，降低成本、分摊风险，在全国范围内建起"仓库＋配送"网络。客户企业的商品经由云仓平台直接运到各个区域的分仓，在消费者下单之后直接由各地分仓发货，减少运输环节，缩短配送时间，大大提升了消费者购物体验。

3）系统设备

软硬件设备是智慧云仓搭建的重要保障，是指智慧云仓的信息管理系统与自动化操作设备。信息管理系统包括中央系统、订单管理系统与仓库管理系统。订单管理系统对接消费者，智能匹配到距离消费者最近的分仓；仓库管理系统实施仓内操作完成出库发货，就近完成配送。

4. 智慧云仓对冷链物流的影响

随着冷链市场的不断发展，传统区域性冷链服务模式已经逐渐向全国范围扩张。食品生产企业借助冷链物流的能力在全国各地建立了具有特色的冷链服务，以快速响应末端消费者的需求，智慧云仓以"数字化＋全区域库存"的优势可助力智慧冷链云仓的搭建。由此可见，智慧云仓对冷链物流智慧化发展的影响主要包括以下方面。

1）提高远距离冷库使用率

目前行业内对于标准仓需求旺盛，但是这类标准的仓库在全国内分布不均，发达地区出现一票难求现象,而发展中地区甚至偏远地区物流仓库闲置率较高。随着智慧云仓的兴起,可以搭建全国云仓合作体系,对低标仓进行改造构建成符合市场需求的目标仓。云仓体系的构建,优化资源配置,降低仓运成本。尤其是对于冷链物品的仓运,远距离运输往往加剧物品腐烂程度,导致品质降低,产生大量耗损。云仓可提高发展中地区及偏远地区的仓库使用率,减少冷链物流行业资源浪费。

2) 缩短冷链配送时间

与传统出仓、干线运输、末端"最后一公里"的物流过程相比,在智慧云仓模式下,仓库网点多,库存分布广、离顾客距离近,同时具备强大、高效的仓库间的干线运输体系,缩短了从生产商到仓库的运输时间,减少物流行业人力重复占用,减少物流资源浪费。在智慧云仓模式应用过程中,通过预测销售和提前将库存布局到离消费者最近的仓库,尽量缩短配送时间,缩短"订单完成提前期"。顺丰云仓的"云仓即日""云仓次日",京东云仓的"211限时达""次日达",每个在时间上极致追求的物流产品,都反映了"订单完成提前期"的极度重要。

3) 降低物流成本

智慧云仓模式在共享各处库存物品状态的同时,也进一步降低了安全库存量,通常情况下,仓位点的增加会增加整个供应链网络中的库存量。但在智慧云仓体系中,通过干线快速调拨能力和信息系统强大的订单选仓能力,使各分仓的库存实现共享,从而降低整个供应链网络中的库存量,从整个物流体系运转角度来看,可以大大降低物流成本。

4) 驱动物流新生态

智慧云仓的出现优化了冷链物流的仓储模式,智慧云仓相较于传统仓储,可以整合全国闲置仓储资源,搭配云计算、大数据等,更加智能合理化计算调配现有行业资源,承载更多的货物存储、更大的发货量、更短的货物配送时间。而智慧云仓也使得物流企业布局全新的领域,冷链物流可以布局物流全产业链、冷链并衔接仓、运、送业务,智慧云仓的出现整合了各方资源,打破了一定的行业壁垒,拓展了物流新生态。

智慧云仓:数字化+全局库存,助力冷链"云仓"建设

锐特信息技术公司(以下简称"锐特信息")深耕智慧冷链云仓建设,在总结出冷链云仓面临的困境及挑战基础上,提出智慧冷链云仓解决方案,让冷链云仓的管理更具科学智能性,为食品冷链企业提供全面的产品追溯服务,全程的温湿度监控与预警提醒服务,全局的库存管理以及智能的存储、补货、调拨建议等全方位管控。

当前,冷链云仓面对的主要挑战为:①无法满足全国各区域的存货和快速配送需求的挑战;②面对不同类型客户如大客户/商超客户、小门店客户、终端用户等不同要求的挑战;③政府企业对食品安全监管、商超对食品安全管控等食品安全的挑战;④终端用户对商品实时来源以及整个商品执行状态全程可溯的挑战;⑤对每个客户以及其对应热销产品的可视分布情况,对补货、调拨缺乏智能化的全局库存管理挑战。

对此,锐特信息基于对多仓、多货主的网络化冷链云仓众多客户的应用实践,通过对

冷链云仓全程智慧化管控,提升整体运营管理能力,满足货主、大客户、终端用户以及供应商的各类需求,实现多方共赢;通过标准化作业,精细化管理,做好每个衔接点的管控,整体作业效率提升 2~3 倍;通过规范化管理,减小仓库作业的误差率及作业过程中的损耗率,提升库内整体质量水平;通过全仓标准化管理,减少因差异管理带来的管控风险,大幅降低管理难度,管理成本缩减至 30%;通过统一的人员培训模式、统一的作业流程,快速培训、快速复制,减少成员管理和培训成本,年培训成本减少 800 工时以上;通过统一云仓平台,实现作业标准化、管理规范化、信息系统标准化,减少定制开发,降低运维成本 50%以上;通过对外可视化库存查询,提升客户查账及对账效率,提升客户整体满意度。其具体表现为:

(1) 全局仓库管理:结合大数据分析,实现仓库智能寻址;依据仓库出入库信息及历史数据信息,实现仓库商品铺货及补货建议;通过库存中心,实现多仓的先进先出批次管理,防止区域内货物过期。

(2) 全程冷链追溯管理:从原料入库开始建立条码,从原料仓、区域仓到终端用户,实现全程商品追溯管理。

(3) 全程冷链温湿度监控管理:从送货入仓开始温度管控,包括:卸货温度监控、穿堂温度、库房温度全程管理,以及各个库房的温湿度预警,送货过程的运输温湿度监控管理。

(4) 仓库内部的布局管理:依据品类不同以及商品的热销程度,实现对仓库的合理规划推荐,对库位和商品进行 ABC 库存计算,实现库位规划。

(5) 仓库操作管理:灵活地依据不同商品的形态,制定最优的管理和操作要求。如按重量管理,按件数及多包装层级管理,单独设置零拣区域,按存储和零拣协作管理。

资料来源:锐特信息,https://www.sohu.com/a/421418516_120864675。

 6-6

5 万吨智慧冷链云仓改变湘南流通格局

中农批冷链物流有限公司(以下简称"中农批冷链")核心投资 5 万吨智慧冷链云仓于 2021 年 1 月 15 日落成,为南六县及整个湘南地区的农业带来全新经营方式。智慧冷链云仓以日本冷链技术为核心,以欧洲冷链物流标准为体系,规划建设多温层冷链智能云仓。通过对冷链云仓全程智慧化管控,提升整体运营管理能力,满足各方各类需求,实现多方共赢;通过标准化作业,精细化管理,大幅提升整体的作业效率;通过规范化管理,提升库内整体质量水平;通过全仓标准化管理,减少因差异管理带来的管控风险,大幅降低管理难度;通过统一的管理,减少定制开发,降低运维成本。

中农批冷链·湘南冷鲜城通过 5 万吨智慧冷链云仓建立健全完善的农副产品冷链物流体系,实现湘南地区的农副产品的错峰交易,避免农产品贱卖,出现"谷贱伤农"的现象;延长交易时间,稳定价格,有效避免了市场供大于需造成的价格大幅下降,"丰产不丰收"的现象不再出现;进而壮大南六县市以及周边地区农产品流通网络和流通主体,提高流通能力,增强议价能力,增加农民收入,带动名特优农产品(如"永州之野"蔬菜、道州脐橙、江永香柚等)品牌化、标准化、规模化、产业化的形成,帮助农民增收和精准扶贫,有效推进农业供给侧改革和一二三产融合。

中农批冷链·湘南冷鲜城以5万吨智慧冷链云仓为依托的冷链物流填补湘南地区的空白,同时辐射广西桂林、贺州、广东韶关、湖南郴州、邵阳、衡阳及周边县市,填补诸多省市市场空白,带来了更安全、新鲜、卫生的食品,实现食品保鲜与安全,成为湘南地区的农副产品交易中心、城市冰箱、中央厨房,促进城市消费升级,保障食品供给和食品安全。

中农批冷链·湘南冷鲜城以5万吨智慧冷链云仓巨大的库容及聚集效应,与百果园、圆通物流等企业进行战略合作,对当地柑橘进行统一的分拣、分级、包装设计、加工,整合快递物流形成一件代发平台,促进脐橙产业品牌化、标准化和规模化,加速产业和产品的提质升级;有进有出,逐渐建立起高标准现代化的产地销地双向物流市场,满足道县及周边县市发展需求,保障供应、确保食品安全,进而带动和辐射周边区域;对湘南地区优质农产品进行集中商品化处理和分拣加工、共同配送、双向交易,推向全国各地,以此吸引更多更优质的产品在此集散,逐步发挥规模效应,从"大流通"发展到"大商贸",最终实现"大发展",从而改变湘南农副产品流通格局,能够有效促进南六县乃至整个湘南地区农副产品品牌化、标准化、规模化、产业化发展。

资料来源:红网永州站,https://baijiahao.baidu.com/s?id=16892945754688811681&wfr=spider&for=pc。

【扩展阅读】 生鲜农产品冷链储运技术装备发展研究

COOP集团推出自动立体冷库建设

自动化冷冻仓库是食品零售行业面临的重要内部物流问题,不仅是因为其工作环境恶劣,而且因其对设立优质服务标准起决定性作用。为满足发展需求,瑞士零售行业巨头COOP集团委托TGW物流集团成功规划并建成一套综合的自动化内部物流系统,以冷藏物流中心和全自动冷冻仓库为核心,实现了冷藏、冷冻、干货和烘焙产品的自动化存储,以及空包装处理(即处理从所有瑞士门店回收的可重复利用包装);并且将3个区域配送中心、3个冷冻配送中心和3个大型烘焙车间集中整合到一个地方,在保证物流效率提升的同时,也使其运营成本得到优化。自动化内部物流系统如图6-5所示。

COOP集团将自己生产的冷冻和烘焙产品存储在-23～-5℃的环境下,然后直接送入配置自动拆码垛机器人的托盘库,主要运用Stingray穿梭车。

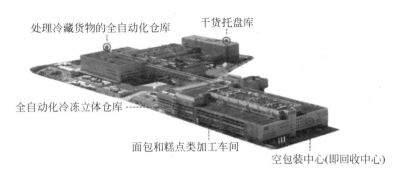

图 6-5 自动化内部物流系统

自动化内部物流系统配置帮助COOP集团实现了最高程度的自动化,这是降低总体拥有成本的第一要素;此外,还需要为不同的温度区域创造合适的低温环境:基于"适温存储"的原则,拆码垛作业区的温度在$-5 \sim -2$ ℃,托盘库和穿梭车立体仓库的温度为-23 ℃。仓库内的氧气浓度控制在14%,以防火灾的发生。

1. 全自动化冷冻立体仓库

全自动化冷冻立体仓库布局如图6-6所示。

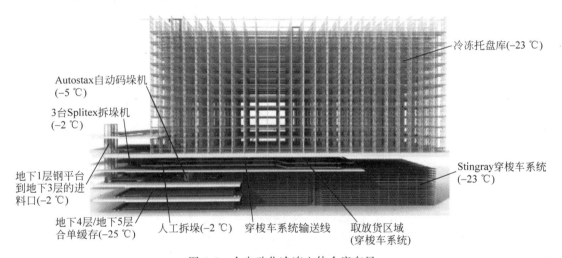

图 6-6 全自动化冷冻立体仓库布局

入库方面,每天400个托盘来自外部供应商,800个托盘来自COOP集团自己的烘焙车间。订单拣选方面,平均每天55 000件货物、3 500台笼车;高峰时段每天可达10万件货物、6 000台笼车。

(1) 托盘库。托盘库的温度为-23 ℃,共4个巷道、17 000多个货位。它可以容纳超市所需的两周库存。库内共配置4台堆垛机负责存取货物,每台配两个货叉。该系统每小时可存取货135次。

(2) 全自动拆垛机器人。在-2 ℃的温度下,3台Splitex全自动拆垛机器人轻轻抬起纸箱一侧,然后将载货板迅速滑入纸箱下方,从而完成拆垛作业。这就确保了即使不稳定和无法吸取的纸箱也能安全顺利拆垛。几乎100%的托盘是以这种方式实现全自动化拆垛的,只有特别大或包装不当的货物必须人工拆垛。根据垛型不同,一台拆垛机器人每小时可以处理 1 800~2 800 个包裹。也就是说,由 3 台机器人组成的整个拆垛系统每小时可以处理 5 400~8 400 个包裹。

（3）穿梭车系统。穿梭车立体仓库的温度低至−23 ℃,共 7 个巷道、16 层货架、40 000 多个货位。高动态的穿梭车系统用于拣选缓存,可以存储略高于一天的库存。一旦某些产品低于最低库存水平,就会自动从托盘库中取出并输送到拆垛区。Stingray 穿梭小车的存取能力达 4 500 箱/小时。

（4）冷冻产品全自动混合码垛。在冷冻环境下,人工拣选特别困难。这就是 COOP 集团慎重考虑并最终选择全自动混合码垛的原因。9 台 Autostax 码垛机器人在−5 ℃ 的温度下工作。自动预先计算出理想的顺序和码垛方式,然后由码垛机器人按照正确的顺序将纸箱送入,并按照预先计算的码垛方式进行码垛。根据包裹的数量,一台机器人只需 40~130 秒就可以装满一台笼车。这样的话,9 台机器人每小时可以自动装载 250~800 台笼车。

2. 处理冷藏货物的全自动化仓库

COOP 集团的自动冷藏仓库是一个区域性生鲜存储系统,专为瑞士西北部、苏黎世和瑞士中部的约 360 家 COOP 门店供货。每天来自门店的奶制品、肉类和鱼类订单,在 2 ℃ 的温度下由全自动、高动态的拣选系统进行处理。该系统包括穿梭车立体仓库,其中配置进出货笼车自动拆垛工作站。

自动冷藏库的布局组成如图 6-7 所示。

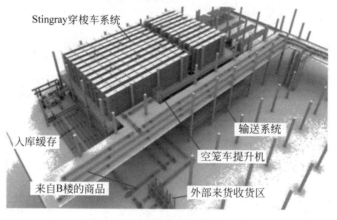

图 6-7　自动冷藏库的布局组成

进出库流程如下。

在订单拣选方面,平均每天达 10 万个包裹,高峰时段可达 125 000 个包裹；每小时存取货 6 500 次；可容纳约 2 天的库存量。供应商使用笼车或托盘装载标准化料箱来运送货物。先将堆叠的货物料箱从笼车或托盘上自动取下,然后放置到托板上,视尺寸不同最多可装载 8 个料箱。

随后,货物被送入穿梭车系统。这是一个高动态的拣选缓存区,它可以存储大约 2 天的库存。该穿梭车立体仓库共 7 个巷道、17 层货架、60 000 个货位。119 台 Stingray 小车,每小时可存取货 6 500 次。系统将门店订单所需的料箱从仓库中取出,并自动输送到笼车装载工作站。

资料来源:机器人在线网,https://www.imrobotic.com/news/detail/24531.

案例思考题:

结合案例中自动化立体冷库运行流程,冷链仓储智能化趋势发展有哪些?

【即测即练】

第 7 章

智慧冷链配送场景的技术应用

【本章导航】

本章主要介绍智慧冷链分拣技术与设备,包括电子标签分拣、智慧语音分拣、自动分拣系统;智慧冷链配送管理信息系统及其功能模块;智慧冷链配送场景技术应用,包括无人车和无人机配送、互联网+同城配送、互联网+众包配送、末端+社区O2O配送。

【关键概念】

电子标签分拣 智慧语音分拣 自动分拣系统 智慧冷链配送管理信息系统 无人机配送 机器人配送 互联网+同城配送 互联网+众包配送 末端+社区O2O配送

阿里菜鸟的"三鸟"布局

2013年,阿里与顺丰、"三通一达"(申通、圆通、中通、韵达)等快递企业联合组建了"菜鸟网络科技有限公司"(以下简称"菜鸟网络")。创立菜鸟网络的目的在于通过整合物流公司、商家、消费者以及第三方社会机构的数据,致力于实现物流过程的数字化、可视化,使物流公司和商家的信息对称化程度获得极大提升,实现数据驱动的云供应链协同平台。菜鸟网络希望通过物流雷达预警、智能分仓、四级地址库以及电子面单等信息化产品大幅提高整个物流过程的库存效率、商品处理效率以及送达的准确率。而在成立之初,菜鸟网络便明确了菜鸟物流数据平台将汇集的数据源除了阿里自身体系之外,还包括消费者、商家、物流公司以及其他社会机构相关数据。

不过,在经营管理过程中,阿里菜鸟也发现物流是一个庞大、复杂的行业,物流网络的搭建与升级,不仅需要线上的物流科技,更需要线下的物流资源;而且它也意识到单靠一只"鸟"很难再进一步做深、做强,在不同的细分物流领域需要有不同的打法。因此在2019年5、6月份,阿里菜鸟逐次对外公开了其"三鸟"布局,即丹鸟、溪鸟、蜂鸟。丹鸟主攻城市落地配送,溪鸟主攻县域快递共同配送,蜂鸟主攻时效性最强的即时配送。

1. 丹鸟

2019年5月28日,丹鸟在2019全球智慧物流峰会上正式亮相。在首场品牌发布会上,丹鸟CEO李武昌宣布,将运用数字化技术和智能算法,联合配送网络上下游,对全国落地配服务进行升级,为商家提供多种解决方案,为消费者提供本地生活的优质物流体验。据了解,丹鸟是由菜鸟联合东骏物流、联报万象、芝麻开门、晟邦物流等多家落地配公司共同推出的全新配送服务品牌,专注于提供区域性、本地化配送服务,致力于做具有极致体验的本地生活物流服务商,不同于"通达系"快递公司。

丹鸟在经营过程中,逐步形成了三种服务模式、两种基础服务、四种时效产品、九种增值服务的服务产品矩阵;以此为基础,根据不同行业的属性和需求,定制开发相应的行业物流解决方案。

三种服务模式分别为:B2C仓到门模式,强调为商家提供一站式仓到门服务并降低物流运输成本;B2B配送上门模式,突出帮助商家解决扩大商品交付范围、降低渠道铺货成本、实现货品通路的深度下沉等问题痛点;O2O即时配送模式,主要应用于高时效要求的生鲜、蛋糕、鲜花等配送业务,时效可达0.5~2小时。

两种基础服务是指送前电联、送货上门。送前电联服务要求礼貌问好,与客户确认送货时间;送货上门服务则要求按需送货上门、验货、签收。

四种时效产品是指当日达、次日达、次晨达、隔日达。当日达要求当天11点之前收寄的货物于当日20点前完成配送;次日达要求当日收寄的货物于次日21点前完成配送,不同城市有不同的截单时间,最晚24点;次晨达要求当天收寄的货物于次日12点前完成配送,目前正于华东大区试运行;隔日达要求于"T+2"时间内完成配送,满足特殊、偏远需求。

九种增值服务分别指保价服务、短信通知、留站暂存、私密面单、订单拦截、上门取退、站点自提、协商再投、签单返还。

实际上,菜鸟的本地配送服务由来已久,主要是通过投资浙江芝麻开门电子商务有限公司、南京晟邦物流有限公司、成都东骏快捷物流有限公司等多个区域性落地配公司。据了解,此前丹鸟一直服务于天猫超市等业务,天猫超市快递服务就是由丹鸟前身的几家落地配公司联合打造的。这次是其品牌的全新升级。丹鸟将和快递公司相互补充,共同满足消费者和商家的新需求。在几年的磨合与积累中,丹鸟的服务能力得到了锻炼与提升。此次丹鸟的品牌升级,某种意义上也是为了进一步提升在阿里系电商配送服务中的用户感知。

在全资收购并整合5家落地配企业之后,丹鸟采用一种准自营的业务模式,业务上主要服务天猫超市、电视物流、新零售配送等场景,其优质客户大部分来自阿里系或与阿里巴巴相关的企业,如盒马云超、零售通、阿里健康、天猫超市、家乐福、当当、易果生鲜等。从2019年8月起,丹鸟开始全面承接天猫平台榨汁机、烤箱、电饭煲、微波炉等小家电配送。

"丹鸟在1.0阶段,聚焦于生鲜、鲜花、母婴等领域,主打中件服务,通过服务触点,积累应用场景和用户,聚合配送能力模型。"丹鸟CEO李武昌表示,丹鸟可以为商家提供运输、配送、客服、售后的综合物流解决方案。而在未来,丹鸟将借助菜鸟的大数据沉淀,建立数据化的配送模型,迭代升级其配送模式,更加智能地调配人、车、货、场的资源,并将新模式的价值开放赋能给新零售行业,更好地匹配商家多样化的、更快速的履约需求,提升配送链条的全链效率。不过,有了解丹鸟的业内人士也指出,丹鸟模式有些类似京东物流的仓配模式,在服务品质和配送时效上满足消费者和商家的需求,并注重直营。

向着数字化、差异化和创新能力三个方面努力,丹鸟以数据为驱动,依靠大数据沉淀、模式迭代升级,运用数字化技术和智能算法,从适度、调度、深度、温度四个方面为商家和消费者提供差异化的价值服务,通过全链路的打通、优化和可视化,在区域配送本地化上探索创新服务模式。

2. 溪鸟

在丹鸟品牌正式亮相没多久,就有媒体报道阿里的"溪鸟"也浮出水面。有资料显示,这只"鸟"的全名叫"杭州溪鸟物流科技有限公司",由菜鸟网络100%控股;法人代表为熊健,此人为菜鸟的初创人员,曾担任农村事业部总经理的职务,主要负责村淘业务;而溪鸟的执行董事则为菜鸟网络CEO万霖,说明阿里内部对溪鸟很重视。

从公开的资料来看,溪鸟未来将立足于县域物流市场,旨在通过系统和技术手段,以商业模式创新为突破,为国内快递行业提供面向三、四线及以下城市的共同配送技术平台服务,以此优化快递行业配送成本,并和阿里巴巴集团业务紧密协同,为县域农产品企业提供基于仓储配送的"一揽子"供应链解决方案。

另据报道,溪鸟正在招聘"乡村共配产地仓产品运营""乡村共配网络运营"等运营人员,加大、加快阿里在农村物流方面的布局。不过,作为一只刚落地的"雏鸟",溪鸟仍然嗷嗷待哺,还需要阿里菜鸟投入更多资源加以扶持。新成立的溪鸟,未来要开拓的是县域物流中快递末端网点的共同配送,这就要菜鸟加强对各家快递企业的话语权,才能跨过内部利益重新分配这个门槛,说服或要求通达系与百世将县域及以下区域的快递件统一起来实现共同配送。所以我们也就看到,菜鸟正在加大对通达系股权的投资力度,截至2019年3月,阿里系资金合计占有圆通快递17%的股权、中通快递约10%的股权;2019年7月,阿里巴巴投资46.6亿元,间接获取申通14%的股权;另外,截至2020年2月29日,阿里系资金占有百世股份比例为30.3%,为其第一大股东。

近几年来,国家各级政府部门也是频频发文,指出要围绕城乡双向流通、高效配送,聚焦农产品、快消品、药品、日用电子产品、汽车零部件、家电家具、纺织服装,以及餐饮、冷链、物流快递、电子商务等重点行业领域,推动城乡高效配送体系建设。众多物流企业也在努力探索服务于"三农"的有效物流模式,各大电商平台在布局其农村战略时,都描绘了一个"双向物流"的美好前景,即工业品下乡、农产品进城。溪鸟的布局,一方面是响应国家乡村振兴战略的实施;另一方面,也是在寻找一个方案路径来解决成本居高不下、效率久低不振的农村物流问题。不过,未来溪鸟具体会如何走,如何建立起服务、成本、效率三者相平衡的新型农村物流体系,我们暂时还不得而知,但是以菜鸟在农村物流领域的多年耕耘,以阿里村淘电商的多年积累,以及其背后雄厚的资金,我们仍然可以对溪鸟抱以很高的期望。

3. 蜂鸟

2019年6月5日,饿了么宣布旗下即时物流平台蜂鸟品牌独立,并将品牌名升级为"蜂鸟即配",同时公开宣布在未来3年时间里,蜂鸟将建设2万个全数字化的即配站,建立数智化的开放即配生态,将服务拓展到更多行业和区域。

此前,阿里巴巴在宣布收购饿了么时,就将蜂鸟划入"3公里理想生活圈",为淘宝、天猫、苏宁、盒马鲜生提供30分钟的上门服务,盒马的"半小时达"和24小时家庭救急服务、

"天猫超市一小时达",以及众多一线品牌"线上下单门店发货两小时达"等服务背后都有蜂鸟的身影。而根据饿了么提供的资料,从星巴克"专星送"在 30 多个城市落地,到数千家大型商超的外卖配送,再到药品配送、天猫小店订单配送等,蜂鸟融入阿里经济体的一年多,本地即时配送体系已经成为阿里新零售的关键基础设施之一。可见,蜂鸟早已不局限在饿了么的圈子里,而是乘着阿里新零售的东风迅速拓展业务外延。

阿里巴巴集团合伙人、阿里巴巴本地生活服务公司总裁王磊表示,蜂鸟的全面升级,不仅意味着它作为阿里本地生活的核心竞争力的升级,更标志着本地即时配送行业的新一轮变革已经开始。而这次品牌升级也不仅仅是设备的升级,更是阿里巴巴整个经济体的打通。王磊强调了蜂鸟在三、四线城市的进展,随着饿了么口碑加快在三、四线城市的业务布局,蜂鸟建立的智能化本地即时配送网络同样在更多城市拓展。2019 年起,蜂鸟具备了全国性的配送网络。而在全面融入阿里巴巴集团生态系统后,蜂鸟也进行了一系列整合,与商超品牌保持联动,为包括大润发、星巴克、天猫小店、阿里健康等各个领域合作伙伴提供即时配送服务,并在这一过程中积累和沉淀了服务于不同行业的能力。王磊认为,在这个时间点,蜂鸟所具备的全国性网络,以及服务于各行业的能力,可以开放给客户、全行业。

蜂鸟配送还与星巴克、阿里健康、各大线下商超合作,为食品、医药、商超日用、鲜花、生鲜等全品类商品提供即时配送服务。饿了么联合创始人兼首席运营官康嘉称,配送这个行业是从餐饮外卖出发的,但到今天,无论是商超还是果蔬等都成为即时配送的对象。随着服务边界的不断拓展,未来将是万店即配的时代,灵活高效的物流一定会助推商流。

与此同时,美团也正式推出新品牌"美团配送",并宣布开放配送平台,将在技术平台、运力网络、产业链上下游等方面向生态伙伴开放多项能力。蜂鸟即配的品牌独立升级,或意味着蜂鸟与美团在即时配送领域将展开更为激烈的全面竞争。

资料来源:http://www.56ec.org.cn/news/hyzx/2019-08-12/32220.html。

7.1 智慧冷链分拣技术与设备

7.1.1 分拣概述

1. 分拣的定义

分拣是将物品按一定目的进行分类、拣选的相关作业。分拣作业是按照输送及配送要求,准确而迅速地将货物从货位中拣选出来,并按照不同地点、不同品种和单位进行分类、集中,放到指定场地等待配装送货的作业过程。在企业配送活动中,分拣作业是整个配送系统的核心作业环节。分拣作业成本占配送中心总成本的 15%~20%,分拣作业时间占整个配送中心作业时间的比例为 30%~40%,而发生在配送中心的所有人力劳动更是有 50% 直接与分拣作业相关,由此可见,选择科学的分拣方法和技术,对配送中心的作业效率起决定性作用。

根据分拣手段的不同,分拣可以分为人工分拣、机械分拣和自动分拣三大类。人工分拣基本上依靠人力完成搬运作业，或者利用最简单的设备工具和手推车等将所需货物分别送到指定地点，这种分拣方法劳动强度很大且分拣效率非常低。机械分拣是指利用机械设备（如输送机、叉车等）作为主要输送工具，在各分拣位置配置专门工作人员进行人工分拣，这种分拣方法投资不大，还可以提高分拣效率，一定程度上能够降低工人劳动强度。自动分拣是指按照人的指令利用机器设备自动将待分拣货物送到指定位置的分拣方法，由于全程采用自动控制作业，因此可以大幅降低劳动强度，且分拣效率很高。

分拣由生成拣货资料、行走或搬运、拣取、分类与集中四个环节组成。

2. 分拣的方式

分拣货物一般采取两种方式来操作：其一是摘果式，其二是播种式。

1）摘果式分拣

所谓摘果式分拣（DPS），就是像在果园中摘果子那样去拣选货物。其具体做法是：作业人员拉着集货箱（或称分拣箱）在排列整齐的仓库货架间巡回走动，按照订单上所列的品种、规格、数量等将客户所需要的货物拣出及装入集货箱内，因此又称为按单拣选法，如图7-1所示。在一般情况下，每次拣选只为一个客户配装。在特殊情况下，也可以为两个以上的客户配装。目前，推广和应用了自动化分拣技术，装配了自动化分拣设施等，大大提高了分拣作业的劳动效率。

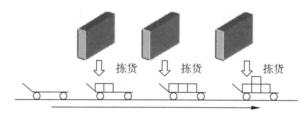

图7-1　摘果式分拣作业原理

2）播种式分拣

播种式分拣（DAS）货物类似于在田野中的播种操作。其做法是：将数量较多的同种货物集中运到发货场，然后根据每个货位货物的发送量分别取出货物，并分别投放到每个代表用户的货位上，直至配货完毕，如图7-2所示。为了完好无损地运送货物和便于识别配备好的货物，有些分拣、配备好的货物尚需重新包装，并且要在包装物上贴标签，记载货物的品种、数量、收货人的姓名、地址及运抵时间等。播种式分拣一次可以处理多张订单，因此又称为批量分拣法。

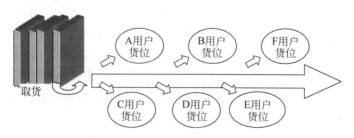

图7-2　播种式分拣作业原理

摘果式分拣和播种式分拣的对比如表 7-1 所示。

表 7-1 摘果式分拣和播种式分拣的对比

分拣方式	优 势	劣 势	适用环境
摘果式分拣	实施简单，分拣准确度较高；灵活性高，可以按照用户需求的紧急程度安排分拣配货的先后顺序；分拣工序简单，作业效率较高；弹性大，用户数量和分拣作业人员数量都可以根据实际情况进行增减；不受设备水平限制，即使不具备自动化、机械化条件也可实施；责任清晰	货品种类较多时，分拣作业人员行走路径加长，工作负担加重，分拣效率降低；拣货单必须配合货位地址	多品种、小批量订单
播种式分拣	计划性强；分拣效率较高；规模效益明显	程序多；需要足够分货场地空间，实施条件较高；必须批量分拣完毕才能统一发货，灵活性不足，对紧急订单应对不够灵活	少品种、大批量；订单的重复订购率较高

7.1.2 电子标签分拣技术

电子标签分拣是一种计算机辅助的无纸化拣货系统，利用计算机传输拣选指令到操作者面前的显示屏上，导引操作者完成规定的作业。其具体操作方式是：在每一个货位安装数字显示器，利用计算机的控制将订单信息传输到数字显示器，拣货人员根据数字显示器所显示的数字拣货，不需要看出库单，拣完货之后按确认钮即完成拣货工作，如图 7-3 所示。

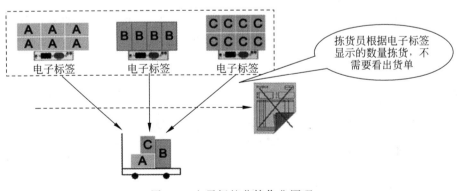

图 7-3 电子标签分拣作业原理

1. 设备构成

电子标签分拣系统的构成（图 7-4）及主要部件的功能如下。

（1）电脑：可以是已有的 WMS 或 ERP、MIS 等，特殊情况下可人工录入出库信息。

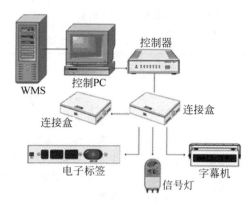

图 7-4　电子标签分拣系统的构成

（2）控制 PC：用于从 WMS 下载出库订单，并将出库信息发送到控制器。

（3）控制器：将出库信息转换为控制信号，并传到连接盒；将完成信号传回控制 PC。

（4）连接盒：控制信号灯、字幕机、电子标签的工作，将完成作业信息传回控制器。

（5）信号灯：用于作业区、作业面，提示该区域有作业任务。

（6）字幕机：提示作业员当前作业序号，可定义为客户编号、作业编号或其他编号。

（7）电子标签：用来显示出库数量并发出指示信息。

2．分拣流程

利用电子标签进行分拣作业，可以实现品种和库位指示、出库数量显示、操作完成信息确认，因此分拣作业人员只需要完成看/听、拣数、按（确认）三个动作即可，这样可以大幅降低分拣作业的复杂性，每小时分拣量可达到大约 500 件，分拣错误率仅为 0.01% 左右。其具体作业流程如图 7-5 所示。第一步，分拣人员将出库信息下载到对应的电子标签（可实现无纸化分拣）；第二步，接收到分拣信息，对应货位的电子标签发出光、声音信号，提示分拣人员完成拣货；第三步，分拣人员完成作业后，按电子标签对应按钮，取消光、声音信号，将分拣任务完成信息反馈回控制系统；第四步，分拣人员继续按照其他电子标签提示完成拣货。

图 7-5　电子标签分拣作业流程

3．系统优势

电子标签分拣技术与传统纸质拣货单分拣相比，具有明显优势：首先，可以实现无纸化分拣作业，无须打印纸质单证，可以减少单据处理时间，节省纸张；其次，省去分拣人员寻找库位地址及核对地址和货物品种的时间,电子标签的光、声音信号能够直观显示待拣货位,这也大大缩短了分拣人员的行走距离,分拣速度明显加快;最后,可以使分拣人员的注意力集中于拣货数量的确认,减少思考判断时间,降低劳动强度,大幅提高分拣作业的准确率。

电子标签分拣技术既可以用于播种式分拣,也可以用于摘果式分拣,但是如果货物品种较多则会增加分拣成本,因此主要用于配送中心或仓库货物 ABC 分类的 AB 类货品上。除此之外,电子标签还可以用于无纸化盘点、入库及补货库位指示、补货及缺货通知、误操作取消、满箱显示等特殊应用场景。

7.1.3　智慧语音分拣技术

智慧语音分拣是将分拣任务指令通过 TTS(text to speech,文本—语音转换)引擎转化为语音播报给作业人员,并采用波型对比技术将作业人员的口头确认转化为实际操作的分拣技术。

1. 设备构成

智慧语音分拣由语音软件、移动计算设备、耳机、麦克风、蓝牙指环等构成。

2. 分拣流程

智慧语音分拣的作业流程如图 7-6 所示。第一步,语音软件系统发出作业指令(待分拣货位地址、分拣数量),分拣人员通过耳机接收语音指令;第二步,分拣人员找到待分拣货位,通过麦克风读出货位验证码,以确保分拣作业的准确性,同时,分拣人员根据语音软件系统指令取出相应数量的货物,并通过麦克风将分拣任务已完成信息反馈给语音软件系统;第三步,继续按照语音软件系统发出的分拣指令完成下一个货位的分拣任务。

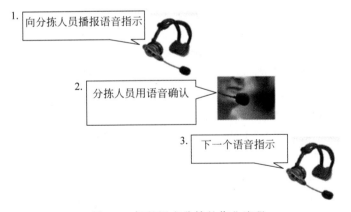

图 7-6　智慧语音分拣的作业流程

3. 系统优势

智慧语音分拣技术的主要优势包括分拣差错率低、作业效率高、作业人员培训成本低、分拣系统维护成本低、投资回报率高、适应性强、可实现信息共享、处理方式更灵活。

 7-1

顺丰优选语音分拣应用

1993年,顺丰诞生于广东顺德。自成立以来,顺丰始终专注于服务质量的提升,持续加强基础建设,积极研发和引进具有高科技含量的信息技术与设备以提升作业自动化水平,在国内外建立了庞大的信息采集、市场开发、物流配送、快件收派等速运业务机构及服务网络。在持续强化速运业务的基础上,顺丰积极拓展多元化业务,针对电商、食品、医药、汽配、电子等不同类型客户开发出一站式供应链解决方案,并提供支付、融资、理财、保价等综合性的金融服务。与此同时,顺风依托强大的物流优势,成立顺丰优选,为客户提供品质生活服务,打造顺丰优质生活体验。

顺丰优选由顺丰倾力打造,以"优选商品,服务到家"为宗旨,依托线上电商平台与线下社区门店为用户提供日常所需的全球优质美食。顺丰优选主要经营生鲜类商品,对品质要求很高,顺丰花重金在全国建设了27个深冷仓库,这些仓库的温度维持在−28℃,在这种工作环境下,传统的手持终端设备(RF)出现大量损坏,极少数可供使用的RF也会出现电池寿命大大缩短、触摸界面不灵敏的现象,而且每次RF从深冷仓库带出时都会在外表集聚大量冷水珠,导致无法进行正常的条码扫描。所以管理层早早就意识到在深冷仓库必须采用更先进的数据采集手段。

顺丰优选秉承顺丰速运的服务理念和服务优势,强调食品安全与优良品质,力求把每个购物体验环节都做到最好,为客户提供安全、便捷和舒适的网购体验。因此,其十分看重订单的时效性和准确性,然而仓库内落后的纸单拣选已经无法满足业务的需求,并且由于劳务外包,人员流动性大、培训压力大、上手周期长、效率低位徘徊等问题始终困扰着管理方。

面对庞大的配送网络以及业务量,顺丰的管理层认为,必须导入先进的管理手段提升仓库的运行效率。2016年9月,语识-REP穿戴式语音软件[百特麦(BetterMAN)语音分拣系统]首次在广州仓进行了试用,操作人员在短期内即熟练掌握语音操作,工作效率、准确率均有显著提升。在多角度对比评估之后,顺丰管理层确定导入语识-REP穿戴式语音软件,并首先应用在压力最大、成本控制最难以把握的拣货环节。目前已经在华东、华南、华中等地区的5个仓库上线语识-REP穿戴式语音软件。顺丰上线该语音分拣系统的作业目标包括:提升拣货效率、出货准确率;减少新人培训成本;有效应对业务快速增长;库内作业控制成本;保证新老员工工作效率。其技术目标包括:用新技术取代纸张拣选;借助语音计算提高生产力;建立每日报表生成;建立对员工工作效率的分析机制,以实现精益管理。该系统的应用范围主要是按件及按盒拣选。上线该语音分拣系统主要安装以下设备:语识-REP穿戴式语音软件与WMS无缝集成、语识-REP穿戴式语音软件移动计算设备、语识-REP穿戴式语音软件耳机、语识-REP穿戴式语音软件蓝牙指环。该项目计划8个月收回投资成本。

顺丰优选上线语识-REP穿戴式语音软件后的成效:

第一,准确率提高。语识-REP穿戴式语音软件播报通道及库位,拣货人员到达对应库位后回复语音分拣系统,语识-REP穿戴式语音软件在播报库位的同时还会提示所拣货物的简述,如"牛奶",通过提示信息,拣货员能快速找到对应商品,并回复商品条码后2位进行校验。校验通过后,系统告知拣选多少件或下一库位商品,有效地避免了错拣、乱拣的现象。另外,语识-REP穿戴式语音软件不仅提高了准确率,同时规范了拣选作业的流程,使员工更加规范地作业,不依赖于员工的个人行为,保证了拣选作业的一致性和统一性。通过对语识-REP穿戴式语音软件拣货的准确率做全面的分析发现:语识-REP穿戴式语音软件导入几个月后,分拣的准确性已经达到了99.99%。对准确率的要求,是顺丰对于客户的承诺,语识-REP穿戴式语音软件帮助其完成了这种承诺。这不仅在于语音能拣到正确的商品,更在于其快速、准确的指引及可追溯的过程。

第二,拣货速度加快。语识-REP穿戴式语音软件的导入,大幅提高了员工的工作效率。据顺丰统计,人均拣货数量提高了1倍。现在顺丰仓库中不会再看到这样的场景:员工一手拿拣货纸单和笔、另一手提着中转箱去拿货物,个别通道由于光线不足而导致看错通道或库位等,速度也非常缓慢。使用语识-REP穿戴式语音软件拣选只需要用耳朵听就好,双手可以很自如地去拿商品。由于解放了员工的双手(不需在拣货单上书写)和双眼(不需看纸张),员工的工作更加轻松、自在,工作效率也相应地得到了大幅度的提升。语识-REP穿戴式语音软件导入前,拣货员是逐单拣货(1次1单),语识-REP穿戴式语音软件导入后是批次拣货(1次多单),优化了拣选流程,同时缩短了行走路径,提升了拣选效率。批次拣选是一次拣选多个拣货任务,将拣取商品总数量对应到一个拣选车上。

第三,操作性加强。以往对新员工的培训,从熟悉仓库到拣货操作,多则数周,少则数日。自从导入语识-REP穿戴式语音软件,对新员工的培训只需半天即可实现库内独立作业(录制模板15分钟,拣选练习2小时)。根据实际情况,甚至可以达到新老员工工作效率基本持平的效果。员工对于百特麦语音分拣系统的反馈良好,不仅工作效率提高了,工作起来也更为轻便、容易。如此一来,在有效降低员工培训成本的同时,也延长了员工的有效工作时间。

第四,轻松应对深冷工作环境。语识-REP穿戴式语音软件无须让操作人员对屏幕或者按钮进行操作确认,只需要通过说话的方式与系统对话,这种交互方式既轻松又流畅。语识-REP穿戴式语音软件所使用的硬件设备可以在深冷工作环境下正常工作不发生问题。其在长达6个月的测试期间,没有发生任何硬件设备损坏,给客户带来了深深的信赖感。

第五,实时操作实时管理。语识-REP穿戴式语音软件可实现对每项操作与指令完成情况的准确追踪,使管理者能够对每个员工的操作进行实时掌控。现在,管理者能够准确指出订单由谁在何时、何地、以什么数量完成。管理者不仅对完成日常订单所需的人力需求有了准确了解,每项操作的广泛信息更是他们做好指导的得力工具。

第六,快速收回投资成本。顺丰投入的语识-REP穿戴式语音软件达到预期效果,提升效率并降低了成本,目前已在仓库中全面使用语识-REP穿戴式语音软件拣货,并计划在12个月内通过节省用人成本收回投资,创造更大的效益。

提高服务品质,是顺丰速运的永恒追求,顺风一直致力于成本的改善和效率优化来提升服务品质,语识-REP 穿戴式语音软件的应用为其提供了平台及大数据基础,顺丰计划逐步将语识-REP 穿戴式语音软件应用到其他物流中心,进一步实现业务应对。

资料来源:上海语识信息技术有限公司官网,https://www.richvoice.com/cn/index.html.

7.1.4 自动分拣系统

自动分拣系统是指从货物进入分类系统到送到指定分配位置,都是按照分拣人员的指令,靠自动分类装置完成的系统。货物由输送设备按照一定的顺序送到分拣信号识别区域,经过识别后再送入分类装置,控制器会根据识别到的分拣信号来控制分类装置对货物进行分类,将完成分类操作的货物导入分流输送系统,送至指定的位置即完成分拣。自动分拣系统的基本原理如图7-7所示。

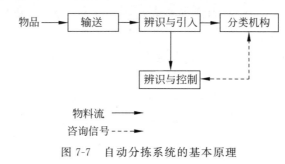

图 7-7 自动分拣系统的基本原理

1. 设备构成

自动分拣系统种类繁多、规格不一,但一个自动分拣系统大体上由收货输送机、合流装置、喂料输送机、分拣指令设定装置、计算机控制程序、传送装置及分拣机构、分拣卸货道口、计算机控制系统等部分组成,如图7-8所示。

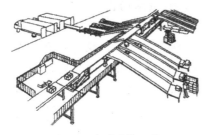

图 7-8 自动分拣系统

1)收货输送机

卡车送来的货物,放在收货输送机,经检查验货后,送入分拣系统。为了满足物流中心吞吐量大的要求,提高自动分拣机的分拣量,往往采用多条输送带组成的收货输送机系统,以供几辆乃至百余辆卡车同时卸货。这些输送机多是辊式和带式,辊式输送机具有积放功能,即当前面的货物遇阻时,后端货物下面的辊道会自动停转,使货物得以在辊式输送机上暂存,解阻后自动继续前进。有些配送中心使用伸缩式输送机,它能伸入卡车车厢内,从而大大降低卡车工人搬运作业的劳动强度。

2)合流装置

大规模的分拣系统因分拣数量较大,往往由2~3条传送带输入被拣商品,商品分别经过分拣指令设定装置后,必须经过合流装置。合流机械由辊式输送机组成,它能让到达汇合处的货物依次通过。

3) 喂料输送机

货物在进入某些自动分拣机前,要经过喂料输送机。它的作用有两个:一是依靠光电管,使前、后两货物保持一定的距离,均衡地进入分拣传送带;二是使货物逐渐加快到分拣机主输送机的速度。其中,第一阶段输送机是间歇运转的,它的作用是在货物上分拣机时,保证满足货物间的最小距离。该段输送机传送速度一般为 0.6 米/秒左右,而分拣机传送速度的驱动均采用直流电动机无级调速,由速度传感器将输送机的实际带速反馈到控制器上进行随机调整,保证货物在第三段输送机上的速度与分拣输送机完全一致。这是自动分拣机的关键之一。

4) 分拣指令设定装置

自动分拣机上移动的货物向哪个道口分拣,通常在待分拣的货物上贴标有到达目的地标记的票签,或在包装箱上写收货方的代号,并在进入分拣机前,先由分拣指令设定装置把分拣信息(如配送目的地、客户名等)输入计算机中央控制器。

在自动分拣系统中,分拣信息转变成分拣指令的设定方式有以下几种。

(1) 人工键盘输入。操作者一边看着货物包装箱上粘贴的标签或书写的号码,一边在键盘上将号码输入。键盘输入方式操作简单、费用低、限制条件少,但操作员必须注意力集中,劳动强度大,易出差错。人工输入的差错率为 1/300,键入速度只能达到 1 000～1 500 件/小时。

(2) 声控方式。声控方式需将操作人员的声音预先输入计算机控制器中,当货物经过设定装置时,操作员将包装箱上的票签号码依次读出,计算机将声音接受并转为分拣信息,发出指令,传送到分拣系统的各执行机构。声控方式与人工键盘输入相比,速度要快,可达 3 000～4 000 件/小时,操作人员较省力。但由于需事先存储操作人员的声音,当出现操作人员声音因咳嗽变哑等情况时,就会发生差错。因此,声控方式经常出现故障,使用效果不理想。

(3) 利用激光自动阅读物流条码。在被拣商品包装上贴代表物流信息的条码,商品在输送带上通过激光扫描器时,扫描器自动识别条码上的分拣信息,输送给控制器。由于激光扫描器的扫描速度极快,达 100～120 次/秒,来回对条码扫描,能将输送机上高速移动货物的条形码正确读出。激光扫描条码方式费用较高,商品需要物流条码配合,但输入速度快,可与输送带的速度同步,达 5 000 件/小时以上,差错率极小,规模较大的配送中心都采用这种方式。

5) 计算机控制程序

根据各客户所需要的商品品种和数量,预先编好设计程序,把全部分拣信息一次性输入计算机,控制器即按程序执行。计算机程序控制是最先进的方式,它需要与条形码技术结合使用,而且还须置于整个企业计算机经营管理系统之中。一些大型的现代化配送中心把各个客户要货单一次输入计算机,在计算机的集中控制下,商品货箱从货架被拣选取出,在输送带上由条码喷印机喷印条码,然后进入分拣系统,全部配货过程实现自动化。

6) 传送装置及分拣机构

它是自动分拣机的主体,包括两个部分:货物传送装置和分拣机构。前者的作用是把被拣货物送到设定的分拣道口位置;后者的作用是把被拣货物推入分拣道口。各种类型的分拣机,主要区别就在于采用不同的传送工具(如钢带输送机、胶带输送机、托盘输送机、辊式输送机等)和不同的分拣机构(如推挡式、引导式、滑块式等)。

7) 分拣卸货道口

卸货道口是用来接纳由分拣机构送来的被拣货物的装置,它的形式各种各样,主要取决于分拣方式和场地空间。其一般采用斜滑道,上部接口设置动力辊道,把被拣商品"拉"入斜滑道。斜滑道可看作暂存未被取走货物的场所。当滑道满载时,由光电管控制、阻止分拣货物再进入分拣道口。此时,该分拣道口的"满载指示灯"会闪烁放光,通知操作人员赶快取滑道上的货物,消除积压现象。一般自动分拣系统还设有一条专用卸货道口,汇集"无法分拣"和因"满载"无法进入设定分拣道口的货物,以做另行处理。有些自动分拣系统使用的分拣斜滑道在不使用时可以向上吊起,以便充分利用分拣场地。

8) 计算机控制系统

计算机控制系统向分拣机的各个执行机构传递分拣信息,并控制整个分拣系统。自动分拣的实施主要靠它把分拣信号传送到相应的分拣道口,并指示启动分拣装置,把被拣货物推入道口。分拣机控制通常用脉冲信息跟踪法。自动分拣机控制系统如图7-9所示。

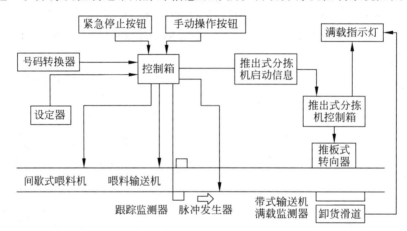

图 7-9 自动分拣机控制系统

根据图7-9可知,送入喂料输送机的货物,经过跟踪监测器,并根据计算机存储的信息,计算出到达分拣道口的距离及相应的脉冲数。当被拣货物在输送机上移动时,安装在该输送机轴上的脉冲发生器产生脉冲信号并计数。当计数达到计算值时,立即输出启动信号,使推板式转向器动作,货物被迫改变移动方向,滑入相应的分拣道口。

2. 作业流程

一个自动分拣系统是由一系列各种类型的输送机、各种附属设备和控制系统等组成的,其分拣作业大致可以分为合流、分拣信号识别、分类和分流、分运四个环节。

1) 合流

商品可以通过人工搬运方式或机械化、自动化搬运方式进入分拣系统,也可以通过多条输送线进入分拣系统。经过合流逐步将各条输送线上输入的商品合并于一条汇集输送机上,同时,对商品在输送机上的方位进行调整,以适应分拣信号输入和分拣的要求。

2）分拣信号识别

在这一阶段,商品接受激光扫描器对其条码标签的扫描,或者通过其他自动识别方式,如光学文字读取装置、声音识别输入装置等,将商品分拣信息输入计算机。商品之间保持一个固定的距离,对分拣速度和精度是至关重要的。即使是高速分拣机,在各种商品之间也必须有一个固定的距离。当前的微型计算机和程序控制器已能将这个距离减小到只有几英寸(1英寸=2.54厘米)。

3）分类和分流

商品离开分拣信号输入装置后、在分拣输送机上移动时,根据不同商品分拣信号所确定的移动时间,使商品行走到指定的分拣道口,由该处的分拣机构按照上述的移动时间自行启动,将商品排离主输送机进入分流滑道排出。

4）分运

分拣出的商品离开主输送机,再经滑道到达分拣系统的终端。分运所经过的滑道一般是无动力的,利用商品的自重使其从主输送机上滑行下来。各个滑道的终端,由操作人员将商品搬入容器或搬上车辆。

分拣机的控制系统采用程序逻辑控制分拣机的全部功能,包括合流、分拣信号识别、分类和分流等。然而目前更普遍的是使用 PC,或采用以若干个微处理机为基础的控制方式。

3．系统特点

1）能够连续、大批量地分拣货物

由于采用大生产中使用的流水线自动作业方式,自动分拣系统不受气候、时间、人的体力等的限制,可以连续运行,同时由于自动分拣系统单位时间分拣件数多,因此自动分拣系统的分拣能力是人工分拣系统不能比拟的,它可以连续运行 100 个小时以上,每小时可分拣 7 000 件包装商品,如用人工则每小时只能分拣 150 件左右,同时分拣人员也不能在这种劳动强度下连续工作 8 小时。

2）分拣误差率极低

自动分拣系统的分拣误差率大小主要取决于所输入分拣信息的准确性大小,这又取决于分拣信息的输入机制,如果采用人工键盘或语音识别方式输入,则误差率在 3% 以上,如采用条码扫描输入,除非条码的印刷本身有差错,否则不会出错。因此,目前自动分拣系统主要采用条形码技术来识别货物。

3）分拣作业基本实现无人化

国外建立自动分拣系统的目的之一就是减少人员的使用,降低员工的劳动强度,提高人员的使用效率,因此自动分拣系统能最大限度地减少人员的使用,基本做到无人化。分拣作业本身并不需要使用人员,人员的使用仅局限于：送货车辆抵达自动分拣线的进货端时,由人工接货；由人工控制分拣系统的运行；分拣线末端由人工将分拣出来的货物进行集中、装车；自动分拣系统的经营、管理与维护。

7.2 智慧冷链配送管理信息系统

7.2.1 智慧冷链配送管理信息系统概述

1. 智慧冷链配送管理信息系统的定义

智慧冷链配送管理信息系统是以计算机和通信技术为基础,处理冷链配送业务,控制冷链配送管理活动,为制订科学的冷链配送计划和决策提供信息,为配送人员提供订单查询、作业指令、信息汇总及反馈的人机系统。

2. 智慧冷链配送管理信息系统的作用

智慧冷链配送管理信息系统主要是对冷链配送的各个环节进行实时监控和调度的信息管理平台,在计算机和信息网络等技术的协助下,对冷链配送过程中的运输工具、人员、运输货物等各种资源进行跟踪和管理。智慧冷链配送管理信息系统在冷链配送中起到关键的作用,具体表现在以下几个方面。

(1) 为用户提供准确及时的查询功能,方便使用。当用户使用智慧冷链配送管理信息系统的查询功能时,只需要输入货物的发票单号,就可以随时查询到货物的相关信息。

(2) 提高货物配送的准确度和及时性。冷链配送企业可以通过智慧冷链配送管理信息系统实时查询货物的相关信息,及时了解货物是否按时送到客户的手中,对于未能按照规定时间送达的货物,及时查明原因并采取措施纠正,从而减小出错的概率。

(3) 增强冷链配送企业的竞争优势。充分发挥智慧冷链配送管理信息系统的调度和监控功能,提高冷链配送效率、及时满足客户的定制化需求,从而提升差异化竞争优势。

(4) 充分实现信息共享。通过智慧冷链配送管理信息系统,实现全供应链配送信息的共享,充分利用这些信息,可以使客户及时了解货物的配送状态,做好接货准备;可以使上游供应商合理安排供货计划;可以使冷链配送企业科学制定配送方案。

7.2.2 智慧冷链配送管理信息系统的设计

智慧冷链配送管理信息系统由四个部分组成:智慧冷链配送信息服务主系统、基于"互联网+"的智慧配送信息平台、智慧冷链在途配送可视化管理系统、冷链物流末端配送智慧化取货终端,如图 7-10 所示。智慧冷链配送信息服务主系统的主要功能是收集基于"互联网+"的智慧配送信息平台、智慧冷链在途配送可视化管理系统和冷链物流末端配送智慧化取货终端三者的数据信息并进行智能计算与分析,最后将运算结果和决策建议反馈给各个终端接口,并为其提供技术支撑。基于"互联网+"的智慧配送信息平台是客户与冷链物流企业间业务交互的信息平台。智慧冷链在途配送可视化管理系统的主要功能是监控各个冷藏运输车辆中 GPRS 温湿度显控终端等移动设备的数据信息,对冷链物流"最后一公里"进行动态可视化监控。冷链物流末端配送智慧化取货终端主要有两种模式:自设的智能取货终端和加盟的智能取货终端。前者是冷链物流企业自主建设在全国各地的多温区智能自提柜,后者则是与冷链物流企业合作的可以存放冷链货物的线下实体商店,客户可根据不同的业务需求选择恰当的终端进行收货。

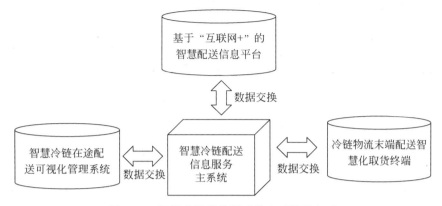

图 7-10　智慧冷链配送管理信息系统的组成

1. 智慧冷链配送信息服务主系统

智慧冷链配送信息服务主系统主要由数据获取模块、数据处理模块、数据传输模块三个模块构成。其运作流程为：先由数据获取模块收集外部数据信息,再由数据处理模块处理并进行联机分析,最后由数据传输模块将处理结果传输至终端。

1）数据获取模块

数据获取模块的功能主要是收集三大服务平台的相关数据信息。在基于"互联网+"的智慧配送信息平台中,优送 App 可获取的数据主要有收件人信息等。在智慧冷链在途配送可视化管理系统中,数据获取模块需要对各个冷藏运输车辆中 GPRS 温湿度显控终端检测到的相关数据、GPS 显示的位置信息和各个物流节点的可视化信息等进行收集。在冷链物流末端配送智慧化取货终端中,终端内存放物品的总数量、温度以及时间等信息均会被数据获取模块获取。要与客户建立有效的交流平台实现信息共享,获取数据是必须做的第一步。

2）数据处理模块

数据处理模块的功能主要是处理已获取的三大服务平台的相关数据。从三种载体中获取的信息经过处理可以过滤出对优送 App 持有客户有用的数据,如即将收到的物品信息,包括其位置、状态等。一旦冷藏车发生故障,数据处理模块也能够及时地将发生故障产生影响的温湿度变化数据筛选出来,有效处理问题。智能取货终端的运行状态、各个客户在终端内存放物品的温度以及时间等信息都将被归类处理。

3）数据传输模块

数据传输模块的功能主要是将经过数据处理模块处理后的相关数据传输到各个终端的接口中。其中,客户移动终端将收到的物品信息由数据传输模块传输到该 App 客户端中。同时,为避免冷藏车在运行途中发生故障,数据传输模块则需要将相关数据及时传输到该车的司机手机上,让其在隐患刚发生时就检查出故障,减少损失。当客户在智能取货终端中所存的货物超过期限时,数据传输模块会将相关的信息传输到优送 App 客户端上,提醒其缴纳相应的超期存储费用。

2. 基于"互联网+"的智慧配送信息平台

基于"互联网+"的智慧配送信息平台主要由移动终端的优送 App 加后台的智能配送信息管理系统组成。其中,优送 App 主要包含用户管理、常规服务、在线客服、查询服务四个模块,如图 7-11 所示。

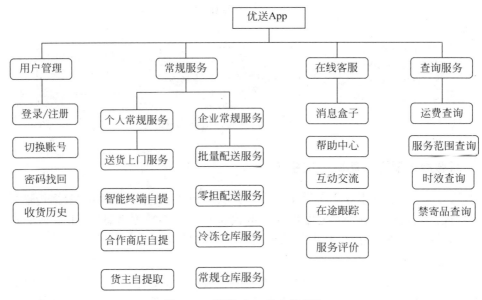

图 7-11　优送 App 的功能模块

基于优送 App 的智慧冷链配送流程如图 7-12 所示。

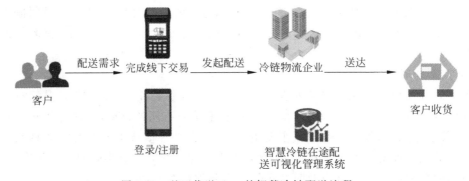

图 7-12　基于优送 App 的智慧冷链配送流程

3. 智慧冷链在途配送可视化管理系统

智慧冷链在途配送可视化管理系统的主要功能是实现各个物流节点的可视化和运输车辆的动态跟踪,主要包括仓储可视化、装卸搬运可视化、运输可视化和运输车辆终端可视化。该系统主要由业务数据库模块、数据库系统模块、数据挖掘模块、联机分析模块、决策支持模块、物流信息共享模块和可视化模块 7 个模块组成,如图 7-13 所示。

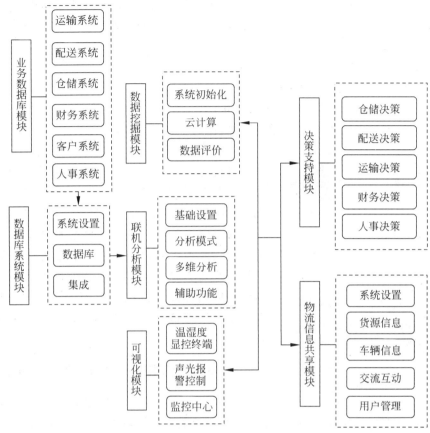

图 7-13 智慧冷链在途配送可视化管理系统

1) 业务数据库模块

业务数据库的主要功能是采集配送系统、仓储系统、运输系统、人事系统、财务系统、客户系统和其他系统的相关数据,并将这些复杂的数据存入数据库系统模块。

2) 数据库系统模块

数据库系统模块是将各个系统的数据进行存储、集成、分类处理加工,为数据挖掘模块和联机分析模块提供数据源。

3) 数据挖掘模块

数据挖掘模块主要任务是对数据库中的原始数据进行深度的挖掘,采用云计算的方式,将原始的、价值密度极低的数据转化为对企业决策有用的数据模式,并对数据的优劣作出评价,提高数据利用的有效性,对用户的数据进行科学合理的预测。

4) 联机分析模块

联机分析模块是基于数据库系统模块对大量的数据进行多维分析、基础设置和分类管理,将数字语言转换为文字的表达式,为决策者提供有用的数据信息,起到辅助决策和决策优化的作用。

5）决策支持模块

决策支持模块主要包含仓储决策、配送决策等模块，是企业内部运作的核心机密模块，该模块综合了数据挖掘模块和联机分析模块的有效数据源，有助于决策者进行科学有效的决策和企业总体业绩考核。

6）物流信息共享模块

物流信息共享模块主要是企业内部管理者和客户共享信息的集成化系统平台，一方面可以帮助管理层进行科学合理的决策优化，另一方面又可以帮助客户通过 App 随时查看货物的状态，增加冷链物流全程的透明度，提高客户的信任度。

7）可视化模块

可视化模块主要由 GPRS 温湿度显控终端、声光报警控制器和监控中心等组成（图 7-14）。每个 GPRS 温湿度显控终端均安装于各个物流节点之中，该终端可以将采集到的最新数据通过互联网周期性地上传到监控平台，由监控中心的监控软件对数据进行一系列的加工，如存储、分析和显示等。若有温湿度数据超过该软件控制数值的上下限，则监控中心会发送报警信号到指定端口，并且该中心也会进行发出警报声等多种手段的提示。

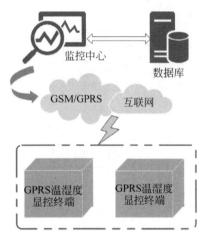

图 7-14　可视化模块的构成

4. 冷链物流末端配送智慧化取货终端

冷链物流末端配送智慧化取货终端主要由智能仓储模块、自动取货模块、智能信息处理模块和智能支付模块构成。

1）智能仓储模块

智能仓储模块主要由输送设备、巷道机穿梭道、三温仓储区组成。输送设备的功能主要是按照自动终端信息系统的指令将货物从入库口输送至仓储区域。巷道机穿梭道主要为可抓取式货叉的巷道机提供工作的空间。三温仓储区是针对不同的货物提供不同的仓储环境，主要划分为常温区、冷藏区、冷冻区。

2）自动取货模块

自动取货模块功能主要由优送 App 和智慧冷链在途配送可视化管理系统来实现。利用智慧冷链在途配送可视化管理系统，实时将配送过程中的各种信息传递给中央控制系统，由中央控制系统统一进行计算决策分析，再将信息整理加工分别发送到指定的终端接收器。当货物到达目的地智能终端以后，系统会自动发送验证码给客户，提醒其到相应的智能终端取货，并提示在两天内不会收取任何费用，超过时间期限则会根据货物的性质加收相应的仓储保管费用。

3）智能信息处理模块

智能信息处理模块主要由数据记录系统、数据分析系统、数据输出系统组成。数据记录系统主要是将智能取货终端的日常运行情况进行详细的记录和监控，包括不同温区的具体温度、货物的进出库时间、智能取货终端的耗电量等参数。数据分析系统主要是将数据记录系统记录下来的详细数据进行规律性的统计和分析,充分挖掘客户的潜在需求,为冷链物流企业"最后一公里"配送效率的提升提供数据支持。数据输出系统主要是将数据分析的结果通过互联网及时传递给智慧冷链配送信息服务主系统的端口,并由该系统对其进行统一的科学统计和智能分析。

4)智能支付模块

智能支付模块主要由计时器、智能操作显示器、付款二维码组成。当客户寄存在智能取货终端的货物超过存储期限时,计时器会自动计算超期时间并在智能操作显示器上显示存储时间、超期应缴费用及付款二维码,客户使用支付宝或微信扫码支付即可。

冷链物流末端配送智慧化取货终端模型如图 7-15 所示。

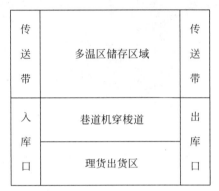

图 7-15　冷链物流末端配送智慧化取货终端模型

冷链物流末端配送智慧化取货终端的客户取货流程如图 7-16 所示。

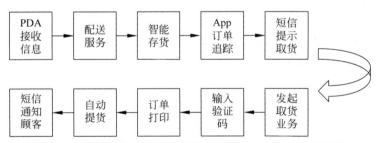

图 7-16　冷链物流末端配送智慧化取货终端的客户取货流程

7.3　智慧冷链配送场景具体技术应用

7.3.1　无人车、无人机配送

1. 无人车配送

1)概述

无人车(无人配送车)配送是指使用配送机器人进行末端配送的场景技术。配送机器人是智慧冷链配送体系生态链中的智能终端设备,它具有高度的智能化和自主学习能力,能够灵活应对各种复杂的配送场景,针对各类冷链订单配送的现场环境、行人、路况、其他交通工具以及用户的各类场景,进行及时有效的决策并迅速执行。从无人车单车基本规格和性能来看,早些年各企业造了大小不等、形态各异的无人配送车,目前各家企业经过几年的探索验证逐渐达成共识,主流的车体大小约为2.5米(长)×1米(宽)×1.7米(高),时速在30千米左右,续航约为100千米,如图7-17所示。

图7-17　无人配送车

具备人工智能的无人配送车,具有自主规划路线、规避障碍的能力,可以自如地穿梭在高校的道路上。收货人通过App、手机短信等方式收到货物送达的消息,在手机短信中直接单击链接或者在配送机器人身上输入提货码,即可打开无人配送车的货仓,取走包裹,同时无人配送车也支持刷脸取货以及语音交互,更加快捷便利,有效提升客户体验感。

2)运行流程

无人配送车的运行流程如图7-18所示,首先通过多传感器识别并融合周围环境信息,输入数据;再由计算平台进行算法处理;最后根据计算结果执行相应的动作;另外在云端提供海量数据、高精度地图以及后台远程接管和监控等基础设施。

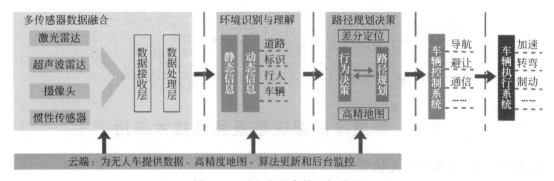

图7-18　无人配送车的运行流程

3)关键技术

无人车配送的关键技术主要包括高精度地图数据、智能导航系统、大数据技术的应用、无人配送技术的安全措施。

(1)高精度地图数据。由于无人配送体系中使用的高精度地图是完全面向配送机器人的,因此在数据内容、关键信息表达方式上都与传统地图有较大差异。高精度地图数据在精度方面要求很高,其要依靠采集的激光点云数据以及其他高精度感应装置获取的数据加工而来。

(2) 智能导航系统。无人车以配送任务为核心进行智能路径规划,该系统综合考虑用户订单,对订单地址进行解析,应用地图数据服务商提供的地理编码服务将配送地址转化为经纬度信息,并进一步进行到达点分析,将目标地址精细到可停靠或可进入的精准位置,对于小区用户,可以精确停靠在楼栋门口等待客户下楼取货。无人车在实际执行配送任务时,可以采用多点配送提高配送效率,针对某个区域进行沿途多点配送。进行多点配送时,系统会结合无人车自身的货舱容量制定多点配送量,并确保配送路线能够以最短路径或最短耗时原则进行统一规划。在无人车配送途中,采用高精度导航行动指引,通过服务器端向无人车下发导航关键地点的信息,并通过高精度传感器判断车辆当前位置是否偏离预定航向,可以实现对无人车的行动轨迹实时引导,同时通过应用室内导航技术还可以实现无人车业务场景从传统室外道路向室内扩展的需要。

(3) 大数据技术的应用。无人车在运行过程中借助车身的各种传感器对实际路况进行实时感知,不断获取详细而全面的高精度地图数据,逐渐积累海量行驶感知数据,为无人车行驶提供可靠的行动指引,数据感知的范围也能够覆盖更多的区域和场景。例如,无人车在配送途中能够通过摄像头等传感器对周围的人流量、车流量以及交通状况进行数据感知,实现神经网络感知,对车辆导航起到引导作用,遇到拥堵路段能够提前感知并提供躲避拥堵的导航路径规划。另外,海量行驶感知的大数据还可以实现无人车调度资源的优化配置,基于车辆大数据的分析系统可以起到辅助决策的作用,通过对海量历史订单信息的大数据分析,能够给无人车的调度和监控人员的管理提供科学合理的资源配置方案,对于订单密集区域提前部署更多的无人车运力资源,确保及时配送。

(4) 无人配送技术的安全措施。应用智能车辆调度系统和监控系统保证无人配送的安全性。由调度系统统一调配所有无人车的行动,由监控系统实时查询所有运行车辆的运行状态,实时感知车辆紧急情况的上报信息,提示监控人员及时处理,在紧急情况下可以允许监控人员以人工接管的方式来对无人车进行远程遥控,包括远程喊话、遥控驾驶、路径修改等。在安全验证方面,无人车采用验证码、人脸识别、声纹识别等多重验证方式,确保货物准确送达目标客户。

2. 无人机配送

无人机(无人航空器)配送就是应用非载人、由地面控制人员通过无线信号控制飞行,或在飞行器上事先设定好航线进行自主飞行的飞行器进行末端配送的场景技术。目前,谷歌、亚马逊、UPS、DHL、顺丰等公司均在进行"无人机快递"项目的实验研究和应用,如图7-19所示。

无人机多数采用四旋翼或八旋翼飞行器,并配有 GPS 自控导航系统、iGPS(室内GPS)接收器、各种传感器以及无线信号收发装置。无人机具有定点悬浮、GPS 自控导航、人工控制等多种飞行模式,集成了三轴陀螺仪、磁力计、三轴加速度计、气压高度计等多种高精度传感器和先进的控制算法。每架无人机均配有黑匣子记录飞行状态信息,还

图 7-19 无人机配送

具备失控保护功能,无人机如果进入失控状态将自动保持精确悬停,失控超时可以就近飞往快递集散分点进行处理。

无人机在实际执行配送任务时,应用 4G/5G 网络和无线电通信遥感技术还可以与调度中心、自提柜进行数据传输,实时将自身的地理坐标和状态信息发送给调度中心,并接收调度中心发来的配送指令,接收到目的地坐标数据以后采用 GPS 自控导航模式飞行到目标区域,然后向目标快递柜发出着陆请求、本机任务报告和本机运行状态报告,在接收到应答信息之后,由配送站点(快递柜)指引无人机在停机平台着陆、装卸货物以及进行快速充电操作。无人机如果与调度中心失去联系或遇到异常故障,将自行飞往快递集散分点进行处理。

无人机技术在冷链配送领域的运用,不仅可以提升配送服务质量和效率,还能够在解决冷链货品在配送过程中的三大痼疾(延误、遗失、损坏)问题上有更好的预期效果。通过无人机配送,可以提高冷链物流行业的整体技术水平,实现客户和企业双向受益。该技术的应用是冷链物流行业发展的必然趋势,也是冷链物流产业智能化、智慧化的必然结果。

3. 无人配送技术的应用场景

无人配送主要场景如图 7-20 所示。

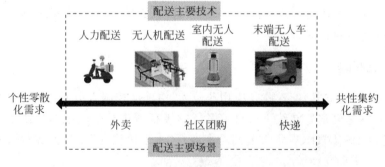

图 7-20 无人配送主要场景

(1)无人配送+快递:以京东物流为代表,其无人配送车历经四次迭代,率先在若干公开道路及高校实践无人快递配送,在真实环境中积累数据驱动业务正向循环。较高密度的集约化配送场景是突破口,随着单车造价下降和运营效率的提升,无人车回本周期将缩短。

（2）无人配送＋本地生活：以美团为代表，其尝试构建空、地、人一体的无人配送解决方案，在外卖、买菜、闪购多场景中以人机协作的方式提升骑手人效，以解决日益明显的劳动力问题。

（3）无人配送＋新零售：以新石器为代表，其搭建了自下而上的技术和供应链体系，并且自建智能工厂快速实现量产。新石器以定义产品、打造标杆的方式，引领了无人车与新零售结合的模式，并尝试在其他场景实现更大范围验证，通过无人车网络构建移动化的智慧城市。

2021年5月，北京市高级别自动驾驶示范区向美团、京东物流、新石器三家企业颁发了国内首批无人配送车车辆编码，首次给予无人配送车相应路权，向上述三家企业开放北京亦庄225平方千米的区域。在北京首次向无人配送车开放公开道路路权之前，其他城市已经陆续出现无人配送车公开上路试运营的情况，如表7-2所示。

表 7-2　部分无人配送车试运营城市

公　司	城　　市	场　　景
新石器	厦门、上海、北京、苏州	无人零售
京东物流	常熟、北京、天津、上海、武汉、宿迁、咸阳、呼和浩特	快递
美团	北京	外卖、卖菜
白犀牛	北京、上海	商超零售
行深智能	长沙、武汉、苏州	配送、零售、物流
一清创新	淄博、深圳	不介入具体场景

7.3.2　互联网＋众包配送

随着移动互联网向诸多传统行业的不断渗透，越来越多的企业开始和消费者实现无缝对接，末端配送及最后3 000米的配送订单迎来爆发式增长，这给几乎满负荷运转的传统物流企业带来了巨大的挑战。自建物流的成本压力也使诸多企业望而却步，因此建立在信任基础上的众包物流模式逐渐成为打破配送困境的关键所在。

1. 基本含义

"互联网＋众包配送"是将原来需要由专职专业的配送人员完成的工作，以自由、自愿、有偿的方式，通过互联网平台外包给社会上一些非专职公众群体来完成，众包人员相对于专职专业人员来说是利用自己的空闲和业余时间从事兼职工作，他们根据自己的时间、配送地点等因素自行选择是否接单承担配送任务，接单后到指定地点取件，将货物送到指定客户手中并取得相应的报酬。众包配送作为一种新兴的第三方配送模式，实现的技术条件非常简单，人们只需要一部手机，完成注册、接单、配送，即可按照订单完成数量获得相应报酬。众包配送可以充分利用社会人力资源来缓解配送人员不足的压力，通过普通人"顺路带货"的方式，实时快捷地进行货物配送，提高顾客对配送服务的满意度。"互联网＋众包配送"模式的优势在于可以实现人力资源配置最优化、物流成本最小化、配送过程高效化、社会效益最大化等。

2. 运作流程

从事众包配送服务的参与者主要有众包物流企业、众包订单发起人、众包承运人、货物接收者、保险公司、金融机构等（图 7-21）。其中，众包物流企业提供众包平台，是整个物流众包流程中的主要技术支撑；众包订单发起人即有配送需求的客户，可以是货物接收者，也可以是为接收者提供货物的供应商；众包承运人即在众包平台上注册成为兼职快递员的人员，他们只需要一部手机和一个交通工具，在手机上下载众包平台 App 并注册成为快递员；保险机构为整个众包物流的流程提供良好的保障。

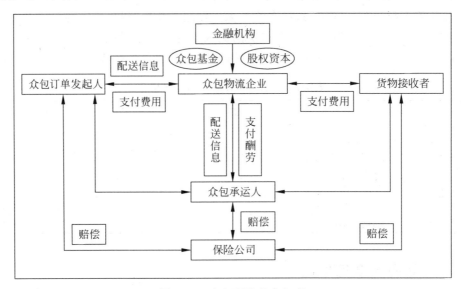

图 7-21 众包配送的参与者

"互联网＋众包配送"的运作主要包括七个环节：第一，众包订单发起人向众包平台提交物流配送需求，众包平台接收需求订单后，在平台上发布；第二，众包承运人即兼职快递员，根据自己的实际情况（包括空闲时间、自己所在位置、取货及送达地点等因素）决定是否接单；第三，承运人抢单成功后，众包平台向发起人传达订单已经被处理的消息，并根据 GPS 定位为承运人提供路线指导，实时跟踪其动态，向发起人反馈信息；第四，承运人按照平台提供的路线前往指定地点取件，取件成功后，及时将货物送达指定位置；第五，货物送达指定地点后，平台及时更新订单信息，并通知发起人，根据该订单的实际情况，如货物的性质、重量、体积以及配送时间、路程等因素，发起人在平台上结算款项，然后，平台向承运人支付一定的报酬；第六，客户对该次服务进行打分和评价；第七，在配送过程中，如果出现货物超时、毁损或丢失等情况，根据责任划分进行相应的赔偿。

3. 配送保障措施

第一，要求社会公众在注册成为兼职快递员时提供身份证、银行卡以及信用积分等信息，并交付押金，同时，还应当对注册成为兼职配送员的人员进行调查，杜绝有道德品质问题、素质差、信用较低的人员成为众包承运人,提高成为快递员的门槛。第二,加强对兼职快递员的岗前培训和考核,强调工作纪律和职业道德。第三,制定一套高质量的服务标准,设立服务质量保证金制度,并健全客户评价体系,当消费者权益受到侵犯时,进行赔偿。第四,国家政府应当尽量完善众包物流相关法律法规,为我国众包物流的发展保驾护航。第五,行业监管部门应当统一准入门槛,规范运行机制,划分权利责任,主动引导并加强监管。第六,企业自身应当针对兼职快递员建立一套有效的监督约束机制,设立黑名单制度,将违反法律法规以及服务不规范的快递员列入黑名单,并禁止其从事快递业务。第七,众包平台应该应用技术手段对客户的敏感信息进行隐藏,让承运人无法直接获取客户联系方式,并且对平台数据存储位置也要进行保护,防止信息意外泄露。

 7-2

众包:以信任为基础的高效配送模式

1. 人人快递:以众包同城配送为切入点的电子商务信息服务平台

人人快递借助顺路捎带的众包物流模式,充分利用社会中的闲置运力资源,在为兼职人员带来一定收入的同时,帮助商家扩大了覆盖范围,突破了区域、人力配置等方面的限制,使其产品能够在短时间内到达消费者手中。

借助人人快递移动端,货主可以快速、高效地在平台上发布订单,那些提供兼职配送服务的"自由快递人"将就近抢单,从而为货主及时高效地完成配送任务。在众包物流模式中,所有人都可以成为"自由快递人"。为了有效应对"自由快递人"难以监管的问题,人人快递要求兼职人员必须进行实名认证、拍照存档、绑定银行卡等认证工作。

2. 达达:为O2O行业提供最后3 000米物流配送服务

达达是一家通过众包物流模式为商家提供最后3 000米配送服务解决方案的物流平台。2014年6月上线的达达物流,在2015年6月获得了1亿美元的投资,领投方为DST,红杉资本和景林资本跟投。

2016年4月,京东集团宣布京东到家与达达合并。合并后,京东集团拥有新公司47.7%的股份并成为单一最大股东,新公司包含两大业务板块:众包物流平台整合原有达达和京东到家的众包物流体系,并继续使用"达达"品牌;O2O平台则继续沿用"京东到家"的品牌。2016年10月,新达达配送平台获得沃尔玛战略投资3.36亿元人民币,双方建立全面深度战略合作,整合各自在O2O到家服务、物流和零售领域的优势,共同打造中国领先的生鲜商超线上线下相结合的零售模式。达达物流官方公布的数据显示,目前达达平台的兼职"自由快递人"总规模已经达到数十万人,并建立起较为科学完善的服务质量监管机制。截至2018年3月,达达配送平台已经覆盖360多个重要城市,拥有300多万达达骑士,服务80万商家用户和3 000万个人用户,日单量峰值超过400万单,累计融资近7亿美元。其生鲜商超O2O平台京东到家,包含超市便利、新鲜果蔬、零食小吃、鲜花烘焙、医药健康等业务,覆盖北京、上海、广州等22个城市,注册用户超过3 000万。

3. 闪送：为用户提供全程可监控的直送服务

北京同城必应科技有限公司旗下的闪送上线于2014年，创始人薛鹏担任CEO一职。以智能交通及快递配送分享为核心的闪送，专注为广大货主提供优质、高效、安全的私人物品及加急件配送服务。

闪送平台中的闪送员主要是兼职人员，凡是年满18周岁的法定公民都能报名参加，闪送在经过一定的筛选后将会对符合条件的报名者进行培训。这些闪送员在为货主提供服务时，需要出示记载他们详细信息的工作证件"闪送服务卡"，而取件、收件时，人们可以使用闪送提供的独立密码获取货物并查询相关信息。

4. 京东众包：携手如风达力推众包服务，实现同城快速送达

通过自建物流崛起的电子商务企业京东对于自建物流的高成本问题有着深刻的认识，其对众包物流有着巨大的期望。京东通过与落地配公司如风达进行战略合作，为其旗下的众包物流创业公司京东到家提供完善的众包物流服务解决方案。

作为京东到家衍生应用产品的京东众包以众包物流模式为核心，吸引社会中具备闲置运力资源的兼职人员来为京东到家平台用户提供优质配送服务。

当然，京东众包在招募兼职配送人员上也设置了一些条件，如必须年满18周岁、具备完全民事行为能力等。此外，这些配送人员需要向平台缴纳一定的保证金，并完成平台的考核任务。现阶段，京东众包的主营业务是为京东到家平台用户提供3 000米内的同城生鲜产品配送服务。

5. 您说我办：一款以"跑腿"为核心业务的同城C2C服务平台

北京您说我办电子商务公司旗下的"您说我办"App于2014年7月上线。该产品是一款释放广大民众生产力的C2C(顾客对顾客)服务平台，货主在平台上发布订单并同时确定配送价格，服务人员可以根据自己的需求选择合适的订单来提供服务。当然，货主与服务人员并没有明确界限，人们既可以成为提供需求的货主，也可以成为提供配送服务的服务人员。平台支持通过语音或者文字来发送相关需求，货主需要对抢单的多个服务人员进行筛选。

"您说我办"采用用户实名认证信用体系，对提供配送服务的服务人员的信誉度及服务质量进行监管。在招募服务人员时，"您说我办"会通过严格的审核措施来对服务人员的身份进行考核，符合条件的服务人员还要参加岗前培训。"您说我办"官方人员表示，目前公司的主营业务为配送服务，未来计划向更多与人们本地化生活相关的领域扩展。

资料来源：《智慧物流：打造智能高效的物流生态系统》。

7.3.3　互联网＋同城配送

同城配送是指在市区范围内点到点的短距离货物运输服务，亦称为"最后一公里配送"。"互联网＋"时代的同城配送是依靠互联网平台，以信息技术为支撑，整合海量社会运力资源，实现运力与企业配送需求精确、高效匹配，为各类客户提供城市范围内的配送服务。

1. 需求场景

1）电商配送

在"互联网＋"时代，消费者的生活消费习惯深受互联网经济影响，电子商务快速发展,伴随而生的电商冷链配送需求产生的货物成为同城配送的主要货源之一。这些货品主要由快递员将包裹从网点配送到消费者手中。

2) 同城 O2O 配送

一种是确定性需求,要求配送人员在指定时间去商家(客户)处提取货物并在指定时间内配送至目的地消费者手中;另一种是随机性需求,如网约车随时接单服务、客户随机叫车服务,司机根据平台推送接单并快速响应服务,上门取货并配送至指定目的地。

3) 冷链加工同城配送

互联网技术从消费端延伸到生产端,冷链生产资料同城配送在城市配送的前景非常广阔。第一种是司机在"公路港"集货(取货),并在指定时间将生产物资送到客户处("最后一公里"配送)。例如,司机到城市冷链物流节点完成冷链加工所需食材的集货取货,然后在指定时间送至专业化的冷链加工厂或餐饮企业。第二种是在客户手中提取生产资料并送到"公路港"("最先一公里"配送)。例如,司机前往城市区域冷链生产资料的供应商处完成集货取货,然后在指定时间送至城市冷链物流节点集中,以备发往外地。

2. 运行模式

1) 货运资源互联网平台模式

该模式通过互联网平台撮合"货车"与"货源",降低货车空驶率,降低配送成本,提高货车配送运输效率。这种互联网平台是线上线下货运资源整合型平台,分为货主版和车主版,货主登录平台发布用车需求(包括车型需求、配送路线、配送时间、货物类型、货物体积重量等信息)后,车主登录平台选择是否接单。但是目前市场上大部分此类 App 并不能完成闭环交易,交易双方对平台的黏性值得商榷,交易和货物的安全性也并没有因为移动互联网技术手段的使用而发生本质的改变。

2) 货运版"专车"模式

该模式是选择车型进行整车租用交易,可以单点直送,也可以一点多送。该模式的定价清晰且标准化,交易闭环也能完成。但是同城货运的最大特征是货源分散、对运输时效要求很高,最好的"互联网+"新模式应该是同时解决集货和拼货,依然需要评估装载空间和运力浪费的问题。

3) 整车平台招标模式

该模式是以整车作为交易单元,用户在平台发布货运需求,司机展开竞价,价低者得。这种模式在竞拍过程中能在交易心理上满足货主和司机,使双方对平台有黏度。但是需要斟酌的是时间成本和效率问题,且不同的交易价格意味着可能存在不同的服务质量和标准。

4) "拼货+整车"模式("速派得"模式)

该模式改变以往传统物流行业以"重量"计费的成本结构,按"体积"来出售空间,同时移动路由的规划能满足实时上货卸货、多取多送的客户需求,较为灵活,让某些中小型商户可以彻底取消仓储,实现柔性配送、闭环交易、标准化服务。

7.3.4 末端+社区 O2O 配送

社区 O2O 是指用户通过互联网、移动互联网进行线上商品交易或服务预订,并在社区内或社区周边享受线下商品配送和服务的商业模式,该模式是一种采用大数据技术,同时具有电商线上模式低成本、节省资源的优势和传统线下服务与体验的优点,实现社区居民足不出户的新型消费场景。社区O2O模式区别于传统电商和传统线下销售的关键在于线上销售与线下即时配送的"极致结合"。社区O2O模式中的"极致结合"主要包括以下三个关键特征:首先,线上展示与实际商品的信息实时同步;其次,线上销售与线下物流的无缝衔接;最后,基于即时配送的线下物流服务性。

"线上展示与实际商品的信息实时同步"与"线上销售与线下物流的无缝衔接"均为线上销售的数据准确性和传递性问题,以目前我国互联网、大数据的发展水平,几乎能够满足社区O2O模式中的数据准确性和快速传递诉求,因此"基于即时配送的线下物流服务性"成为社区O2O业务的关键核心。对此,需在物流时效性、商品完整性、客户沟通性等方面提供良好的服务体验,从而才能体现出社区O2O模式的优越性。社区O2O末端配送流程如图7-22所示。

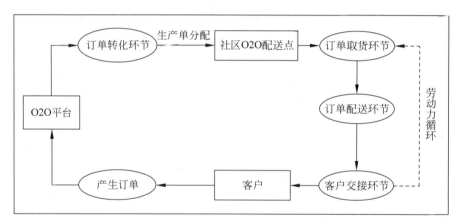

图7-22 社区O2O末端配送流程

目前我国社区O2O末端配送服务主要分两大类:快递代收发服务和社区上门配送服务。其中,快递代收发服务包括自提点和自提柜物流服务;社区上门配送服务一般包括商家自行配送、物流服务商配送和众包配送三类。自行配送模式为社区O2O商家通过雇用配送人员、购买配送车辆完成订单配送任务;物流服务商配送模式为社区O2O商家通过利用第三方末端配送企业构建的配送能力完成订单配送任务;众包配送模式为商家通过搭建众包物流平台,将社会人员的闲散运力进行整合利用,从而完成订单配送任务。从发展趋势来看,随着社区O2O订单量的爆发、人工成本的上升和人工智能技术的成熟,配送机器人也将成为末端订单配送的新型配送劳动力。未来社区O2O末端配送中各个环节的模式搭配如图7-23所示。

此外,在各种末端配送服务的探索中,深入社区的商业机构一直被认为是融合快递服务功能的最好载体之一。例如,"WOWO便利"与百世集团达成全面战略合作;圆通在上海开设了国内首家"妈妈菁选"便利店;中国邮政也推出了"友邻居便利店",在提供各种零售服务的同时承担"最后一公里"功能。

总之,社区O2O末端配送的发展趋势如下:随着人工智能在末端配送领域的应

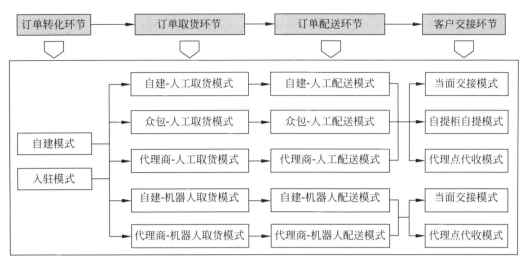

图 7-23　未来社区 O2O 末端配送中各个环节的模式搭配

用,将逐渐建立一套完善的末端配送体系以应对更为复杂的业务场景。随着消费者对末端配送服务诉求的增加,社区 O2O 末端配送服务将更加注重多维度的物流服务供应。

【扩展阅读】　城市鲜奶智慧冷链配送体系构建

无人配送技术应用——无人配送+新零售：新石器

智能时代新终端,成就新商业模式。在消费者需求和技术进步的双轮驱动下,零售业态不断革新。电子商务的出现使得一部分消费逐渐从传统的线下转向 PC 端,对实体零售造成了较大的冲击。移动互联网构建的高效基础设施更是让外卖、生鲜电商走进了我们的生活。我们认为"无人配送＋新零售"有望打造全新的"移动零售"模式,提供比便利店、餐厅、超市离消费者更近的零售设施,让商品无限接近客群,通过移动的"场"打破交易的空间限制。同时借助"AI＋大数据"实现对消费者需求的预判,从而做到"货的供应由人的需求决定,场的配置围绕货的特点改造",为商家和城市打造高效率的服务网络,为消费者带来全新的购物体验。目前已经有多家企业进入该赛道,具体情况如表 7-3 所示。

表 7-3 "无人配送＋新零售"行业落地企业

公　司	进入时间	产　品	应用情况
新石器	2015 年	SLV10、SLV11、X3 型无人车	北京、上海、厦门、苏州
京东物流	2016 年	四代无人配送车	全国 20 多个城市
优时科技	2018 年	"优时"无人零售车	北京市多个购物中心
行深智能	2021 年	"绝地"系列、"奔翼"系列、"布衣"系列、"超影"系列	江苏、武汉等地园区

资料来源：新石器官网,京东物流官网,行深智能官网,中金公司研究部.

新石器 2015 年开始启动 L4 级无人车正向研发；2018 年第一代车型 SLV10 正式亮相 2018 年百度开发者大会；经过两年的测试和迭代,全新一代新石器 X3 无人车于 2020 年实现量产,并获得车规级 E-mark 认证；2021 年 5 月,新石器获得北京市高级别自动驾驶示范区颁发的无人配送车车辆编码,成为首批合规上路的企业。

新石器形成了"一横一纵"的能力体系。横向强调基础能力：①技术：完整的 L4 级无人驾驶技术矩阵,自主研发的软硬一体的系统架构和无人驾驶计算平台,构建领先的 L4 级无人车智能制造、智能运营平台；②量产：融合车规级产品化能力,自建 L4 级无人车工厂,在全球范围内率先实现 L4 级无人车量产交付；③团队：核心团队融合了无人驾驶、互联网、物流、运营等跨行业多元背景,产业经验丰富。纵向突出运营实力：①路权：获准在北京、青岛公开道路进行常态化运营,并在多地开展"先行先试",形成路权壁垒；②商业化：以末端配送为切入点,重构"人场货"服务网络,在零售等应用场景开始实现商业化落地(图 7-24)。

图 7-24　新石器"一横一纵"能力体系
资料来源：新石器官网,中金公司研究部。

定义技术和产品标准,重塑产业链实现量产。2018年8月,新石器第一代车SLV10实现量产,具备自动驾驶能力,但限定在封闭园区中行驶。2019年6月,二代车SLV11落地,可以在半封闭环境和封闭环境中切换,开始进行商业化试运营。2020年8月,三代车X3实现量产。X3在开放道路时速最高可达50千米,其搭载了1颗32线中距激光雷达、4颗短距半固态激光雷达、1个毫米波雷达、14个超声波雷达,融合感知距离达到120米,2~55米行为检测率可达99%,如图7-25所示。

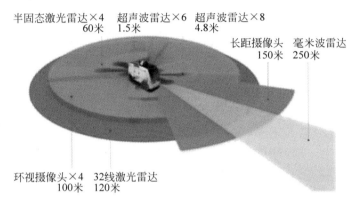

图7-25 新石器无人车主要传感器方案和技术优势

资料来源:新石器官网,中金公司研究部。

自主研发软硬一体的系统架构(图7-26)。以安全为核心,自主搭建开放道路下L4级自动驾驶能力,进行垂直一体化自研,从车辆平台(换电、底盘、域控制器)到硬件[算力平台、安全小脑系统、VCI(虚通道标识符)云端主机系统、传感器]、自动驾驶技术栈,自研模块超过80%。新石器通过构建多传感器融合能力,打造了领先的低速复杂场景感知能力:①零盲区,针对复杂的人车混行及行人近距离交互场景,传感器布局设计实现零盲区。②冗余设计,传感器布局、算法及世界模型分别针对远中近距离,进行不同的冗余方案设计,为决策提供准确和鲁棒的融合感知结果。③模型优化,针对服务场景中存在的较多儿童交互和非机动车逆行现象,通过模型调优和针对性训练大幅提高精准度。

自建智能工厂,构建供应链壁垒。新石器打造了L4级无人车量产智能制造基地,自建智造工厂解决标定问题,年产能达10 000台,年返修率小于1%;自建智能pack电池工厂解决新能源供应问题,掌握核心电池技术。

具备规模量产能力,有望进一步降低生产成本。①传感器:随着软件算法持续迭代,对传感器性能要求逐步降低。此外,激光雷达随规模化量产持续降本,无须稀缺/敏感原材料,传感器降本幅度大于80%。②算力平台及智能硬件:感知算法及点云定位算法持续优化,降低算力消耗,硬件自研比例进一步提升,惯导、PCU(标准车当量数)等自研模块提高集成度,算力平台及智能硬件降本幅度大于60%。③车辆平台及电池系统:车身工艺优化,随量产规模提升而整体降本,公司预计更为经济的磷酸铁锂方案的使用进一步压缩成本,车辆平台及电池系统降本幅度大于40%。公司预计到2025年,通过自研、规

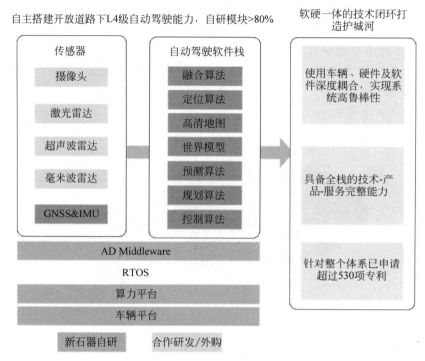

图 7-26　新石器无人车技术架构体系
资料来源：新石器官网，中金公司研究部。

模化量产、长期战略合作供应等战略规划在性能持续优化的同时实现 50% 的降本。

构建路权壁垒，海内外双轴布局构建移动化的智慧城市。紧跟政策开放进度，积极争取无人驾驶资质。目前新石器已经获得北京市高级别自动驾驶示范区颁发的无人配送车车辆编码，青岛也将其纳入首批开展智能网联汽车道路测试与示范应用主体名录，在两市获得合法路权后，新石器业已在公开道路实现常态化运营；上海、厦门、苏州等地也批准新石器开展先行先试，在部分道路部署运营无人车。同时，新石器也在积极布局海外市场，推进全球化战略。2020 年 11 月，新石器获得德国 TV Rheinland 正式颁发的 L4 级无人车豁免认证，新石器无人车被允许在德国部分城市区域公开道路行驶。

基于自主研发的无人车移动平台，结合无人车低速安全、运营灵活、线路固定、人机交互简单等特点，新石器可为行业上下游提供完备的智能化解决方案，如无人零售、移动餐车、无人配送、安防巡逻等，构建移动化的智慧城市。由此，新石器形成了以智慧零售全栈解决和运营方案为核心，用无人小车赋能各场景的商业模式。

实践经验驱动下一个阶段的发展。截至 2021 年 6 月底，新石器已经落地超过 6 个海外国家、100 多个场景，交付无人车超过 700 台，公司在运营车辆超过 300 台，累计行驶里程逾 160 万千米。我们认为新石器率先在各场景中积累的数据和经验将是公司下一阶段实现 1 至 100 的重要基石。

打造用户身边的无人驾驶新零售标杆。B 端零售 ＋ C 端消费者痛点突出，亟须新一代技术驱动传统零售变革。①B 端零售亟须低成本获客新渠道：电商渠道资本性投入低,但线上流量成本持续攀升;传统线下零售店稳定性强,但覆盖半径小、资本性支出大,试错成本高。②C端消费者对购物即时性和高品质的要求难以兼顾:受限于人力和时间成本,外卖配送对消费者而言即时性低;便利店也因物流体系和配送成本无法售卖品牌餐饮。L4级无人车可有效帮助B端商户触达新客群,以低资本性投入和低流量成本,实现增量收入,同时满足C端消费者"高即时性+高质量品牌餐饮"的需求。

重构"人货场",为消费者带来"多快好省"的更优体验。

(1) 多:新石器与钟薛高、肯德基、必胜客、雀巢、眉州东坡、谷田稻香等大牌餐饮合作,为消费者提供丰富选择。

(2) 快:用户可以通过"片刻便利无人车"小程序查看附近的车及车内剩余餐品,方便快捷,无须等待。

(3) 好:$-18 \sim 65\ ℃$的箱柜设计保证品质。

(4) 省:相比便利店的快餐/鲜食,"中央厨房+无人配送"模式降低了进货成本和品牌的分佣成本;相比快餐店,"中央厨房+无人配送"模式节省了房租、装修、人工、水电费用,最终能够给消费者提供物美价廉的产品,给商家带来更优的回报。

从公司的商业模式角度来看:①C端消费者:新石器可直接面向消费者提供服务,消费者通过新石器小程序/App购买品牌商家提供的商品/服务。②B端零售品牌/餐饮平台:为B端零售品牌提供无人车定制化开发服务,收取定制服务费。③车队运营商:新石器寻找地方合作伙伴,赋能车队运营商,收取整车费用,并将从商家获得的服务费收入分成至车队运营商(图7-27)。

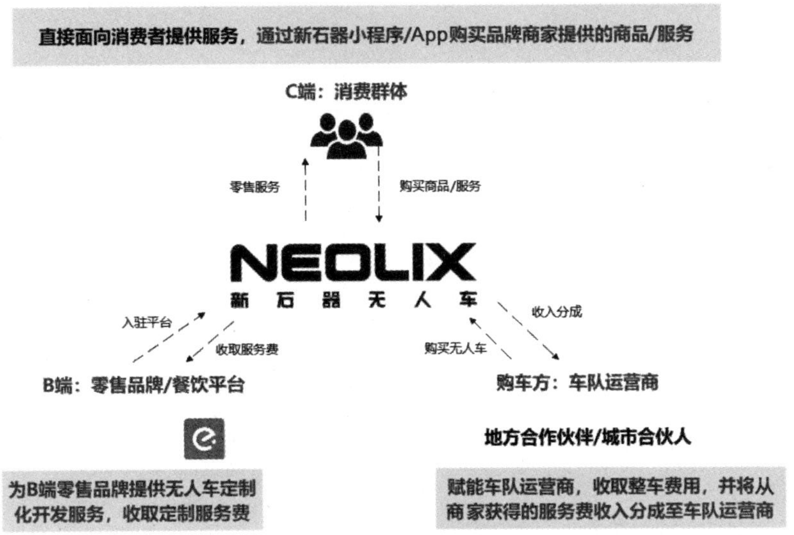

图 7-27 新石器商业模式

资料来源:新石器官网,中金公司研究部,https://baijiahao.baidu.com/s?id=1708388468350535146&wfr=spider&for=pc。

案例思考题:

1. 案例中的无人配送技术具有什么优势?

2. 你觉得无人配送技术还可以在哪些场景发挥作用？

【即测即练】

参 考 文 献

[1] 魏学将,王猛,等.智慧物流概论[M].北京:机械工业出版社,2021.
[2] 田长青,邵双全,徐洪波,等.冷链装备与设施[M].北京:清华大学出版社,2021.
[3] 黄志峰,丁玉珍,宁鹏飞.智慧冷链物流发展研究[M].北京:中国财政经济出版社,2021.
[4] 白世贞,曲志华.冷链物流[M].北京:中国物资出版社,2012.
[5] 李严锋.农产品物流体系构建理论与实践[M].北京:科学出版社,2013.
[6] 冷志杰,高艳.农产品物流与供应链管理[M].北京:高等教育出版社,2019.
[7] 程国全.物流技术与装备[M].北京:高等教育出版社,2020.
[8] 马向国,姜旭,胡贵彦.自动化立体仓库规划设计、仿真与绩效评估[M].北京:中国财富出版社,2017.
[9] 李洋,刘广海.冷链物流技术与装备[M].北京:中国财富出版社,2020.
[10] 郁士祥,杜杰.5G+物流[M].北京:机械工业出版社,2020.
[11] 王晓平.物流信息技术[M].北京:清华大学出版社,2011.
[12] 吕建军,侯云先.冷链物流[M].北京:中国经济出版社,2018.
[13] 柳荣.智能仓储物流、配送精细化管理事务[M].北京:人民邮电出版社,2020.
[14] 魏文展.基于物联网的冷链物流温度监测终端的设计与实现[D].济南:山东财经大学,2021.
[15] 黄纪凯.全渠道模式前置仓选址与配送路径优化[D].北京:北京交通大学,2021.
[16] 段沛佑,于贞超,段红杰.场景物流供应链创新发展研究[J].供应链管理,2021(10):41-47.
[17] 黄珊,邓春姊.基于物联网技术的食品冷链追溯系统设计思路[J].探索与研究,2020(2):110-111.
[18] 卢金星,等.基于区块链与RFID的食品冷链追溯系统设计与实现[J].信息系统工程,2021(4):69-72.
[19] 徐俊,蔡梦欢,邹均,等.基于区块链的药品冷链追溯管理平台实现路径[J].网络空间安全,2020(6):30-37.
[20] 王海燕.基于食品安全的禽肉冷链监控体系构建研究[J].成都师范学院学报,2019(5):66-71.
[21] 都若曦,沈湉湉,张毅兰.用于冷链运输中温度监测的时间温度指示剂的研究进展[J].中国医药工业杂志,2020,51(4):434-441.
[22] 罗磊,赵宁.人工智能在物流行业的应用综述与发展趋势[J].物流技术与应用,2021(7):117-121.
[23] 周扬帆,周婕.浅析大数据关键技术在物流企业中的应用[J].南方论坛,2019(2):18-19.
[24] 刘昙.智慧生鲜冷链物流运营体系构建探讨[J].管理纵横,2021(5):87-88.
[25] 李义华,吕名锐,孙凤英.生鲜农产品智慧冷链物流体系优化研究[J].中南林业科技大学学报(社会科学版),2018(6):63-67.
[26] 赵皎云.供应链重构中的第三方医药物流发展[J].物流技术与应用,2021(9):70-72.
[27] 陈心媛,廖吉林.基于大数据和人工智能的新型医药物流体系构建[J].物流科技,2021(3):61-63.
[28] 施和平,程永生.大数据背景下企业智慧配送体系构建[J].商业经济研究,2021(14):142-144.
[29] 陈馨洋,杨洁,周晨,等.一种窄带物联网智慧冷链物流系统设计与实现[J].应用科技,2020,47(5):70-73.
[30] 张婷婷,杨文华,吉哲,等.RFID技术在果蔬农产品冷链物流中的应用[J].中国自动识别技术,2021(4):76-78.
[31] 南熙.云计算在生鲜食品冷链物流中的应用分析[J].中国市场,2021(14):144-145.

[32] 韩国程,俞朝晖.基于传感技术的智能食品包装与检测[J].数字印刷,2020(6):11-20.
[33] 刘向东,陈传军."货到人"拣选系统在食品冷链行业的应用[J].起重运输机械,2020(20):211-213.
[34] 钟建坤.分析物联网环境下流通加工集成优化问题[J].电脑知识与技术,2016,12(36):68-71.
[35] 张晏魁.基于无线射频识别技术的冷链物流智能分拣系统设计[J].现代电子技术,2020,43(20):53-56.
[36] 杨子楠.区块链技术与铁路冷链物流融合发展路径研究[J].综合运输,2022,44(2):101-105,144.
[37] 李洋,张永辉.基于物联网技术的冷藏车智能监控系统[J].通信技术,2010,43(11):59-60,97.
[38] 林程志.铁路冷链物流智能化设计探讨[J].铁道运输与经济,2021,43(7):55-59,64.
[39] 李媛红.智能集装箱物联网系统关键技术解析[J].中国自动识别技术,2019(5):48-52.
[40] 江赫.基于二维码技术集装箱运输的应用思路[J].中国水运,2021(9):70-71.
[41] 刘晓丽.RFID技术在航空冷链物流中的应用[J].企业科技与发展,2018(10):114-115,118.
[42] 雷梦婷,薛亮.基于物联网的冷链运输管理信息系统设计[J].软件工程,2022,25(1):59-62.
[43] 王书玉,张玮,李磊.水下无人运输平台关键技术及发展趋势[J].舰船科学技术,2021,43(21):1-5.
[44] 王杰,马兰.GPS导航无人机运输路径最优化生成方法[J].计算机仿真,2021,38(11):37-41.
[45] 杜慧.基于大数据的无人物流车调度控制的研究及应用[J].时代汽车,2020(22):41-43.
[46] 张勇,丁楠.基于虚拟现实技术的物流运输路线规划系统设计[J].物流技术,2013,32(17):201-204.
[47] 缪兴锋,叶枫.基于北斗技术冷链物流工程技术创新实训室建设的研究[J].电脑与电信,2021(9):82-84,89.
[48] 姜瑶.基于区块链的冷链货物空陆联运跟踪系统设计[J].中国储运,2020(10):152-153. DOI:10.16301/j.cnki.cn12-1204/f.2020.10.065.
[49] 王笛,林凤."互联网+"背景下中国冷链物流发展研究[J].物流科技,2018,41(6):75-78.
[50] 陈满,向秦,魏香梅,等."互联网+"背景下我国冷链物流与互联网产业融合及实施路径研究[J].科技创业月刊,2017,30(12):25-28.
[51] 邱林润,李蓉蓉.基于物联网的冷库管理系统研究与应用[J].科技传播,2016,8(11):89-90.
[52] 陈传军,刘利波,刘昭.浅析自动化立体冷库建设[J].制造业自动化,2017,39(8):154-156.
[53] 李国杰.基于经验学习的智能起重机搬运路径规划研究[J].中国工程机械学报,2021,19(5):377-383.
[54] 李国杰,丁晓红.智能起重机货物装卸顺序优化与自动生成技术[J].机械工程学报,2020,56(18):254-264.
[55] 赵举,顾瀚,陈曦.应用于冷链的前置仓现状与展望[J].制冷与空调(四川),2021,35(6):908-913.
[56] 慕艳平,周文凤.我国云仓储物流模式发展探析[J].电子商务,2019(9):1-2.
[57] 余佳洋,杨喜文.冷链物流末端智能配送信息系统架构设计[J].物流经济与供应链管理,2018(10):94-100.

教师服务

感谢您选用清华大学出版社的教材！为了更好地服务教学，我们为授课教师提供本书的教学辅助资源，以及本学科重点教材信息。请您扫码获取。

▶ 教辅获取

本书教辅资源，授课教师扫码获取

▶ 样书赠送

物流与供应链管理类重点教材，教师扫码获取样书

清华大学出版社

E-mail: tupfuwu@163.com
电话：010-83470332 / 83470142
地址：北京市海淀区双清路学研大厦 B 座 509

网址：http://www.tup.com.cn/
传真：8610-83470107
邮编：100084